Good Classroom
寻找中国好课堂

中国教育报刊社人民教育家研究院
明远未来教育研究院　　组编

人本共文本
花开总有时

尤立增学情核心
语文课堂12例

尤立增——著

开明出版社

图书在版编目（CIP）数据

人本共文本 花开总有时：尤立增学情核心语文课堂 12 例 / 尤立增著．
—北京：开明出版社，2022.10

ISBN 978-7-5131-7709-2

Ⅰ.①人… Ⅱ.①尤… Ⅲ.①中学语文课－教案（教育）－高中

Ⅳ.①G633.302

中国版本图书馆 CIP 数据核字（2022）第 160977 号

责任编辑：卓　玥

RENBENGONGWENBEN HUAKAIZONGYOUSHI YOU LIZENG XUEQINGHEXINYUWENKETANG 12LI

人本共文本 花开总有时：尤立增学情核心语文课堂 12 例

作　者：尤立增

出　版：开明出版社

　　　　（北京市海淀区西三环北路 25 号　邮编 100089）

印　刷：北京飞达印刷有限责任公司

开　本：787mm×1092mm　1/16

印　张：23.5

字　数：320 千字

版　次：2022 年 10 月第 1 版

印　次：2022 年 10 月第 1 次印刷

定　价：75.00 元

印刷、装订质量问题，出版社负责调换。联系电话：（010）88817647

寻找中国好课堂

丛书编委会

寻找中国好课堂

《中共中央　国务院关于深化教育教学改革全面提高义务教育质量的意见》（以下简称《意见》）指出：“强化课堂主阵地作用，切实提高课堂教学质量。”那么，为什么要强化课堂主阵地作用呢？

第一，课堂是实施教育教学的主要场所，课堂教学是完成国家课程标准的主要形式，而国家课程标准规定的内容是落实国家教育方针，为培养德、智、体、美、劳全面发展的社会主义建设者和接班人而制定的具体的教育内容，体现了国家意志。只有达到了课程标准的要求，才能完成育人的任务。课程标准的实施，关键在教师的课堂教学。教师必须认真学习研究国家课程标准和各学科的标准要求，认真上好每一节课，教好每一个学生。课堂教学做不好，国家课程标准就会落空。

第二，课堂教学是培养发展学生思维的主渠道。《意见》要求：“教师课前要指导学生做好预习，课上要讲清重点难点、知识体系，引导学生主动思考、积极提问、自主探究。"就是说，课堂教学不只是简单地传授现有的知识，还要在教学过程中发挥学生学习的主体性，引导学生探索和思考，通过对课文的辨析，培养学生的思维能力。传统的课堂教学，往往只是教师提问，学生回答，很少让学生自己提出问题，自己探索寻求答案。有的教师把课文分析得很透彻，但学生接受多少却是一个未知数。只有会思考并能提出问题，才能培养学生的批判性思维、创新性思维。面对当前社会和经济的变革，科技的日新月异，许多研究表明，当今社会展开竞争的并不单纯是机器人，而是人类的头脑。只有不断突破思维定式，才能适应时代的变化。因此，课堂是帮助学生发展思维的主要场所。

第三，学习需要在集体中进行。当前有一种误解，认为个性化学习就是个别学习、孤立的自我学习。其实，学习需要在集体环境中进行。课堂是集体学习最好的场所，学生在课堂上与教师、同伴互相讨论、互相启发，甚至互相争论，能够促进思维的发展，以及对知识的深刻理解。同时，在与同伴共同学习中能培养学生的交流能力与合作精神。这是当今社会最重要的能力和品质。

第四，学习要靠教师引领和熏陶。教师不仅仅是知识的传授者、学习的组织者，教师的一言一行都在影响着学生。教师自身的知识魅力和人格魅力都会在课堂教学过程中展现出来，影响着学生。所以，立德树人的任务也主要通过课堂教学来实现。

课堂教学需要改革。《意见》指出："融合运用传统与现代技术手段，重视情境教学；探索基于学科的课程综合化教学；开展研究性、项目化、合作式学习。精准分析学情，重视差异化教学和个别化指导。"在当今信息化、数字化、人工智能时代，传统的课堂教学已经不能适应形势的要求。课堂教学改革的核心是把教师的教转变为学生的学。要充分估计学生的潜力，发挥他们的潜能。教师要充分认识信息技术的差异性、开放性、互动性等特点，融合运用传统与现代技术手段，改变课堂教学的模式和方法。

因此，寻找中国好课堂，是新时代教育发展的需要，是全面提高教育质量的需要，是服务于"立德树人"目标的需要，是深化教育教学改革的需要。

中国基础教育从来就有许多好教师，从来就有许多好课堂。我们有1400多万名中小学教师，他们大多数人有教育情怀，深爱教育事业，真诚为孩子成长着想，探索创造了许多有效的教学方式和策略，有的甚至形成了自己的课堂风格，并提炼出自己的教学思想，影响、引领了众多教师超越自我，走向卓越。

好课堂扎根中华优秀传统文化土壤、遍布中国大地，需要我们用心去挖掘、去提炼。但是多年来，能够充分体现教师综合素质的精彩课堂常常被忽略。有的人习惯从国外引进一些时髦的教育理念，而忽略了总结我们本土一线的教书育人的成功经验。然而，有效的教育教学思想和方法往往是从本民族的传统文化中生长出来的，生搬硬套别国的做法是不可取的，结果都不理想。只有祛除"文化自卑"心态，我们才会真正地发现李吉林、王崧舟、窦桂梅、唐江澎等老师精彩的语文教学课堂，吴正宪、华应龙、唐彩斌等老师生动的数学教学课堂……这样的课堂我们还可以举出一大串，就如"寻找中国好课堂"丛书收入的课例，每一个都闪耀着教育教学智慧。我们应该认真总结中国课堂的经验，讲好中国教育故事。

中国教育报刊社人民教育家研究院组织编写"寻找中国好课堂"丛书，正是基于新时代、新课标、新课程改革，积极探寻符合学生成长需求和时代要求的教育教学规律，服务于全国的课堂教学改革。

"寻找中国好课堂"丛书，从"教学设计""课堂实录""教学反思"等方面（具体设计栏目每本有所差异），全景展示出优秀教师上好每一堂课的风采和他们的"工匠精神"。"寻找中国好课堂"丛书的一个可贵之处，就在于其呈现的课例都是经受深化教育教学改革的风雨，在我们中国这块广袤的土地上吸吮中华优秀传统文化的养料并与广大同行互动交流结出的硕果，因此它们不仅属于中国，也属于世界。

　　让我们走进课堂，走进教育的深处，走向中华民族伟大复兴的美好未来！

中国教育学会名誉会长

2020年元月

学情破春晓，课堂步层霄

二十多年前，一个偶然的契机，让我下定决心对我的课堂教学作出改革！

执教《荷塘月色》常态课时，我让学生谈谈"原始阅读感受"，并提出有疑惑的问题。学生的问题有：

"酣眠""小睡"等词语如何理解？

这篇散文是不是一个"闭合"结构？

怎样理解作者"淡淡的哀愁"与"淡淡的喜悦"的情感？

为什么作者会联想到"江南采莲"的旧俗？怎样理解文中引用的《西洲曲》和《采莲赋》……

这些问题关涉文本的词句理解、思路结构、思想情感等诸多方面。

《荷塘月色》我教过多遍，每一次我都把分析背景作为最重要的内容。可这一次，我一直作为教学重点的"这几天心里颇不宁静"的原因为什么无人提及？

我问学生，你们不想知道作者"心里颇不宁静"的原因吗？

学生回答，每个人都会有内心不宁静的时候，但作者选择了中国传统士大夫"寄情山水"的方式排遣内心苦闷，仅此而已！还有学生回答，不必过分追寻原因，应该把重点放在欣赏作者笔下的"荷塘之美"上！

我没有更多考虑他们的说法是否正确，但学生的回答带给我深深的思考：我们想当然地认为学生应该懂的内容，他们真的懂了吗？我们在课堂上口若悬河讲的那些内容，学生是不是早已掌握？"我认为"的那些教学的重难点是不是学生最真实的学情呢？

经过一段时间的思考，我大致找到了突破的路径。

我发明了"预习作业"。在教授某一篇文章之前，我提早一周给学生下发"预习作业"纸，作业内容包括字词积累、思维导图、预习所得、质疑问难四个板块。"字词积累"由学生借助工具书和参考资料总结积累；"思维导图"是让学生遵循阅读需要"宏观把握"的规律，列出文本的整体思路和框架；"预习所得"是学生在其认知能力基础上对文本理解的"原始"收获；"质疑问难"是重点，即学生在预习时发现的问题——无知不解处见疑，似知似解处有疑，已知已解处生疑，文本的缺陷和错误。

我收齐"预习作业"，认真批阅，通过"预习所得"和"质疑问难"两个板块能准确把握学生的认知起点，并将这个起点作为我安排教学设计的最重要的参考依据，"预习作业"是最重要的"学情"依据。也就是说，教学目标定位，就是先明白学生对文本"知"和"惑"，站在"学什么"和"怎么学"的背景下去设计或规划"教什么"和"怎么教"的问题。

通过"预习作业"我获得了最真实、最有价值的"学情"，这也是我进行教学设计的逻辑起点。在掌握"学情"的基础上，我广泛查阅资料，认真备课，写出教案。教案可以是"实操型"，也可以是"资料型"。这是"学情核心"的第一个层次。

"学情核心"的第二个层次是课堂流程。在课堂推进中，不能仅仅是教师向学生提出一系列的问题，让学生解答，而更应是鼓励学生大胆质疑。在开放的课堂互动中教师随时可能接受学生的挑战而成为应战者，教师应该引导学生自我提出问题、合作分析问题、探究解决完成问题。这样的课堂，才是以学生为发展中心的课堂，这样的阅读教学才能实现"学情核心"。

通过分析复盘教学过程，我认为"学情核心"的阅读教学有以下几个关键点。

第一，教师需要通过"预习作业"整体把握"学情"，并在此基础上设计教学，充分备课（因为课堂上教师要"应答"）。需要明确清晰、准确、合适的目标定位，规划课堂流程。

第二，教师要预设课堂如何组织学生交流，以什么样的方式交流；要预设在环节转移的过程中如何有效地引领学生思维转换，学生质疑，如何让学生"跳一跳"摘到更多的"果子"。

第三，教师不能代替学生学习者的角色，但也不能褪去教师本该承担的角色。

于是，我不断思考改进这种做法，最终形成"学情核心"阅读教学法。

我在课堂中，把探究消化的权利交给学生，采取交流探讨的方式，组织指导学生尽可能地自我完成理解消化过程：小组交流切磋，取长补短，尽量达成共识，特别是"预习作业"中的疑难问题，采取小组探究与全班讨论相结合的办法，灵活处置；全班交流，小组代表发言；全班讨论，辩难，自由发言；在课堂推动中生成的新的疑难问题，由师生共同探讨解决。"质疑问难"应该是阅读教学中提高转化率的核心。"带着问题听课"必然能提高课堂效率。教学过程就成为一个不断提出问题、不断解决问题的过程，又是一个新问题不断生成、不断解决的过程。因为，学生的发现是"原始的"，是璞玉，就需要课上的"雕琢"。这个过程是一个由感性到理性、由粗到精、由浅入深、纠错正误的探究消化的过程。

在这个过程中，师生之间是一种民主平等、和谐融洽、"教学相长"的"合作伙伴"关系。教师起着组织、引导、点拨的作用，真正扮演好组织者、引导者、助学者的角色；学生始终是活动的主角，他们的思维互相启发，思想的火花互相撞击，方法智慧互相借鉴，取长补短，共同提高。

经过长时间的摸索实践，不断地校正方向，扭转偏差，"学情核心"的阅读教学法也逐渐成熟。而本书的这些课例，就算是这份探索的阶段性总结吧！

探索之路没有终点，"世易时移，变法宜矣。譬之若良医，病万变，药亦万变"，随着教学改革出现新变化，我把着眼点又放在了"学情核心"单元统整策略和"学情核心"整本书阅读策略的研究上。

　　我这样想：如果你把语文教学当作一项事业，真正走进它的殿堂，你会发现这项事业苦得其所，乐得其所，苦中有乐，其乐无穷。

　　我不会停下自己前行的脚步，心中有目标，行动有方向，我将坚定前行，并享受其中的苦与乐！

尤立增

2022 年 4 月

课例 1

万水千山总是情

——《沁园春·长沙》教学欣赏

（高中语文必修上册第1课）

教学设计

系好第一粒扣子

——《沁园春·长沙》教学设计

一、教学理念

《沁园春·长沙》是高中语文统编教材必修上册中的第一篇课文，是学生升入高中后学习的第一篇课文。

俗话说"万事开头难"，对于处在"恶劣生存环境"中的语文学科来说，更是难上加难。或许，这篇课文处理得好与坏将会影响学生对于高中语文的态度。所以如何上好这开学第一课，从整个语文学习过程来看，就显得尤为重要。

教材第一单元的学习任务中明确了单元学习目标，本单元的作品可以"从'青春的价值'的角度欣赏作品，并且结合自己的体验，敞开心扉，追求理想，拥抱未来。同时，要理解诗歌运用意象抒情的手法，体会诗歌的独特魅力，学会从语言、形象、情感等不同角度学习欣赏作品，获得审美体验"。我的理解是，需要学生能够与作者共情，这种共情一方面来自对诗文中情感的真正体味，另一方面来自对诗文中手法的鉴赏。

从诗歌的教学来看，如何在教学中把诗歌的阅读心理状态、基本文体特点、鉴赏方法等传授给学生，如何从文字中读懂青年毛泽东的特征印记，如何感受一位青年革命家的博大胸襟，这些都是备课中应该考虑的问题。

在上课之前的自习中我布置了本首词的预习作业，从预习作业中我得到了学生最真实的学情：第一，因为缺少相应的训练，学生普遍缺少质疑意识；第二，因为知识储备的欠缺，学生对诗词的鉴赏能力不强；第三，因时代差异，学生无法深入理解诗文；第四，标签化、概念化理解问题严重。这些问题中，有些是学段问题，有些是长期形成的顽疾。最终的学情现状就是学生无法与作者共情，所以单元学习目标完成起来有很大难度，而要呈现我心中的理想语文课堂状态更有难度。

二、教学目标

1. 引导学生感受词中所蕴含的诗人的情感，体会诗人青年时代的伟大抱负和革命情怀。

2. 引导学生品味词的语言和意境，借助联想和想象完成对诗词鉴赏的"二度创作"，提高形象思维能力。

3. 提高学生的诗词朗读能力。

4. 使学生体味语文课堂上发现问题、解决问题的思维快乐，为逐渐由兴趣转变成习惯、提升为能力的学习过程做积累。

教学策略：

以赏带读，以读促赏。反复诵读，着重体会富有表现力的语言，进而具体地感受词的意境，学习诗人宽广的襟怀和昂扬的革命精神。

三、教学过程

（一）初读

1. 新课导入。古人写秋多怨秋、悲秋，"秋"是中国古典诗歌中的典型意象。"自古逢秋悲寂寥""风急天高猿啸哀""草木摇落而变衰""秋风秋雨愁煞人""多情自古伤离别，更那堪，冷落清秋节""已觉秋窗秋不尽，那堪风雨助凄凉"等诗句，都给人一种孤寂悲凉、愁绪满怀的感觉。同样是写秋天，毛泽东同志的《沁园春·长沙》却洋溢着一种"不似春光，胜似春光"蓬勃向上的昂扬气势。为什么会出现如此的审美差异呢？我们赏读这首词后会得到答案。

2. 学生读这首词。提出要求：读准字音；读清句读；要能初步传情达意。

3. 教师针对学生读的情况适时点评。

（1）纠正读音。

（2）介绍读词与读诗不同。一般来讲，律诗每两句是一个表义单位，而词是以一个韵脚为一个表义单位，也是一个较长的停顿单位。那么，这首词的韵脚都是哪些字呢？上阕：头、流、由、浮。下阕：稠、遒、侯、舟。在这些韵脚处，停顿要长。每一个停顿单位内要"声断气不断"。大家注意"看"和"恰"字，这是"领"字，这两个字和后文之间的停顿可长些。

（3）解决传情达意还不到位问题。之所以读不出感情，是因为学生对这首词"炼字"的妙处，对这首词所描绘的形象，以及对词中所传达的诗人的思想感情理解得不够透彻。

（二）赏读

质疑问难，理解鉴赏。赏读适时穿插进行。

1. 了解学情。

通常教师备课，主观性比较强，讲什么、怎么讲都来自课前预设，这可能会造成教师教学与学生所需不对等的问题。在"学情核心"教学过程中，学生通过预习作业反映他们在"素读"文本时的最真实学情，教师要根据"预习所得"和"质疑问难"两个板块来了解学生对文章的掌握程度，记下学生提出的共性问题，并将这些问题归类。之后要根据这些问题对教案、授课目标定位、课堂流程等进行补充调整，提高课堂效率。

整合学生预习中"质疑问难"板块的共性问题如下：

① 这首词的创作背景是什么？对作者的生平不了解。

② 为何进行了大量的景物描写？

③ 景物描写得很美，作者为什么会"怅寥廓"？

④ 作者为什么发出了"问苍茫大地，谁主沉浮"的疑问？

⑤ 上阕写景，为什么下阕写青年书生意气，表达了什么情感？

⑥ 为什么要回忆峥嵘岁月？青年们有什么样的特点？

⑦ 结尾为什么写到"到中流击水，浪遏飞舟"？有何特殊含义吗？

⑧ 本词运用了哪些修辞手法？

⑨ 作者为什么会有如此豪气？作者是怎么让我感受到的？

⑩ 诗眼是什么？领字是什么？

2.教师备答。

（1）背景介绍。

这首词写于1925年。当时正值北伐战争的前夜，国共第一次合作。全国各地反对军阀统治的工农运动风起云涌，如火如荼。毛泽东同志直接领导了湖南的农民运动，先后建立了20多个农民协会，创建了湖南农村第一个党支部——韶山支部。1925年10月，他奉命前往广州创建农民运动讲习所，途经长沙，重游橘子洲。长沙是当年毛泽东同志学习、生活、战斗过的地方。故地重游，面对如画的秋色和大好的革命形势，回忆过去战斗岁月，作者不禁心潮起伏，浮想联翩，写下了这首动人的词作。

（2）赏读上阕。

独立寒秋，湘江北去，橘子洲头。

交代了人物、时间、地点。其中"独""立"二字很传神，描绘了诗人卓然不群的高大形象。

诗境描述：在深秋一个落霜的日子里，作者独自站在橘子洲头，望天看水，仰观俯察，纵览秋色。他的身影，与滔滔而进的湘江水，与连绵不尽的山峦构成了一幅壮阔苍茫的图景。一个身材魁梧的青年人，昂首挺胸，凝神远望。面对滚滚而去的江水，胸中顿生万千感慨。

迁移：通过与陈子昂《登幽州台歌》中"念天地之悠悠，独怆然而涕下"，毛泽东《沁园春·雪》中"俱往矣"独领风骚的豪气的对比，使学生感受到一个具有革命先觉、胸怀天下、特立独行、舍我其谁的青年毛泽东的傲然形象。

看万山红遍，层林尽染；漫江碧透，百舸争流。鹰击长空，鱼翔浅底，万类霜天竞自由。

补充关于"诗眼"的知识：一首诗或某联某句中最精练传神的、最能体现作者思想观点、情感态度、诗歌意境的字词句。诗眼分为两类：一种是一首诗内容、思想的凝结点，提示诗的主旨，有统摄全诗的作用，这是诗中眼；另一种是诗句中最精练传神的字或词，这是局部的诗眼，叫句中眼。

补充关于"领字"的知识：领字又名虚字、领句、领调、领格字、豆字；单字领字又名一字豆，二字领字又名二字豆，三字领字又名三字豆。豆，就是逗，表示这个字在句中稍有停顿的意思。

担当领字（虚字）的有副词、动词、连词、介词、形容词等。领字多为一字、二字、三字，三字以上的较少。其位置主要在句首，但也有的放在句中、句尾。领字有领一句的，领二句的，领三句的，最多领四句。

从文学语言方面而言，领字在唐宋词中有提挈下文或承上启下的作用。由于慢词篇幅较长，可以不必按照时间和空间的顺序来展开叙述，而使用转折、跳跃、回想等方式打破时空的界限，将虚与实、今与昔、此与彼交织相间，使表情达意功能更集中、更强烈。因此，领字用来提挈一组分句，将一串互有联系的意念连缀起来，使情感的表达达到更大的密度和深度。同时，领字还可以关合上、下两层意思，以显示时空的推移和转换。

领字的产生是源于合乐歌唱的需要，在一段音乐的开头，起着发调定音、跌宕转折的作用；同时兼有语法上的功能：在慢词长调中，阕与阕之间需要衔接，或于一个或一组句子的开头，提起下文；或于句子中间词意转折处，转接过渡，联合前后语意。

鉴赏重点备答（重点解决预习作业中为什么本词让人感觉豪迈的问题）。

领字：如上阕的"看"字，从"看万山红遍"一直"看"到"万类霜天竞自由"，一气读之，有一种壮阔自由奋发气势；下阕的"恰"字，从"恰同学少年"一直到"粪土当年万户侯"，一幅接涌而来的当年情景，一段奔腾激扬的少年岁月，因为这领字，给我们带来的共鸣更为强烈。（注重读中体会）

主观的意态：与《诗经·大雅·旱麓》的"鸢飞戾天，鱼跃于渊"比较。

红遍：红，动化，处处红色。（与"春风又绿江南岸"做比较）

层、尽：无一处不红，无一树不红。

染：似被人染过色。

透：江水澄碧，清澈见底，没有一点杂色。

争：千船竞发的壮观场面，突出了奋勇争先的精神。

击：把雄鹰在天空中奋力搏击的气势和力量写活了，"像争取自由似的活动着"。

翔：如鸟飞翔，（若改为"飞""游""跃"同原句表达有何不同？）

浅：清澈可见。（《小石潭记》云："潭中鱼可百许头，皆若空游无所依。"）清澈见底疑"无水"，清澈"无水"犹如阻力最小的空气，既然让鱼像鸟一样自由飞翔，干脆就让它像鸟在空中那样自由、毫无阻拦地任其遨游，任其飞翔！

竞：《庄子·齐物论》说："有竞有争"，郭象注为"并逐曰竞，对辩曰争"。《淮南子·俶真训》："相与优游竞畅于宇宙之间。"注："竞，并也。"这里"竞"的原始义是"并"而不是"争"。此字繁体写作"競"，望"形"生义，也可以看出共同、相互、一起的意思。所以此句所讲不是大家都在为了生存而争自由，而是大家在寥廓的宇宙空间里，彼此都拥有极大的生存与发展的自由。北京师范大学文学院王宁教授对此有很好的解读：千万座山要红就红个遍，层层树林要染就染个一个不剩，漫江的水要蓝就蓝个透底，成百的船只在江上行驶，谁也不碍着谁；鹰飞得那么高，鱼游得那么深，谁又能干扰着谁呢？这个"交并"反映的是空间的无比开阔。

把这"竞相"与"并相"再糅在一起，亦即这不仅是万物都自由，而且是万物在比显自由，在展演、比赛谁更生机勃勃。（参考陈日亮《如是我读》）

小结：这六句，组成一幅色彩绚丽、动静相应的立体画卷。

远近高低，视野开阔，壮丽秋景，尽收眼底。"万类霜天竞自由"是对山、树、水、船、鹰、鱼等事物精神风貌的高度概括，是在"竞自由"，是一种平等的意识，一种自由的理想，一种对生存、发展的极情尽态的追求。

怅寥廓，问苍茫大地，谁主沉浮？

怅：感慨。心事茫茫连广宇，在心底对人类命运、革命前途等有着复杂而深沉的思考与追问，是一种以天下为己任的使命感的驱使。

江天如此自由辽阔，自然界如此生机勃勃，人间何如？苦难的中国、不幸的人类何时得以"人间遍种自由花"？我们人间的苍茫大地，谁来主宰，谁来创造，何时打造出一个如"万类霜天竞自由"的新世界？毛泽东的回答当然是我们，只不过"怅寥廓"三句是潜在回答，即"谁主沉浮"，下阕则是明确回答。

这才是青年革命家、未来的领袖毛泽东写下这"竞自由"之"万类霜天"的创作意图、深沉心境、博大思想，这才是革命家诗人的真正心迹。因此，"万类霜天"写得越自由，"怅寥廓"三句的思索就越深沉，感慨就越激昂，这正是该诗最高妙的艺术奥秘之一。

（3）赏读下阕。

携来百侣曾游。忆往昔峥嵘岁月稠。

百侣：是同学。

忆：忆百侣，忆往昔。

峥嵘：原意山势高峻，引申为林木茂盛，这里喻如火如荼的革命斗争。

稠：斗争一次连着一次。

恰同学少年，风华正茂；书生意气，挥斥方遒。指点江山，激扬文字，粪土当年万户侯。

此语取自杜甫《秋兴八首·其三》的"同学少年多不贱，五陵衣马自轻肥"。五陵即长安，衣马轻肥言豪华生活；即长安岁月的少年同学，个个光鲜亮丽、气度不凡、春风得意，与毛泽东诗句做比较。

"恰"领到哪里？

风华："茂"字境界全出，风采焕发，才华横溢。

意气："挥斥"，奔放；"遒"，刚劲有力。描绘了青年们的气概精神。

作为：评论国家大事，撰文抨击时弊，视封建军阀官僚为粪土。

（"粪土"改为"怒骂"好不好？不好，因为未写尽对军阀官僚的蔑视。）

他们是怎样的青年？

才华横溢，意气风发，敢于斗争、敢于胜利的革命青年。

抚今追昔，由独游到众游，由今游到昔游，无孤独的伤感，又无儿女情长的缠绵。这几句是对革命青年学习生活的回忆，是对"峥嵘"的具体展开，表现了时代的特点和青年们的独特风姿、万丈豪情。

曾记否，到中流击水，浪遏飞舟？

曾记否：诗人在问谁，问的是同学少年。

中流：水大流急，具有象征意义——革命斗争的大潮的中心。

击水：表现了拼搏奋斗的气概。（改为"游泳"好不好？）

遏：夸张手法，不仅敢于斗争，更敢于胜利。

引入资料，毛泽东自己的注释。陈一琴先生在其《毛泽东诗词笺析》中指出，"击水"指"游泳"，并引述了毛泽东本人于1958年12月对此词的批注："那时初学，盛夏水涨，几死者数。一群人终于坚持，直到隆冬，犹在江中。当时有一篇诗，都忘记了，只记得两句：自信人生二百年，会当水击三千里。"作者这一自注，不仅说明"击水"乃"游泳"，而且道出了青年革命家当年"到中流击水，浪遏飞舟"时奋发自信的气概。

资料补充：陈一琴《毛泽东诗词笺析》中所引的毛泽东当年在著名的《湘江评论》上所发两篇文章中的两段话，就是很好的却又未被人们注意到的资料。一段话为：什么不要怕？天不要怕，鬼不要怕，死人不要怕，官僚

不要怕，军阀不要怕，资本家不要怕。（《湘江评论》创刊号《创刊宣言》）

另一段话：我们知道了！我们觉醒了！天下者我们的天下，国家者我们的国家，社会者我们的社会，我们不说，谁说？我们不干，谁干？（《湘江评论》第四期《民众的大联合》）

这两段话和下阕的"指点江山，激扬文字，粪土当年万户侯"及上阕的"问苍茫大地，谁主沉浮"是不是如出一辙？是不是《沁园春·长沙》的散文版？以此说明当年毛泽东的气概、胸襟，是不是极妙的创作背景？一者是散文的表达，一者是诗歌的表达，这是不是很有意思的比较阅读？

谁来主宰国家命运呢？"同学少年"——新一代真正的革命者。

这样，用设问的形式，巧妙回答了上阕的提问。毛泽东青年时代就有"自信人生二百年，会当水击三千里"的鸿鹄大志，革命气概何其大也！下阕抒发了改造旧中国，担负起主宰国家前途命运大任的豪情壮志和革命情怀，所抒之情慷慨激昂。

（4）探究来自学情的问题。

学生问题：上、下阕的逻辑联系是什么？

好的艺术品是既统一又丰富的，在上、下阕的关系中，它尤其表现在，上阕以意象为主，下阕基本上是直接叙述，直抒胸臆，二者的表现形式有很大的不同，但给读者的阅读感觉却几乎一致。

上阕在总的自由奋发感中，涉及人间社会的最后三句却隐含着人间的种种不平等、不自由，这才有"怅寥廓"的深思、感慨、激奋，才有"谁主沉浮"之天问，而下阕全为自由奋发状；上阕的自由奋发主要表现在自然界，实际是诗人赋予自然界的，是诗人的主体精神对客观特征的同化，或者说是诗人的"感觉"，是诗人的假定，而下阕的自由奋发表现在人身上，是诗人内心世界的真实抒发、真实写照，是其主体精神的直接呈现。所以下阕自由奋发的表现形态呈现为更具人的主观能动性，如前所述的昂扬气概、意气风发、傲然自信。总之，全诗的自由奋发都是诗人主体精神的体现。

（三）美读

1.学生读。

2.教师配乐范读。

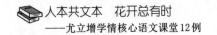
（四）布置作业

上阕诗人描绘的壮丽秋景，给人以蓬勃向上之感。认真领会写景的特点及诗人的胸怀，展开联想与想象，将这几句词改写成一段描写的文字。

参考示例：远望千山万岭，枫林如染，像熊熊燃烧的烈火；近看漫江水碧，千帆竞发，像战场上无数奋进的勇士。抬望眼，雄鹰展翅，矫健勇猛，翱翔长空；低眉处，鱼儿戏水，自由轻快，生机盎然。

课堂实录

万水千山总是情

——《沁园春·长沙》课堂实录

一、导入——唤醒"秋味"

师：同学们，今天我们一起来学习大家升入高中以来的第一篇课文……

生：《沁园春·长沙》。

师：我在想，为什么第一单元是现代诗单元，第一首选择了毛泽东的诗。后来我觉得诗歌或许更动情，更能亲近人，而毛泽东这首词中的豪情自信更能引起"我们"这些年轻人的共鸣。所以，今天就让我们付出真心，带着自信一起走进这首写"秋"的诗歌。

古人写秋多怨秋、悲秋，"秋"是中国古典诗歌中的典型意象。大家都能想到哪些写秋天的诗歌？

（生纷纷背诵）

师：大家背诵得很好，但是这些诗都给人一种孤寂悲凉、愁绪满怀的感觉。同样是写秋天，毛泽东同志的《沁园春·长沙》却洋溢着一种"不似春光，胜似春光"蓬勃向上的昂扬气势。为什么会出现如此的审美差异呢？我们赏读这首词后就会得到答案。

二、初读——感受诗意

师：我们先来读一读毛主席的这首词，读的时候要注意：读准字音，读清句读，要能初步传情达意。这位同学你来为我们读一下。

（生朗读）

师：你们觉得他读得怎么样？

生：我觉得整体还不错，就是有几个地方的读音不太准确："挥斥方遒"的"遒"，"万户侯"的"侯"。

生：我觉得有两个地方停顿再长点就好了。

师：哪两个地方？

生："看"和"恰"。我觉得"看"字后面都是看到的景色，所以停一下会起到总领的作用。"恰"字后面是回忆当年的生活，停一下也很合适。

师：你的语言感觉很敏锐，大家注意"看"和"恰"字，这是领字，这两个字和后面的停顿可长些。同学，你能再为我们读一遍吗？

（生朗读）

师：刚才同学们提出的意见你都采纳了。但是老师觉得你的朗读在传情达意方面还不到位，为什么呢？这是因为你对这首词"炼字"的妙处，对这首词所描绘的形象，以及对词中所传达的诗人的思想感情理解得不够透彻。下面我们赏读这首词，之后再来读一次，看看效果怎么样。

课前大家都完成了预习作业，下面把作业拿出来。前后桌的同学结成一个小组，讨论一下在预习作业中提出的有关字词理解方面的问题，看看同学是否能帮你解决。如果还有拿不准的，提出来大家一起解决。若是产生了新问题，我们也一起来讨论。

（生开始结合预习作业中的问题相互交流，不时地做着笔记）

师：还有哪些问题需要拿出来研究一下的吗？

生："鱼翔浅底"怎么理解呢？

师：字面意思就是鱼儿在清澈的水里飞翔。我猜想你的真正问题应该是鱼怎么会飞翔，是吗？

生：是的。

师：我们在这里设一个悬念，先不公布答案，等一会儿看看你能不能找到一个合理的解释。其他同学还有问题吗？

生："浪遏飞舟"怎么理解？我们能翻译，但不能理解这个行为，有那么大的力量吗？

师：你读过项羽的《垓下歌》吗？里面有一句是"力拔山兮气盖世"，你觉得项羽会有那么大的力气吗？

生：这都是夸张。

师：对，还有问题吗？

（生纷纷摇头）

师：好，这首词在字面理解上的确没有太多的障碍，很容易读懂。这位同学，你为大家简单地说说这首词写了什么内容。

生：这首词写了毛泽东在一个深秋季节来到橘子洲，望着北去的湘江水，看着满眼秋景，不禁思绪万千，回忆起曾经的革命生活，心中产生了无限的感慨。

师：看来同学们基本能读懂这首词了。但是，我们是否能真正走进这首词，这恐怕还是一个问题。我从同学们预习作业中的"预习所得"板块发现了一个问题，大家对这首词的欣赏很有些教科书的味道，似乎都在为一场语文考试拟写参考答案，却不像读了诗歌之后的独特感受。

生：我们都是按以前老师教我们的写的，很认真的。（小声嘀咕）

师：老师没有否认大家写作业的认真态度，但是，大家是否愿意感受另外一种读诗词的境界，写出自己的真实感受呢？

（生默然）

三、赏读——情感手法

师：读诗词不能只停留于对句子的简单理解，也不能停留于贴标签式的僵硬鉴赏，还要往更深层次去探寻，也就是我们所说的赏读，或者叫品读。这首词里有没有能让你脑海中浮现出一幅画的语句？有没有你似曾相识的场景？有没有让你心生涟漪的句子？你能不能为我们描绘一幅值得我们驻足欣赏的风景？同学们寻找这首词中值得驻足的风景，老师陪你一起走过风景。有谁发现了上阕中值得我们欣赏的风景，可以和大家欣赏。

生：我觉得"万类霜天竞自由"让我心里充满了万丈豪情。比如"万类"，诗人看到的景色很有限，但却说整个天地都在竞自由，让人眼前的空间一下就变大了，很有气魄。

生：还有"万山红遍"，同样充满生气，视野开阔，气势宏大。

生：我记得杜甫也写过红叶，"玉露凋伤枫树林，巫山巫峡气萧森"，同样是在写秋天的红叶，都放在了特别广阔的视野中来写，但是在杜甫的诗里，天地之中充满了萧瑟悲凉之意；而在毛泽东的词里，满溢的是壮阔热烈的气息。这明显就能让人看到两位诗人的心情，一个沉郁无奈，一个充满豪情。

师：同样的景物，因为观察者有不同的心境，所以会呈现不同的色彩。毛泽东是一位青年革命家，具有伟大的革命情怀，虽然身处肃杀的秋天，他却看到了"不似春光胜似春光"的壮丽图景，这种蓬勃的生机就像"万类霜天竞自由"所描写的一样，万事万物在秋天呈现出的是一种自由的状态。这句话是对上阕哪些诗句的概括？

生：万山红遍，层林尽染。

师：仅仅看到了"万山红遍，层林尽染"吗？

生：我发现上阕中描摹景物的句子都在这个范围里。老师刚才提到"看"是领字，领起下面写景的诗句，这六句就是一幅壮阔豪迈的秋景图；"万类霜天竞自由"是总结句，是对上阕写景六句的高度概括总结。

师：说得好。从"炼字"的角度考虑，你认为哪些字眼传神？

生：我觉得"百舸争流"的"争"字好。一个"争"字写出了湘江百舸争发的场景，写出了生机勃勃的场景，而且这个字写出了诗人想要竞争的欲望。

师：能理解为想要竞争的欲望吗？

生：不能这样简单理解。我觉得这是诗人的斗争精神。

师：毛泽东有句名言："与天斗其乐无穷，与地斗其乐无穷，与人斗其乐无穷。"毛泽东的一生就可以用斗争来概括。争，千帆竞发争相向前，和后面的"竞"字相互照应。

生：看出"争""击""翔""竞"四个字很传神。在我们的印象中，秋天是一个万物凋零的时节，就像"秋风秋雨愁煞人"一样，但是在一些诗句里我们又能看到不一样的秋景，如"我言秋日胜春朝"，在毛泽东的诗句里这种感觉更加强烈独特。而这四个字，有一种力量之美，表现出一位青年革命家的豪迈。

师：这位同学选取了四个字一起来进行鉴赏。老师再问你，"击"如果换成"飞"字好吗？

生：飞，就纯属于自然的状态，一点儿气势都没有了，用"击"字就有了气势，有了力度。

师：理解疏通诗意环节，一位同学问到了"鱼翔浅底"怎么理解，你能说一下吗？

生：翔，写鸟儿振翅高飞，在这里却用来形容鱼，鱼在水里像是鸟在空中飞翔一样，说明鱼游得很快。

师：单纯是快吗？

生：间接写出了水很清澈。

生：我再补充一点，我觉得写出了鱼的自由状态。

师：可以从两个角度来理解：一是写出了水的清澈，二是写出了鱼的自由。大家还记得《小石潭记》中的语句吗？

生：潭中鱼可百许头，皆若空游无所依……

师：怎么理解"空游无所依"？

生：没有任何依凭地游弋，自在畅游。

师：鸟在空中飞翔本来是自由自在的，诗人在这里却化用到鱼的形象中，写出了水之清，还写出了鱼的情态，自由无所碍的状态。

（师找到课堂开始时提问的那位同学，"刚才的疑惑解决了吗？"同学微笑点头）

师：刚才提到的这四个字，有共性，都具有自由动态之美，都照应着"竞自由"。再来看看其他同学还有哪些发现。

生：刚才找到了几个动词来进行鉴赏，按照同学和老师刚才的思路，我还想来说说"万山红遍，层林尽染，漫江碧透"这三个句子。其中的"红遍”“尽染”“碧透”，非常有画面感，程度很透彻。

师： 详细说一下。

生： 比如这个"红"字，让我想到"春风又绿江南岸"中的"绿"，有异曲同工之妙。江南在春风的吹拂下逐渐变绿，而岳麓山的枫叶在秋霜的洗礼中满山红遍。两个字都具有动态之美。

生： （抢答）我觉得"层林尽染"写得好。

师： 我们不是正在鉴赏这句吗？

生： 老师，我很有感觉，我先说。（生笑）"层""染"用得真好！就像我们拿来了一张宣纸，在上面用红色颜料按照水墨画的画法一层一层地晕染，有远有近，有深有浅，有浓有淡，还有你预料不到的一种红色效果，哎呀，只要你见过中国的山水画，你就会明白那种美感！

师： 大自然仿佛一位高明的画家，她蘸染了浓浓的红的颜色，信手一抹，本来青翠的山峦却万山红遍，层林尽染！看似写静态，实际上包含了动态之美，看似绘丹朱，却生出了万般情态。

（生鼓掌）

师： 这位同学表情一直有些凝重，你有什么话要说吗？

生： 老师，我很矛盾。

师： 为什么？说说看。

生： 我觉得诗歌鉴赏好像不是这个样子的。我以前的诗歌鉴赏都是要得出一个结论的，比如说字词理解、写作手法、思想感情什么的。可是我们这节课就是你说我说，我似乎什么都没有记下来，下课复习什么？但是，我又觉得这样的课很有意思，我好像看见了一幅一幅的画面，沉浸在里面了。所以我有点矛盾了。

师： 老师明白你的苦恼了。你的矛盾点是不是知识与情感、应试与应情的矛盾？是不是从前我们习惯了看各种别人的评价，记在脑子里就可以了，而今天我们似乎要走进诗人的心里，走进一幅幅画面，就有点不适应了？

生： 是的。

师： 其实，"从心所欲"而已。（生疑惑）这样——你对这几句词有什么独特的感受吗？说你想说的就好。

生：漫江碧透，颜色是绿色的，而且是像水头特别足的碧玉那种绿；层林尽染，颜色是红的，是满山遍野的阔大的红色。上面是红山，下面是绿水，两种颜色搭配在一起，具有了鲜亮的对比，有层次感，生机盎然，美得尽兴。

师：非常好！你觉得这样读诗感觉怎么样？为什么自由发言时你选择了一种新的表达角度？为什么不沿用从前那种贴标签的方法呢？

生：老师，我觉得这是我的心里话。

师：太好了！诗歌是心灵的话语，所以我们要以心相许！你已经找到了欣赏诗歌的门径。祝贺你！

生：老师，我觉得这几句写景有一个问题您忽视了，您考虑过诗人写景角度的变化吗？

师（笑）：谢谢这位同学的提醒。你能不能帮帮老师？

生：有远近角度变化。"万山红遍，层林尽染；漫江碧透，百舸争流"这四句是按照从远到近的顺序写的。

生："鹰击长空，鱼翔浅底"是从高到低。

师：又可以叫作仰视与俯视结合。

生：还有由静景到动景。

师：同学们说得都很好。这六句写景，具有角度的变化、动静的变化、颜色的变化之美。

生：（怯怯地举手发问）老师，我也想从心所欲地问个问题，行吗？

师：为什么如此"怯怯"？

生：我怕问得不靠谱，老师会不高兴。（众生笑，私语）

师：我觉得在学术范围内的问题允许讨论。

生："漫江碧透"应该是江水很深，"鱼翔浅底"又用浅来形容江水，不矛盾吗？

师：你的质疑精神很值得赞赏。这个的确是个问题，很符合生活逻辑，那么在文学中我们如何来解释这个矛盾呢？同学们有什么好看法？

生："浅"不是实际的江水浅，而是为了表达江水清澈，近似无水，这样鱼儿就可以"飞翔"，显示出它们的自由。

生：老师刚才说到这个问题很符合生活逻辑，但是我觉得不能用生活逻辑来欣赏诗歌。我们读李白的诗，上天入地，浪漫洒脱，那不是更没法解释了吗？我觉得这就是诗人心境，该碧透就要碧透，该浅底就要浅底，遵循的是自己的情感，而不是生活的逻辑，或者说没什么道理可讲。（生笑）

师：不能说没什么道理可讲，文学世界仍然是讲道理的地方，我们可以说，要用语文的思维来理解语文的问题。在文学的世界里，情感主宰一切；我的文字世界里，我主宰一切。在上阕中还有哪些发现吗？

生：我觉得"怅寥廓"的"怅"字用得非常精妙。因为其本意是失意，是一种消极的情绪，但是诗人赋予它新的含义，赋予了它一种积极的情绪，成为由深思而引发的激昂慷慨的心绪，充分地表达了诗人旷达的胸襟和伟人的气魄。

师：它本来是表达消极情感的一个词，但是在诗人的笔下却幻化出壮阔之情，这一定是与诗人的内在品质相一致的。

师：现在，诗人的眼前、我们的眼前出现了这样一个万类霜天都自由、比自由、万物奋发、各等生命任意表达其自由意志的寥廓江天。面对这样的自然，我们理解了诗人"怅寥廓"的深沉思索和激昂慷慨——江天如此自由辽阔，自然界如此生机勃勃，人间何如？苦难的中国、不幸的人类何时得以"人间遍种自由花"？我们人间的苍茫大地，谁来主宰，谁来创造，何时打造出一个如"万类霜天竞自由"的新世界？

生：诗人的回答当然是我们，只不过"怅寥廓"三句是潜在回答，即"谁主沉浮"，言外之意就是"我主沉浮"。

师：在这里老师给大家准备了一张幻灯片，介绍一下毛泽东写此词时的背景，正所谓"知人论世"。

（出示幻灯片）

这首词写于1925年。当时正值北伐战争的前夜，国共第一次合作。全国各地反对军阀统治的工农运动风起云涌，如火如荼。毛泽东同志直接领导了湖南的农民运动，先后建立了20多个农民协会，创建了湖南农村第一个党支部——韶山支部。1925年10月，他奉命前往广州创建农民运动讲习所，途经长沙，重游橘子洲。长沙是当年毛泽东同志学习、生活、战斗过的地方。今天，故地重游，面对如画的秋色和大好的革命形势，回忆过去战斗岁月，不禁心潮起伏，浮想联翩，写下了这首动人的词作。

由此，我们也就知道作者笔下的秋景为何如此壮阔，这样也就解决了同学们预习作业中的一个典型的问题——诗人为什么要"怅"。

生：老师，我有这么一种读词的感受。你看，我们一般在发出浩问时的对象都是上天，比如说："苍天啊！谁将主宰众生？"这种问法明显有无法主宰命运的语境，所以要靠上天来安排。而在此词中，作者是"问苍茫大地"，所以暗含了一种意思是大地上只有我（毛泽东）主宰沉浮，很有气魄。（很激动）

师：非常感谢这位同学的慷慨表述，你的发言同样很有气魄，很明显同学已经能够披文入情，与作者产生了共鸣。但是，老师不同意你的看法。

生：为什么？

师："寥廓""苍茫大地"，是作者极目远眺所看见的苍茫的天空，辽远的大地，这是写实的，从另一个角度上看，我们结合当时的革命形势，结合毛泽东的伟大理想，这个图景、这片土地在诗人眼中已经幻化成我们这个国家、我们的民族！所以他"怅寥廓，问苍茫大地，谁主沉浮"是在说，我们这个国家，我们这个民族，到底由谁来主宰？我们脚下的这片土地，前途命运将是如何的呢？

生：这才是青年革命家毛泽东，未来的领袖毛泽东！我忽然明白，前面所写的"万类霜天"的目的。"万类霜天"写得越自由，毛泽东的"怅"就越深沉，越激昂，越有民族历史责任感。"竞自由"既是对前面景物特征的总结，又引出了"怅寥廓"的发问；而"怅寥廓"一方面把诗文从写景引入写人，又塑造了毛泽东遗世独立的伟岸身姿，同时还引发了下阕惊天豪气的回答。太高妙了！正所谓……正所谓"一切景语皆情语"，不，不仅仅是情语，还是……（此同学不能用语言概括自己的想法，有些语塞，但是此时同学中响起了热烈的掌声）

师：同学的掌声足以说明你的观点的可贵性、创造性。我们在进行文学欣赏的时候，很怕把文字拆碎，把一幅满富生命力的图景变成图片，尤其是在读诗的时候，拆开了，就没有了生气，没有了灵气。这位同学很让人钦佩，他能拆得开，还能合得上，树木与森林的关系把握得非常好。

老师还想进行一下追问，你觉得如此青年革命家、未来的领袖，应该站立在什么季节，什么地点？

（生沉思）

师：小桥流水人家的春季？无边落木萧萧下的悲秋？还是莺歌燕舞、姹紫嫣红的夏季？

生："独立寒秋，湘江北去，橘子洲头"是作者最适合的出场背景。

师：为什么？

生：我们可以想象一下，假如要拍个电影，主角要出场了，首先是个远镜头，深秋季节，岳麓山下，橘子洲头，湘江浩浩汤汤，莽莽苍苍……这时镜头拉近，一个身材魁梧的年轻人伫立在萧瑟的秋风中，极目远眺，万山红遍，他俯视脚下的滚滚北去的湘江水，心中生发出万千感慨，这时厚重的音乐响起……很像《三国演义》的片尾曲。

师：你是一个极富导演潜质的同学，你从哪里看出是一个身材魁梧的年轻人？

生："独立"，给人一种卓尔不群的感觉。诗人写景创设了开阔的大背景，这里一定要站立一个顶天立地的汉子才和谐。

师：你的分析让我想到了陈子昂的"念天地之悠悠"，两者相同吗？

生：不同。陈子昂立于天地，是感叹自我的怀才不遇，与青年革命家不可同日而语！

师：说得很好。到这里，上阕的层次已经非常明晰了，可以分作……

生：三层。

师：哪三层呢？

生：第一层，前三句；第二层，写景；第三层，发问。

师："问苍茫大地，谁主沉浮"是普通问句，还是设问？

生：设问。

师：答案在哪里？

生：下阕里。

师：那好，我们一起走进下阕，看看到底"谁主沉浮"。我们先找同学来朗读一下下阕，其他同学一边听一边看看下阕里的哪句词能回答这个问题。

（生朗读）

师：哪句词能够回答"谁主沉浮"呢？

生（齐答）：同学少年！

师：同学少年，就是包括毛泽东在内的新一代的青年革命家们。那么，他们为什么能主沉浮呢？在预习作业中有些同学提到了这样的问题："为什么要回忆峥嵘岁月？青年们有什么样的特点？"解决了这个问题，也就明白了为什么同学少年能够主沉浮。看看谁有什么想法。

生：指点江山，他们虽然是青年，但是他们没有躲进教室里读死书，死读书，一心只读圣贤书，而是关心国家命运，心系民族前途。激扬文字，他们用自己的笔来陟罚臧否，来表达自己的爱国情怀。

师：这些年轻人胸怀天下，使命在肩，激浊扬清，勇敢实践。他们毕竟是书生，还不能拿起武器来斗争，他们就拿起手中的笔来战斗。就像马克思，他的贡献不仅在于直接领导了无产阶级的斗争运动，而且在于他用手中的笔写下了无数的文章，奠定了无产阶级理论的基础。

生：还有鲁迅。

师：对。（示意生站起来发表自己的感想）

生：鲁迅先生是一个斗士，是一个战士，他的笔就是他的武器，他的思想就是他的武器，用老师的话来说就是用笔来激浊扬清，指点江山。

师：这两句写出了这些青年革命家敢于斗争的作为。继续发表自己的见解。

生："粪土当年万户侯"，"粪土"两个字体现出这些青年革命家对于当时的军阀官僚的憎恶，还有淡泊。（其他生有疑惑的表情）

师：刚才同学从这句词里读出了憎恶和淡泊。老师在这里有一个问题，把词中的"粪土"改为"怒骂"好不好？还是你来谈谈。

生：不好。改成"怒骂"，是一种憎恨的感觉，但是"粪土"除了憎恶，更多的是一种不屑，一种蔑视，瞧不起他们。

师：很好，你刚才提到"淡泊"，你认为合适吗？

生：不妥。

师：当时的军阀势力很强大，可是，以毛泽东为代表的青年视他们如粪土，有一种蔑视敌人的态度，有一种大无畏的精神。毛泽东的很多诗词都善用夸张的手法，体现了他的革命豪情，蔑视一切的豪气，比如《长征》中的"五岭逶迤腾细浪，乌蒙磅礴走泥丸"。

生：毛泽东是浪漫主义诗人，还是现实主义诗人？

师：哪位同学回答？

生：毛泽东最擅长用浪漫主义的情怀来表现现实主义的问题。大家想，长征那是多么艰辛的路程，但是在毛泽东的笔下却具有了一种浪漫主义的气质，让人似乎看到了一个伟岸傲然的革命者形象。

师：很好。继续发表看法。

生：我想说一下"忆往昔，峥嵘岁月稠"的"稠"字。首先这个字给下文做了一个铺垫，本词的下阕主要回忆了当年自己与同伴的学习生活，所以一个"稠"字，一方面写出了生活的丰富性；另一个方面我从这个字中也看到了毛泽东的豪迈之情，骄傲之情。如此年轻之时就具有如此革命斗志、品质，可见不负岁月，无愧时代。

师：很好，这两句把我们带进了回忆中，词作从写眼前自己独游转为写曾经众游。"峥嵘岁月稠"，"峥嵘"原来指山石高峻，后来引申作林木茂盛，在这里比喻的是如火如荼的革命斗志。当年自己年轻时和同学少年参加的斗争一个接着一个，一个连着一个，下面诗人开始写他们是怎样开展斗争的。也正是这样，他们才能够担当主沉浮的重任。他们是怎样的一群人呢？

生：同学少年，风华正茂，这是回忆当年的少年风采，气度不凡。

师：其实毛泽东在这里化用了杜甫的诗句。杜甫在《秋兴八首·其三》中写道"同学少年多不贱，五陵衣马自轻肥"。"不贱"是说不低贱，身份高贵，"衣马轻肥"是说豪华生活，这两句诗就是在回忆当年长安岁月的少年同学，个个光鲜亮丽、气度不凡、春风得意，与毛泽东词句做比较，大家感觉毛泽东的少年同学有什么不同？

生：我觉得除了刚才同学所说的少年风采、气度不凡外，还似乎多了一些年轻有为、英雄气概，他们似乎是站在天地间的一群有梦想、有斗志的少年，有着经天纬地的才华。而杜甫的诗中形象是衣食无忧的贵族，少了能撼天动地的豪气。

师：你看，我们做了这样的比较之后，毛泽东词中的形象马上就展现在同学们面前了。所以，与其说毛泽东回忆的是当年的同学少年，不如说他赞赏的是他们身上所展现的这种革命青年所特有的气质。

生：书生意气，挥斥方遒，让我看到了这些年轻人身上风采焕发，有一种刚劲有力的气概精神。

师：到这里，我们做一个总结，为什么包括毛泽东在内的青年们能够主沉浮呢？他们是怎样的青年？"恰同学少年，风华正茂"说明他们——

生：风采焕发，才华横溢。

师："书生意气，挥斥方遒"说明他们——

生：意气风发，刚劲有力。

师：指点江山，激扬文字——

生：品评国事，激浊扬清。

师：粪土当年万户侯——

生：蔑视敌人，豪情无畏。

师：这几句是对革命青年生活的回忆，是对"峥嵘"的具体展开。表现了时代的特点和青年们的战斗风姿、万丈豪情，表现出革命青年的战斗风貌。

抚今追昔，由独游到众游，由今游到昔游，无孤独的伤感，又无儿女情长的缠绵。毛泽东回忆的是最美好的时光，是最有意义的生活，赞美的是崇高的英雄气概和经天纬地的才华，充满了战斗的激情。正是在这种激情的推动下，才有了最后三句的发问——

生（齐诵）：曾记否，到中流击水，浪遏飞舟？

师：作者在问谁？

生：问青年革命者。

师：问了什么？

（众生语塞状）

师：预习作业中大家在此处问题比较集中。大家看老师准备的资料。

（展示PPT）

陈一琴先生在其《毛泽东诗词笺析》中指出，"击水"指"游泳"，并引述了毛泽东本人于1958年12月对此词的批注："那时初学，盛夏水涨，几死者数。一群人终于坚持，直到隆冬，犹在江中。当时有一篇诗，都忘记了，只记得两句：自信人生二百年，会当水击三千里。"

师：大家通过这段资料可以看到，毛泽东在这里使用了夸张的修辞：你们还记得吗，当年我们一起在湘江激流中游泳，掀起的浪花阻碍了飞驰的大船，道出的是青年革命家的奋发自信气概。尤其是"自信人生二百年，会当水击三千里"更让人感受到了舍我其谁、主宰一切的豪情。

老师还找到了另外的一些资料，我们一起来看一下。陈一琴《毛泽东诗词笺析》中所引的毛泽东当年在著名的《湘江评论》上所发表的两篇文章中还有这样两段话。

（展示PPT）

什么不要怕！天不要怕，鬼不要怕，死人不要怕，官僚不要怕，军阀不要怕，资本家不要怕。（《湘江评论》创刊号《创刊宣言》）

我们知道了！我们觉醒了！天下者我们的天下，国家者我们的国家，社会者我们的社会，我们不说，谁说？我们不干，谁干？（《湘江评论》第四期《民众的大联合》）

师：读这两段文字，你们是否有似曾相识的感觉？

生：我觉得第一段文字有"指点江山，激扬文字，粪土当年万户侯"的感觉。

生：第二段文字就是"问苍茫大地，谁主沉浮"的意思。

师：大家结合这两段文字再来看这首词，就更能感受到当年毛泽东的气概、胸襟！

生：哦，原来整首词是连着的！（惊奇状，众生笑）

师：真是一个巨大的发现！（师微笑）其实这位同学的发现的确很有价值。整首词分为上、下阕，上阕写景，发出浩问，下阕回忆，得出答案；上阕融情入景，下阕直抒胸臆。上、下阕虽然形式上有很大不同，但是给读者的感受却是一样的，都是积极自由、慷慨激昂、豪情万丈。老师想问大家，在这首词里，谁主豪情？

生（齐答）：毛泽东！

师：这就是所谓——

生（齐答）：一切景语皆情语！

四、美读——用声音验证鉴赏效果

师：前面说了这么多，最后我们还是要回到词作中，循着在这堂课上我们捕捉到的情感，按照心灵的节拍，再来读一读这首词吧。哪位同学愿意试一试？

生：我试试。（其他生为他鼓掌，生朗读）

生：老师，我也想试试。（生朗读，效果并不是很好）我知道我读得不如上一位同学好，但是我想说的是，在我读词的时候心中是充满了感情的，那种豪迈之情。可能我的朗读不好，但是我是真的想用我的声音来传达我的想法的。（生鼓掌）

师：最后，老师也想试一试，用我的朗读来传达我在这节课上的感受。

（师朗读）

修建通往殿堂的楼梯

——《沁园春·长沙》教学反思

这节课是我的学生升入高中后的第一节语文课，我觉得无论是在他们的语文学习过程中，还是在我这三年的教学研究经历中，这节课都有着特殊的意义。

教育，修筑的是人生的美丽殿堂；课堂，就是修建通往殿堂楼梯的过程。学生的实际学情是这段楼梯的起点，教学的目标定位是这段楼梯的终点，课堂就是在起点和终点之间修出台阶，助学生更上一层楼的过程。当然，有时候我也会犯经验主义的错误，对学情预估有了偏差，教学目标定位不准，恐怕这楼梯就成了豆腐渣楼梯，这殿堂也就成了空中楼阁。可见，这其中的关键在于，真正知道起点和终点在哪里。这正是我的"学情核心"教学思想要解决的问题。

这是我的一节常态课，是在我的"'学情核心'阅读教学课堂模式"思想的指导下开展的教学活动。我认为只有了解了学生的实际情况才能真正实现高效课堂。从这节课中我认识到，实际的把控学情是一个动态的过程，可分为以下几个阶段。

第一阶段，预判学情。这种学情判断是教师凭借学科本质特征和以往的教学经验进行预先判断的。比如说，学生所处学段的特点，对此类文体的文体特征、作者的行文风格等的认知应该处在何种水平上，这些方面的学情是教师可以在课前进行把握的，以此进行第一遍备课，由此形成教案。这正是我在执教《沁园春·长沙》这一课时所准备的教学设计。这个教案其实是一个资料性教案，只有课堂整体轮廓的设想，并没有详细的教学流程，因为我还不能确定学生的实际学情与我的设想预判是否一致。

第二阶段，判阅预习作业。在课前的学科自习中，我给学生布置预习作业，然后收齐判阅，了解学生的真实学情，在此基础上进行教案的修订。有时真实的情况和我们预判的学情有很大差异，那么教案的修订也必须是大刀阔斧的。了解学情会促进教师提高业务水平，起到教学相长的效果。在预判学情时，我设想学生的理解难点应该在词作的下阕，因为不了解相关的时代背景，所以理解起来会比较困难。但是在判阅了预习作业后，我发现学生在欣赏上阕时只是停留在参考答案式的僵化作答层面，并没有走进词作，感受作者的豪迈之情，所以，我把教案做了调整，让学生来说说自己的真实感受。在问题设置时，我用了"说一说"这样的表述，来暗示学生卸掉包袱，说你想说的话。这只是这节课众多修订中的一例，为了说明真实学情对于教学的重要性。如果没有这样的作业，恐怕我的课堂就会南辕北辙了。

第三阶段，授课阶段。无论是预判教案，还是修订教案，它们相对来说都是静止学情的产物，而动态学情应该是在课堂授课过程中产生出来的，学生在沿着老师铺就的台阶攀爬时，究竟会出现什么样的状况，这个是完全不能预判的，而这又是不可回避的学情。这一点把握不好，课堂生成会出现极大的问题，甚至会出现不可控的局面。在上面的课例中，我一直是在与学生进行着对话式的交流，打破了原来课堂的"老师问，学生答"的模式，这样才能在他们高中的第一节语文课上让他们卸下曾经的铠甲，找回自己，为以后回归语文的本质做好铺垫。但这种课堂的最大难点在于灵活，不知道下一秒学生会生发怎样的想法，比如说这节课中那个表情严肃的学生。这就需要教师有广博的学识，之后结合预习中的问题做深入的挖掘，设想在课堂上可能出现的所有状况，一一做出预案。真的出现意料之外的状况，我们就需要心对心交流，自己首先要与文章、作者产生共鸣，有所思有所获，才能做到这点。实际上，一堂好课，应该是教师融会贯通之后基于学情的交流。当然，在课堂上，"学生是主体，教师是主导"的原则不能突破。

第四阶段，潜移默化的渗透。这一点与其说是一个阶段，不如说贯穿教学始终，这是最困难的一个工作：从预习作业里，你可以窥视到学生对于语文的态度：不重视、机械僵化、无法构架语文体系等，所以，在语文授课过程中还要面对这样的真实学情，甚至是"致命"学情。靠硬性填鸭式补充，有时效果不好，所以，我就从预习作业里努力寻找刺激因素，或者是兴趣，或者是挫败，或者是课堂反转的点，等等。这样来设置课堂的纲与目，让学生找到自己与课堂的切合点，找到课堂上的兴趣点，进而能够慢慢走进语文。当然，困难重重。

这些教学思考，都是基于真实的学情，忽视了学生的学情，教学就违背了基本的认知规律，教学效果就可想而知了。

从精彩课堂通向美丽殿堂的60级台阶

——以"学情"为核心的设问艺术

河北省沧州市第一中学　呼　君

众所周知，要想实现学生主动参与、乐于探究、勤于思考、善于动手的充满活力的创新课堂，问题的设计至关重要，好的问题设计，可以促进学生进一步的学习。尤立增老师说："教育，修筑的是人生的美丽殿堂；课堂，就是修建通往殿堂楼梯的过程。"在执教《沁园春·长沙》一课时，尤老师就用60个问题搭建起了从精彩课堂直通美丽殿堂的楼梯。

首先，引导学生在预习中学会高质量地设问。

课前，尤老师首先要布置预习作业，这个预习绝不是一般教师通常所做的让学生借助工具书和注释疏通字词、查阅资料了解作者和写作背景、初步熟悉作品内容，在"作家作品""字词积累""预习所得""质疑问难"四个板块中，精华部分在于让学生"质疑问难"——自己去发现和摘取问题。然后，尤老师亲自把几十个学生提出的散碎的问题做一个整合，整合出10组共性问题（见《教学设计·教学过程》"赏读"部分），从中获得最真实的四点学情（见《教学设计·教学理念》部分），将之作为安排教学设计的最重要的参考依据，教师目中有人，可以以学定教。而且，这10个问题展示给学生后，又仿佛10级台阶，给学生如何预习设问提供了鲜活的范例，教给了学生质疑的能力。

这10个问题不仅夯牢了这节课攀登的平台——《沁园春·长沙》课堂的起点，最可贵的是，不是一时一课，尤老师所有的课文教学都是如此，是以"学情"为核心布置预习和安排设计教学的。不仅教师的设计有据可依，教学有的放矢，长期坚持下来，学生的质疑精神、思维发展也必将得到有效的涵泳和提升。

而后，我们再看尤老师的课堂设问艺术。

夯牢了攀登的平台——楼梯的起点后，尤老师将目光锁定在楼梯的终点，用50个有效设问在起点和终点之间为学生搭建起了攀登的台阶。这50个问题，有预设的记忆性问题、理解性问题，更有随着课堂学生活动精彩生成的探究性问题、引领性问题。

有目的的设问，如导入部分的"大家都能想到哪些写秋天的诗歌"，先打开记忆库唤醒旧知识，让学生在今古对照中初步感受伟人与古人的不同境界，体会诗人青年时代的伟大抱负和革命情怀，为课堂定下一个豪迈的基调。问题可谓设计精心，清晰明了，有效服务于教学目标的落实。

有质量的发问，如"这首词里有没有能让你脑海中浮现出一幅画的语句？有没有你似曾相识的场景？有没有让你心生涟漪的句子？"问题问在关键处，几个引导用语用得合理优美，学生需要花费一定时间用心思考，有停顿，有节奏。

有梯度的提问，例如在炼字环节，"翔"是个难点，尤老师是这样设问的："'鱼翔浅底'怎么理解，你能说一下吗？""单纯是快吗？""大家还记得《小石潭记》中的语句吗？""怎么理解空游无所依？""刚才的疑惑解决了吗？"对有一定难度的核心问题，尤老师用问题链引领着学生抽丝剥茧、循序渐进、生成结论，直到"微笑点头"。

有水平的追问。个人认为，这节课有个极大的亮点，就是尤老师能够在几十张面孔中细心地发现一张表情凝重的脸，并能不拘泥于教学预设和课堂进度，关心地问出"你有什么话要说吗"，面对学生"老师，我很矛盾"的困惑，继续耐心问出"为什么"，鼓励学生"你对这几句词有什么独特的感受吗？说你想说的就好"。当学生在老师的鼓励下完成了高质量的发言，尤老师称赞有加："太好了！诗歌是心灵的话语，所以我们要以心相许！你已经找到了欣赏诗歌的门径。祝贺你！"针对学生回答中的闪光点和深入处，恰当表扬、重锤猛击。一组高质量的顺向追问，使一个看似偏题的问题随着深入探讨变成了教学资源，成了新的亮点；我相信，一颗热爱语文的种子也从此在学生的心中种下。再如"你刚才提到淡泊，你认为合适吗?"在欠思处和歧义处，慧眼识错生成追问，合理引导，自如驾驭课堂的水平值得青年教师不断学习和修炼。

学生就这样随着尤老师的60个设问，发现、摘取、研讨、消化，由感性到理性，由粗到精，由浅入深，纠错正误，沿着教师为之搭建的60级台阶拾级而上，不知不觉间走进高中语文的美丽殿堂，沉醉于缤纷馥郁的辟芷江离。

在尤老师以问题为引领、以学情为核心的语文课堂上，思考的权利、时间和空间属于学生，表达思想和展示思维过程的舞台属于学生；学生在质疑问难中，在讨论交流中，获取着知识，提升着能力，感受着成功的愉悦。

（呼君，河北省沧州市第一中学语文教师，特级教师，正高级教师。河北省首届教书育人楷模，河北省首届中小学学科名师，河北省模范班主任，河北省省级名师呼君工作室主持人，河北师范大学语文教育研究中心特聘研究员，河北民族师范学院客座教授。）

课例 2

烈士暮年壮心不已，桑榆非晚忧而奋发

——《短歌行》教学欣赏

（高中语文必修上册第 7 课）

教学设计

拨云见日觅路径　以读促赏鉴诗歌

——《短歌行》教学设计

一、教学理念

　　《短歌行》是高中语文统编教材必修上册中的第七篇课文，属于第三单元"文学阅读与写作（二）"。该单元学习中国古代诗歌，这是必修课本中第一个中国古代诗歌单元，也是高中学生第一次系统地接触、学习中国古代

诗歌，这对学生学习鉴赏古代诗歌有着非常重要的奠基作用。

本单元的教学任务中明确了单元学习目标，"学习本单元，要逐步掌握古诗词鉴赏的基本方法，认识古诗词的当代价值，增强对中华优秀传统文化的传承意识"。虽然学生在初中阶段也学习过古诗词，但是初中阶段的学习多侧重于机械的理解和背诵。即使上升到鉴赏层面，也停留在比较浅显的阶段，一般以老师讲授诗词大意和情感为主，而对于鉴赏中国古代诗歌必备的方法上的指导、技巧上的点拨以及情感主旨上的引领，都比较欠缺。中国古代诗歌经历了漫长的发展，形成了一套完备的理论体系以及鉴赏方法，如果学生只是机械地记和背，是无法找到鉴赏的门径的，反而会对浩繁的古诗词产生一种厌烦之感，更不用说感知诗词的美，承袭中国古代先民们的智慧和精神了。所以这个单元作为古代诗歌的启蒙单元，在整个高中语文教学中有着非常重要的地位。

作为这个单元的第一首诗，《短歌行》能否讲好事关学生良好诗歌鉴赏能力的基础养成，更事关学生能否掌握鉴赏诗歌的路径，激发起学生对诗歌的兴趣。要达成单元学习目标，讲授《短歌行》必然涉及两个方面，一是学生能否真正体味诗人情感，二是学生能否掌握一些基本的鉴赏手法，更重要的是教师要引导学生在鉴赏的过程中真正体味诗人的情感，与诗人产生共情。

《短歌行》是东汉末年著名的政治家、军事家、文学家曹操以乐府古题所作，在曹操诗歌作品中占有非常重要的地位。本诗通过宴会的歌唱，以沉稳顿挫的笔调抒写了诗人求贤若渴的思想和统一天下的雄心壮志。全诗内容深厚，感情充沛，充分发挥了诗歌创作的特长，准确而巧妙地运用了比兴手法，达到了"寓理于情，以情感人"的目的，历来被视为曹操的代表作。

在教学方式上，《短歌行》是以乐府旧题创作的一首四言诗，诗人以真实、新鲜、有力的情感吸引和打动了读者，所以在这首诗歌的教学中要注意反复吟咏，体会诗中的思想感情，注意不同的作品在创作手法上的独创性，让学生在反复吟诵中感受曹操作为一代英豪的气度和胸襟，在感受诗歌的美中更为深入地体会"诗言志，歌咏怀"的功用。让学生继续积累鉴赏诗歌的具体方法，为以后的学习和发展打下良好的基础。如何将这些内容融为一体是备课中着重要考虑的问题。

在布置学生于自习课上完成的预习作业中，我得到了学生最真实的学情：第一，因为学生不善质疑，以及学生的不够重视预习，质疑意识仍需强化；第二，不够重视诗歌诵读，对字音字义的把控不准；第三，因为知识储备的欠缺，学生鉴赏诗歌的能力明显不足；第四，学生由于对背景不熟悉，无法深入理解诗文，无法披文入情体会诗人情感，只停留在浅层的理解上。学生预习中提出的问题大部分都停留在诗句的翻译和理解上，缺乏鉴赏意识，距离深入鉴赏还有一段距离，而要解决这个问题绝非一日之功，需要在接下来的诗歌教学中逐渐渗透。

二、教学目标

1.使学生掌握诗歌中的重点字、词、句，理解诗歌中的典故，能够用自己的语言描述诗歌内容，理解诗歌大意。提高诗词朗诵能力。

2.引导学生从不同的角度赏析诗歌的语句，全角度、全方位地把握诗歌的情感主旨，培养发散性和批判性思维。

3.引导学生了解诗歌写作背景，知人论世，在对比阅读中体味曹操不一样的"忧"，感受曹操"忧"而奋发，慷慨旷达的伟人情操，给学生以正面的影响和启发。

教学策略：

1.以赏带读，以读促赏。反复诵读，着重体会富有表现力的语言，进而具体地感受诗歌的意境，体味作者深沉的忧愁。

2.对比阅读，以已知解决未知。调动学生积极进行比较探究，从而感受语文学习的整体性与逐步深入的特点，培养学生语文学习的核心素养。

三、教学过程

（一）初读——宏观把握，初步感知诗人之"忧"

1.新课导入。

曹操是为大家熟知的历史人物，他曾在三足鼎立的历史舞台上叱咤风云，后世对他的评价大相径庭，有人赞其"英雄"，有人叱其"奸雄"，还有人二者取中称其"枭雄"，这很令人玩味。但不管他是什么"雄"，不争的事实是——他是在中国历史上举足轻重的军事家、政治家和文学家。我们在初中时已经学过他的《龟虽寿》《观沧海》了。今天让我们来学习这首更能体现曹操诗风和人格气质的《短歌行》。

2.解题及写作背景。

关于《短歌行》：汉乐府的旧题，属于《相和歌·平调曲》。古人认为"长歌""短歌"是指"歌声有长短"。我们现在也就只能根据这一点点材料来理解《短歌行》的音乐特点。《短歌行》这个乐曲，原来当然也有相应的歌辞，就是"乐府古辞"，但这古辞已经失传了。现在所能见到的最早的《短歌行》就是曹操所作的拟乐府《短歌行》。所谓"拟乐府"就是运用乐府旧曲来补作新词，曹操传世的《短歌行》共有两首，这里要介绍的是其中的第一首。

关于写作背景：历来有多种说法，其中比较为大家接受的是此诗的确写于赤壁大战期间。建安十三年（208），这年冬天，曹操亲率八十三万大军，列阵长江，欲一举荡平"孙刘联盟"，统一天下。在赤壁大战前夕，他酒宴众文武，饮至半夜，忽闻鸦声，见群鸦往南飞鸣而去。54岁的曹操有感此景而横槊赋此《短歌行》。当时各据一方的军阀为了发展自己的势力，都在用尽一切办法延揽人才，曹操虽也有一批猛将，但为了完成统一天下的宏伟功业，他希望天下所有的人才都能聚集在他身边。曹操曾几次下《求贤令》，打破当时以德行和家世为用人标准的惯例，任人唯贤，罗致中下层人才，当时四方知名的文士几乎网罗无遗，而具有治国用兵之术的人才更是济济一堂。最后魏国能完成整个国家的统一和曹操大力招揽人才有直接关系。几次下达的《求贤令》是以公文形式表达曹操对人才的渴望，《短歌行》这首诗就是以文学的形式来招揽人才，是一首求贤诗。

3.学生朗读诗歌。强化巩固诵读要求：读准字音；读清句读；能初步传情达意。

4.教师适时点评学生朗读情况。

（1）纠正读音。

（2）《短歌行》为四言古体诗，朗读节奏一般为二二停顿，如"对酒／当歌，人生／几何"。诗歌朗诵时虽然要有停顿，但应为"声断气不断"才可，否则会破坏诗歌的整体性与抒情性。

（3）解决传情达意还不到位问题。学生朗诵时有很明显的感情，能基本把握诗歌的感情基调"忧"，但是这首诗并不是通常意义上的忧伤愁苦。这就看出学生对于诗歌内容的理解不到位，对诗中诗人的思想情感理解不透彻。

（二）赏读——微观推敲，探析诗人因何而"忧"

质疑问难，理解鉴赏。赏读适时穿插进行。

1. 了解学情。

整合"质疑问难"板块中的共性问题如下：

（1）什么叫"歌行"？

（2）"对酒当歌，人生几何？譬如朝露，去日苦多"是否给人消极的感觉？

（3）"忧从中来""何以解忧""忧思难忘"，忧的是什么？忧的内容一样吗？

（4）诗中引用《诗经》中的《子衿》有何作用？是在表达对一个女子的思慕吗？这个女子是谁？

（5）"呦呦鹿鸣，食野之苹"是"兴"吗？有何作用？

（6）"明明如月，何时可掇"，诗人为什么要写明月？

（7）"越陌度阡，枉用相存"，为什么诗人要去看望他人？

（8）"心念旧恩"中"旧恩"是与谁的旧恩？有什么故事？

（9）为何要写"乌鹊南飞"？"绕树三匝，何枝可依"怎么理解？

（10）"周公吐哺"的表述感觉很恶心，诗人想表达什么？

（11）曹操在这首诗中反复写忧，可我了解到这首诗写在赤壁之战前后，曹操是因为赤壁之战大败所以才如此忧愁吗？可诗歌读来又让人感到很激昂，这是怎么回事？

（12）这首诗歌的情感脉络是怎样的？为什么读来觉得不连贯，诗句间内容、情感特别跳跃？

2.教师备答。

（1）解决字词疑惑，疏通文意。

附：韵译，梳理诗歌内容。

面对美酒应该高歌，人生短促日月如梭。好比晨露转瞬即逝，失去的时日实在太多！席上歌声激昂慷慨，忧郁长久填满心窝。靠什么来排解忧闷？唯有狂饮方可解脱。那穿着青领的学子哟，你们令我朝夕思慕。正是因为你们的缘故，我一直低唱着《子衿》歌。阳光下鹿群呦呦欢鸣，悠然自得啃食在绿坡。一旦四方贤才光临舍下，我将奏瑟吹笙宴请宾客。当空悬挂的皓月哟，你运转着永不停止；我久蓄于怀的忧愤哟，突然喷涌而出汇成长河。远方宾客踏着田间小路，一个个屈驾前来探望我。彼此久别重逢谈心宴饮，争着将往日的情谊诉说。明月升起，星星闪烁，一群寻巢乌鹊向南飞去。绕树飞了三周却没敛翅，哪里才有它们栖身之所？高山不辞土石才见巍峨，大海不弃涓流才见壮阔。只有像周公那样礼待贤才，才能使天下人心都归向我。

（2）赏读诗歌。

根据诗歌内容和感情，本诗共四节，每八句一节。

第一节：在这八句中，作者强调他非常发愁，愁得不得了。那么，他愁的是什么呢？原来他是苦于得不到众多的"贤才"同他合作，一道抓紧时间建功立业。试想连曹操这样位高权重的人居然在为"求贤"而发愁，那该有多大的宣传作用。假如庶族地主中真有"贤才"的话，看了这些话就不能不大受感动和鼓舞。他们正苦于找不到出路呢，没有想到曹操却在那里渴求人才，于是那真正有才或自以为有才的许许多多的人，就很有可能跃跃欲试，向他"归心"了。

第二节：这八句情味更加缠绵深长了。"青青"二句原来是《诗经·郑风·子衿》中的话，曹操在这里引用这首诗，而且还说自己一直低低地吟诵它，这实在是太巧妙了。他说"青青子衿，悠悠我心"，固然是直接比喻了对"贤才"的思念；但更重要的是他所省掉的两句话："纵我不往，子宁不嗣音？"曹操由于事实上不可能一个一个地去找那些"贤才"，所以他便用这种含蓄的方法来提醒他们："就算我没有去找你们，你们为什么不主动来投奔我呢？"由这一层含而不露的意思可以看出，他那"求才"的用心实在是太周到了，的确具有感人的力量。紧接着他又引用《诗经·小雅·鹿鸣》中的四句，描写宾主欢宴的情景，意思是说只要你们到我这里来，我是一定会待以"嘉宾"之礼的，我们是能够欢快融洽地相处并合作的。这八句仍然没有明确地说出"求才"二字，因为曹操所写的是诗，所以用了典故来做比喻，这就是"婉而多讽"的表现方法。同时，"但为君故"这个"君"字，在曹操的诗中也具有典型意义。本来在《诗经》中，这"君"只是指一个具体的人，而在这里则具有了广泛的意义：在当时凡是读到曹操此诗的"贤士"，都可以自认为他就是曹操为之沉吟《子衿》一诗的思念对象。正因为这样，此诗流传开去，才会起到巨大的社会作用。

　　第三节：这八句是对以上十六句的强调和照应。以上十六句主要讲了两个意思，即为求贤而愁，又表示要待贤以礼。倘若借用音乐来作比，这可以说是全诗中的两个"主题旋律"，而"明明如月"八句就是这两个"主题旋律"的复现和变奏。前四句又在讲忧愁，是照应第一个八句；后四句讲"贤才"到来，是照应第二个八句。从表面来看，意思上是与前十六句重复的，但实际上由于"主题旋律"的复现和变奏，全诗更有抑扬低昂、反复咏叹之致，加强了抒情的浓度。再从表达诗的文学主题来看，这八句也不是简单重复，而是含有深意的。那就是说"贤才"已经来了不少，我们也合作得很融洽；然而我并不满足，我仍在为求贤而发愁，希望有更多的"贤才"到来。天上的明月常在运行，不会停止（"掇"通"辍"，"晋乐所奏"的《短歌行》正作"辍"，即停止的意思）；同样，我的求贤之思也是不会断绝的。说这种话又是用心周到的表现，因为曹操不断在延揽人才，那么后来者会不会顾虑"人满为患"呢？所以曹操在这里进一步表示，他的求贤之心就像明月常行那样不会终止，人们也就不必要有什么顾虑，早来晚来都一样会受到优待。关于这一点作者在下文还有更加明确的表示，这里不过是承上启下，起到过渡与衬垫的作用。

　　第四节："月明"四句既是准确而形象的写景笔墨，同时也有比喻的深意。清代沈德潜在《古诗源》中说："月明星稀四句，喻客子无所依托。"这说明他看出了这四句是比喻，但光说"客子"未免空泛；实际上这是指那些犹豫不定的人才，他们在三国鼎立的局面下一时无所适从。所以曹操以乌鹊绕树、"何枝可依"的情景来启发他们，不要三心二意，要善于择枝而栖。这四句诗生动刻画了那些犹豫彷徨者的处境与心情，然而作者不仅丝毫未加指责，反而在浓郁的诗意中透露着对这些人的关心和同情。这恰恰说明曹操很会做思想工作，完全是以通情达理的姿态来吸引和争取人才。而像这样一种情味，也是充分发挥了诗歌所特有的感染作用。最后四句画龙点睛，明明白白地披肝沥胆，希望人才都来归我，确切地点明了本诗的主题。

（三）品读——合作探究，体悟诗人独具之"忧"

小组讨论：曹操在诗中表达的这种"忧"是消极的吗？"忧"是一个永恒的主题，我们熟悉的诗人中写"忧"的诗句太多了，曹操的"忧"和其他诗人相比一样吗？有自己的独特价值吗？请探讨产生这种区别的原因。

教师备答：

1.《短歌行》中曹操之"忧"的内容（板书内容）：

《短歌行》一诗中最具情感色彩、最能统摄全篇的词语是"忧"，但如果仅仅把这个"忧"理解为忧愁、忧伤、烦忧等，就未免过于片面和肤浅。这首诗中，曹操表达出的"忧"明显内容不同，意义也不相同，所体现出的情感基调也是明显区别于通常意义上的"忧"。

① 常人之忧——忧人生短暂，时光易逝。"对酒当歌，人生几何？譬如朝露，去日苦多。慨当以慷，忧思难忘。何以解忧？唯有杜康""生年不满百，常怀千岁忧"这是人之常情。人生短暂，世人皆会因此而忧愁不已。此时的曹操也是一个常人，面对时光易逝，面对生命流逝，凡人根本无法对抗，只能借酒浇愁。可酒只能麻醉神经，根本不能解决任何现实问题。就像李白所说："抽刀断水水更流，举杯消愁愁更愁。"《古诗十九首》中大部分诗歌都在抒发人生短暂的悲哀，曹操的这首诗中也明确地传达出这种感情，此时的曹操与常人无二。

② 诗人之忧——不学诗，无以言，典故表深情。三足鼎立时期，在历

史上占据重要位置的三方势力领导中，只有曹操是诗人，他的创作无论是质量还是境界，都能称得上当时的佼佼者。从《观沧海》《龟虽寿》这些为后人所耳熟能详的诗歌，我们能看出曹操身上那浓郁的诗人气质，以及超出一般人的诗情和才情。"青青子衿，悠悠我心。但为君故，沉吟至今。呦呦鹿鸣，食野之苹。我有嘉宾，鼓瑟吹笙。"曹操直接用《诗经》中的诗句表达了自己对人才的思慕和渴望。"青青子衿，悠悠我心"是女子在思慕自己的心上人，"子衿"是情感的寄托。而曹操在这里借用此句传达出的是对人才的深深期待，饱含深情。"明月"是这世间美好而难得的事物的象征，曹操借明月来比人才，可看出他费尽力气想要上天揽月的虔诚。从这些诗意的表达，我们可以看出一个对月独吟，渴望贤才到来的深情诗人形象。

③ 政治家之忧——忧贤才难得。曹操是一位政治家，这是毋庸置疑的。他的权术、理念和策略，都是为打造一个大一统的国家，而作为一个出色的政治家，人才在统一大业中能起到的作用，他比谁都认识得深刻。他深知，要想完成这伟大的政治宏愿，没有人才的帮助是万万做不到的，所以他三次下达"求贤令"，一心招揽天下贤士。这些都是一个智识深远的政治家的忧叹。

④ 伟人之忧——忧功业未就，忧天下离乱。曹操不仅仅只是一个政治家那么简单。东汉末年战乱造成的颓势在魏晋之时变得愈加严重，曹操在《蒿里行》中悲痛地描述当时的惨状："白骨露于野，千里无鸡鸣"，他对于天下大乱给百姓造成的困难认识是相当深刻的。后世总结"建安文学"最大的特点是慷慨悲凉，而曹操诗歌中那种悲凉之气更是穿透纸背，这一切都是缘于他对于那个离乱时代的清醒认识，知道唯有天下统一才能解决这个问题。曹操拥有伟人周公一统天下的胸怀抱负，他有匡扶天下再造两汉盛世的美好愿望，政治情怀让曹操的诗歌具有关注苍生、一统天下的价值信念和责任担当。对人才的尊重与渴求是为了实现国家的统一，这种天地乾坤、唯我独尊的英雄情怀足以让我们钦佩。这就是一种超越了政治的"伟人之忧"。曹操可能并不是我们通常认识中那样的伟人，但他有心忧天下黎民的心，有安定天下的伟人情怀，这种伟人之忧，让他的诗歌成为建安诗歌的高标和

绝唱！

2.曹操《短歌行》之忧的独特性（板书内容）：

态度上——积极进取；

内容上——心忧天下；

风格上——慷慨激昂。

3.产生独特性的原因：

（1）时代造就；

（2）曹操个人的身份、性格决定。

（四）诵读——以声传情，用声音走近诗人之"忧"

1.学生朗诵。

2.教师朗诵。

（五）心读——读写结合，用笔写出自己的《短歌行》

结合诗歌中令你感触最深的一个点，写一篇文学短评，不少于600字。写在周记本上。

⊙课⊙堂⊙实⊙录⊙

烈士暮年壮心不已，桑榆非晚忧而奋发

——《短歌行》课堂实录

一、初读——宏观把握，初步感知诗人之"忧"

师：从今天开始，咱们用两课时学习曹操的《短歌行》。同学们初中学过曹操的诗吗？

生（齐）：《观沧海》。

（生自发背诵《观沧海》）

师：《观沧海》所写的是曹操东临碣石，以观沧海有感而发所作，而今天这首诗题目为《短歌行》，有近一半的同学在预习作业中问："短歌行"这个题目有什么含义？这个题目和诗歌内容之间有什么关系？其实这首诗题目和诗歌内容之间没有直接关系。我给大家在预习作业上这个问题后面做了简单批注，写了什么字？

生：乐府旧题。（近一半学生看着预习作业回答）

师：对，乐府旧题。我们在学习《木兰辞》时了解到有一类诗歌称为"乐府诗"。谁来说说你还记得哪些乐府诗的相关知识吗？

生：乐府是西汉时期，由国家创立的音乐机构，用来搜集民间乐曲。乐府收录了很多曲子，每首曲子都有自己的名字，是配乐唱的。乐府诗就是这些诗歌的总称。

生：《孔雀东南飞》《木兰辞》合称乐府双璧，乐府诗歌大多以五言诗为主。

师：很好。"短歌行"就是汉乐府的曲调名称，是用于宴会场合的歌辞。后世的人们有很多模仿乐府诗歌的创作，借用乐府诗歌的曲调自己进行填词，比如大家非常熟悉的《拟行路难》，就是李白借用了"行路难"的曲调而作。在这个性质上，后世的拟乐府诗就如同宋词——借用人家的曲调，自己填词。所以题目和内容之间的确没有什么直接联系。除了"短歌行"之外，还有一种诗词体式叫作"长歌行"。"长歌""短歌"是针对歌词音节的长、短而言的。曲调有长短之分，情感也不一致，一般说，长歌比较热烈奔放，慷慨激昂，而短歌的节奏比较短促，沉吟低回，适于抒发内心的忧愁。曹操有两首《短歌行》传世，那今天这首诗歌是不是也抒发了诗人内心的忧愁呢？

生：是。（众生此起彼伏地念着诗中句子"忧思难忘""何以解忧""忧从中来"）

师：是的，我们可以看到全诗共写了三个"忧"字，"忧思难忘""何以解忧""忧从中来"，曹操反复强调这一个"忧"字，能看到这首诗的情感基调的确为"忧"。（板书：忧）那曹操为何而忧呢？还忧思如此沉重，久久不能忘怀？

生：老师，我看参考书上说此诗的写作时间是在赤壁之战之时，是不是曹操因为赤壁大败而忧愁成这样？

师：嗯，你这样推测有一定道理，因为我们在鉴赏诗歌时有一个很重要的手法就是知人论世。根据作者所处的时代背景推测情感和主旨，这是很有用的方法。关于这首诗的写作背景历来有多种说法，其中比较为大家所接受的是此诗的确写于赤壁大战期间。但本诗是写在赤壁之战前，建安十三年（208），曹操"挟天子以令诸侯"，先后击败吕布、袁术等豪强集团，又在著名的官渡之战一举消灭了强大的袁绍势力，统一了北方。这年冬天，他亲率八十三万大军，列阵长江，欲一举荡平"孙刘联盟"，统一天下。在赤壁大战前夕，他酒宴众文武，饮至半夜，忽闻鸦声往南飞鸣而去。54岁的曹操有感此景而横槊赋此《短歌行》。那这样看来并不是因为战败而忧。

生：老师，我看课下注释7，说用"青青子衿，悠悠我心"来比喻渴望得到有才学的人。那曹操是在为没有人才而忧。

师：很好。那你能解释一下为什么曹操要为人才而忧吗？

生：刚刚老师介绍了背景，说此时曹操欲荡平"孙刘联盟"，要统一天下。而要统一天下，仅凭他一人之力肯定是无法做到的，所以他才想要招揽人才，才为没有人才而忧。

师：的确如此。当时各据一方的军阀为了发展自己的势力，都在用尽一切办法延揽人才，孙权有周瑜、鲁肃、张昭等，刘备有诸葛亮、关羽、张飞等，曹操虽也有一批猛将，但为了完成统一天下的宏伟功业，他希望天下所有的人才都能聚集在他身边。曹操曾几次下《求贤令》，打破当时以德行和家世为用人标准的惯例，任人唯贤，罗致中下层人才，当时四方知名的文士几乎网罗无遗，而具有治国用兵之术的人才更是济济一堂。最后魏国能完成整个国家的统一和曹操大力招揽人才有直接关系。几次下达的《求贤令》都是以公文形式表达曹操对人才的渴望，那么这首诗就是以文学的形式来招揽人才，是一首求贤诗。

（板书：忧贤才难得）

师：那我们通过预习，以及知人论世的方法，对这首诗已经有了基本的了解。但是曹操真的只是在忧虑人才难得吗？还有其他的忧吗？

诗歌鉴赏是要建立在理解的基础之上的，理解是鉴赏的基础，如果不理解诗意，那么一切鉴赏都是空中楼阁。我们只有先理解了诗歌内容是什么，才能真正地明白曹操是不是只在忧心人才难得。

师： 那我们现在就在这个大背景下来看一下这首诗的内容，看看那些预习作业中的诗句理解的问题能不能解决了。首先我们请一位同学读一下这首诗，哪位同学愿意自告奋勇？

（有三个学生举手）

师： 好，请这位同学读一读。还记得老师提出的对诵读的三点要求吗？

生： 老师要求我们在自读的环节做到三点：读准字音；读清句读，也就是说读出节奏和停顿来；还要能初步地传情达意。

师： 很好，那请你开始吧。

（生读课文）

师： 哪位同学做一下点评？

生： 我觉得他读得感情很充沛，但是他在读准字音上出了问题，"但为君故"的"为"应读四声。"契阔谈䜩"的"契"应读"qì"。

师： 对，"为"在这里是"因为"的意思，确实该读四声。还有其他同学想点评一下吗？

生： 句读比较清楚，因为四言诗基本就是二二的节奏，但是他读得略有些快。在传情达意上，我觉得他读得有些过于悲伤了，我感觉并不是全诗都很低沉。

师： 你为什么会这样认为呢？

生： 老师曾经说过，只有建立在准确把握了这首诗的情感的基础上，诵读诗歌才能读到传情达意的程度，而我对于诗中的某些句子的理解是它们并不只停留在忧上，还有一些慷慨，呃，还有激情……我也说不准确，觉得需要老师讲完后我才能表达出来。（不好意思地笑）

师： 说得很好，要想准确读出诗歌的节奏，做到充分地传情达意，必须深入地赏读这首诗。我们刚刚概括了这首诗的诗眼是一个"忧"字，第一位同学读来全诗都笼罩在忧伤的氛围中，而第二位同学认为全诗不仅仅是忧，还有别的感情在里面。有很多同学在预习作业中也问到了这个问题，觉得这首诗的情感脉络不太清晰，那我们把这个问题暂时搁置。还是那句话，理解是鉴赏的基础，咱们要先知道诗歌在说什么才能去鉴赏这首诗。那现在同学们就按照自己的理解，再读一下这首诗。读完后，结合课下注释，看看还有没有不理解的词句。

（生自读诗歌，疏通诗句）

师：好，现在还有没有没有解决的诗句理解问题？

生：老师，"慨当以慷"中的"当以"如何解释？这个"当"和前面的"对酒当歌"的"当"意思是不是不一样？

师：是的，不一样。慨当以慷，就是慷慨，指宴会上歌声的激昂慷慨。"当以"，无意义，只是为凑足音节。因为这是在和乐歌唱，所以只有两个字是不和谐的。而"对酒当歌"就是一边喝酒一边唱歌。这个"当"和"对"意思一样，就是"面对，对着"。

生："去日苦多"的"苦"该怎么理解？

师：同学们觉得该怎么理解呢？

生：我觉得"苦"是"辛苦"，逝去的辛苦的日子太多了。

生：不对吧，如果是"辛苦的日子"那么"苦"应该放到"日"的前面才合适。而且前一句说"譬如朝露"，作者想表达的应该是一种不舍惋惜的情感，我们巴不得苦日子早点过去才好，作者怎么会惋惜不舍呢？我觉得应该是作副词"很"来讲，逝去的日子实在是太多了。

师：确实，理解成"很"才合乎诗中要表达的意思。还有一种关于"苦"的理解："苦"指"痛苦于"。痛苦于逝去的日子太多了；逝去的日子太多了，我感觉非常痛苦；这两种理解都可以。我们在理解诗歌的时候一定要联系上下文，千万不能脱离语境。其他同学还有问题吗？

生："但为君故"的"但"可以翻译成"但是"吗？

师：不可以，如果翻译成"但是"，就是表转折关系了。可明显前两句和这两句之间是承接关系。"但"在古汉语中有很重要的一个意思，是"只是"。只是因为您的缘故，我沉吟到现在。谁还有问题？

（生无应答）

师： 这首诗疏通起来并不难，同学们在预习作业中的问题很少涉及诗句理解，大部分都是关于这首诗的鉴赏层面，尤其是引用《诗经》的诗句的鉴赏上。

（众生纷纷点头）

师： 好，既然同学们对于诗句理解没问题了，那咱们就来看一下这首诗歌的韵译。咱们在上个单元讲《诗经》的时候就提过韵译这种方式，是一种以诗译诗的方式，这样既能疏通文意，又能保证基本的韵律感，是一种比较好的疏通古诗歌的方式。

（课件展示，生自读）

师： 诗歌就在这样反复抒发自己对于人才的渴盼之中将情感推向了高潮，我们从字里行间感受到了曹操作为一个伟大的政治家对于人才的重视，这是一首用诗歌的形式所写下的"求贤令"。

（师板书）

师： 反复理解是鉴赏的基础，在理解了诗歌大意的前提下，我们再来看看鉴赏层面上有没有问题。虽然课下注释给得比较详细，但因为诗歌中直接引用了《诗经》中的大量诗句，而且是直接引用，没有任何的化用，这就造成了我们阅读的障碍，觉得诗歌的内容不衔接。同学们如果能够理解了这首诗的主旨就是求贤求才，可能我们在预习中不理解的很多问题就能迎刃而解了。

（众生纷纷点头）

二、赏读——微观推敲，探析诗人因何而"忧"

师： 那给同学们一点时间，看看你们的预习作业中的问题现在还有没有疑惑，或者有没有产生新的问题。

（生默读诗歌，再看自己的预习作业）

生1： "呦呦鹿鸣，食野之苹"这两句是在写景吗？感觉这两句和前后两句讲的都不是一件事。

师： 这两句包括后面两句"我有嘉宾，鼓瑟吹笙"是直接引用了《诗经·小雅·鹿鸣》中的原句。这四句放在一起来看的话，作者的落脚点是哪里?

生: "我有嘉宾，鼓瑟吹笙"。

师: 对，我们刚刚在介绍背景时说，这是曹操在宴饮群臣时所作，而《鹿鸣》这几句写的是天子宴请群臣的盛况，可见这两句跟眼前实景非常契合。那"呦呦鹿鸣，食野之苹"是实写吗? 天子在野外宴请群臣吗? 还是曹操晚上宴会酒酣之时，听到了鹿鸣之声?

生（齐笑）: 不是实写。

师: 我们刚刚学过《诗经》，有没有遇到同样的情况?

生: "桑之未落，其叶沃若"。

生: "采薇采薇，薇亦作止"。

生: "关关雎鸠，在河之洲"。

（众生踊跃回答学过的诗句）

师: 对，这种手法叫作什么?

生（齐）: 起兴。

师: 起兴这种手法是《诗经》中常见的手法。起兴就是先言他物以引起所咏之词也。鹿在草原上找到了"苹"，也就是艾蒿，会相呼相鸣，召唤自己的同伴，这种场景非常和谐，故古人以此来表现出宴会中主宾间的和谐与其乐融融。联系这首诗求贤的主旨，这些"嘉宾"应该指的就是贤才。那此时贤才都已经到了，作者还在忧叹缺少人才吗?

生: 想象。想象人才一旦来投奔我，我就会"鼓瑟吹笙"来迎接他们。表现了曹操求贤心切。

师: 很好。这里我们分析了两个手法，起兴和想象。大家觉得读这几句时的情感应该是怎样的?

生: 因为想象的是热闹的宴会场合，读起来应该是激昂一些，高兴一些。

师: 很好。你能试着读一下吗?

（生有感情地读）

师: 读得很不错。其他同学还有问题吗?

生：老师，"越陌度阡，枉用相存"，按照前面几句看是曹操要去拜访人才，但课下注释解释的是"屈驾来访"，刚刚的韵译里面是"远方的宾客来看望我"，到底是谁去找谁，谁拜访谁？

师：这个问题很好。有没有同学能解答？

生：我觉得应该是曹操去拜访人才，"越陌度阡"给我的感觉是要穿越重重的道路，到很远的地方去，这样才能显示出曹操对人才的渴盼。

生：我觉得不是曹操，曹操要忙着打仗，他哪里有时间去拜访别人？而且课下注释说得非常清楚，是"屈驾来访"，如果是曹操用在自己身上，这很不得体。应该是别人来看曹操。下文里面也说到"心念旧恩"，应该是曹操的老朋友来找他。

师：嗯，那这样的话该如何体现主旨呢？

（生支吾，不能回答）

师：其实你说是别人来拜访曹操这一点很对，因为"枉"肯定不能用在自己身上，称别人才能是"您屈驾来访"，表示对对方的尊敬。"相"，我们在《孔雀东南飞》学习了"相"字的不同用法，还记得吗？

生：做人称代词，可以指说话人，可以指听话人，还可以指第三方。

师：那在这句里面，"相"应该指的是？

生：指说话人，指"我"。

师：很好，"相"是反身自代，指"我"。所以这句话翻译过来就是：委屈你前来问候我。那这个"你"是什么人呢？刚刚你说是"老朋友"，这也是咱们很多同学在预习作业中所问的一个问题，问我"这个老朋友是谁？跟曹操有什么旧时情意""发生了什么事情，才叫旧恩？是他对曹操有恩吗"等这类问题。我们在开始介绍背景时说了，这是曹操用诗文的形式所写的一封"求贤诗"，如果这里只写欢迎老朋友来见我，来投奔我，那么是不是会有很多不认识的有才能的贤才被错过呢？

（众生点头）

师：所以这里的"旧恩"是泛指，不是指特定的老朋友，而是指如果你来找我，我会像对待老朋友那样对待你。这四句放在一起看，就是曹操在想象人才从四面八方向他会聚而来，他像和老朋友久别重逢那样真诚而喜悦地对待这些人才。现在明白了吗？

（众生纷纷点头，做笔记）

生："明明如月，何时可掇"诗人为什么要写明月？

师：在解决这个问题时，我们先来看看"掇"这个字。我们教材给出的解释是"拾取，摘取"，读duō，这句该怎么翻译？

生：那天上明亮的月亮啊，我什么时候才能拾取？

师：月亮肯定是不能摘取的，那根据这首诗的大背景，那应该是用"月亮"来象征人才。人才啊，你们就如那天上的明月，我什么时候才能拥有你们呢？这句话给我们什么样的感觉呢？

生：人才难得，人才高高在上，作者把自己的姿态放得很低。

师：对，只有这样，才能显示出曹操求贤的真诚。这是一种解释。还有另外一种版本，将"掇"读为"chuò"，通"辍"，停止。那该怎样翻译呢？

生：那天上的月亮啊，你什么时候才会停止呢？老师，我感觉这样说不通啊。为什么会希望月亮停止呢？是想让这黑夜不再来吗？当时魏晋社会黑暗，百姓生活困苦不堪。曹操是借此指当时黑暗的现实吗？

师（微笑）：你这种解读很有意思，我还是第一次听到这种解读。但在中国人的心中，月亮一般是高洁、柔美、团圆的象征，一般都是用没有月亮的黑夜来象征社会的黑暗。这有了月亮反而成了黑暗，我觉得不太合适。

（该生不好意思地挠挠头）

师：月亮是自然界的代表，月亮的东升西落和太阳的东升西落一样，都代表的是宇宙的运行，代表的是时光的流逝。月亮啊，你什么时候能停止运行呢？作者真正希望的是什么停止？

生：时间的停止。这与开头"对酒当歌，人生几何！譬如朝露，去日苦多"相对应。

师：不错。表达的是作者什么样的感情？

生：对人生短暂，时光易逝的忧叹。

师：回到我们上课之初，曹操的"忧"之中，是不是多了这一重"忧"？

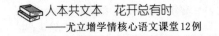
（师板书：忧人生苦短。生点头，做笔记）

师：为什么要喝酒，为什么要用"杜康"解忧？实在是人类无法阻挡时光的匆匆逝去，人生苦短，才觉得忧愁难解。可正是因为人生苦短，所以才要抓紧时间建功立业，发光发热，这同时也是在提醒贤才们：不要犹豫了，要抓紧时间建功立业，否则人生就如那朝露一般很快逝去了。所以从这个角度来看，"掇"这个字的这两种解释都是可以的。那这几句的情感应该是什么样的？

生：因为是在忧叹人生苦短，所以应该是低沉的。

师：嗯，很好。你可以试着读一下这几句吗？

（生读，语调低沉，语速较缓）

师：相信你已经真正掌握这几句了。同学们还有问题吗？

生："周公吐哺"与"天下归心"有什么关系？吃饭时把饭吐出来怎么也无法和人才归顺有关系啊。

（全班学生笑）

师："周公吐哺"是出自《史记·鲁周公世家》的一个典故。周公是周文王之子，武王之弟，在历史上素有礼贤下士之令名，曾"一沐三握发，一饭三吐哺"。同学们可以设想这个情境：周公刚刚吃了一口饭，听闻有贤才来，为了迎接人才，连嚼碎咽下的时间都没有，只能赶紧把饭吐出来；"一沐三握发"，正洗着澡，有贤才来了，赶紧手握着湿发就出来迎接人才。可见周公对人才的殷切欢迎。曹操在这里以周公自比，是说自己也有周公那样的胸襟，一定会热切殷勤地接待贤才，使天下的人才都心悦诚服地归顺。那周公这样做，或者说曹操要像周公这样如此礼待贤士的目的是什么呢？

生：天下归心。

师：是的，是让天下归心，而不只是让人才归心。所以可以看出曹操如此招揽人才的目的是要跟这些人才一起建立霸业，一统天下！这实在是非常伟大的志向了，那这几句读来是不是应该比较雄健、慷慨？同学们试着自己读一下这几句，要注意读出感情来。

（生读）

生：为何要写"乌鹊南飞"？"绕树三匝，何枝可依"怎么理解？

师：有没有同学能解答这个问题？

生：我认为这是写实。因为老师介绍此诗是在赤壁大战前夕，曹操在长江边宴请众文武，这应该是一种写实，这种场景让诗人诗兴大发。

生："乌鹊"就是乌鸦，乌鸦在中国人心中一直是不好的征兆。我记得我看《三国演义》电视剧的时候，电视剧里就认为这是暗示了曹操赤壁之战最后的失败结局。

生：我不同意这种说法，这是后人的牵强附会。诗中"乌鹊南飞，绕树三匝，何枝可依"写的是乌鹊徘徊犹豫的状态，不是没有可依的枝，而是自己不知道该依哪个枝。这应该比喻的是在三足鼎立的局面下，有些人才还在观望彷徨，不能下定决心。曹操写这几句应该是告诉人才，我这个枝可依，希望人才到来。

师：这几位同学说得都很好。这几种解读其实都可以。第二种解读认为"乌鸦"是败兆，这的确是《三国演义》中所采用的说法。但曹操在写这首诗时肯定不会这么想，此时的他率领着八十万军队，正踌躇满志。而自古良禽择佳木而栖，贤才要择良主，这是自古以来的必然。曹操此时发出的疑惑"何枝可依"，是在替那些人才考虑，后面他表明了自己的态度——我才是你们正确的选择，山不厌高，海不厌深，我不嫌人才多，人才多多益善，我不满足于人才多。何枝可依？我这个枝可依。你们来了之后我会以周公一饭三吐哺的态度来对待你们，这几句又再次表达了作者求贤若渴、礼贤下士的心情。所以这几句话我们可以放到一起再来感受一下，它们的感情应该是由低回缓慢到后面的慷慨雄健，有着一种睥睨天下的霸气！老师给同学们读一下，同学们看看是不是这种感觉，好好品味一下。

（师范读，生静静倾听）

师：好，还有问题吗？

生："青青子衿，悠悠我心"这一句出自《诗经·郑风·子衿》，原是一首女子思念男子的情诗，曹操借此表达了对贤才的渴求。这种用法合适吗？

师：咱们好像不是第一次见这种写法，同学们记得吗？

生：（很激动）那个……屈原！叫什么……什么……香草美人体！

（全班笑）

师：很好，的确是屈原首创的香草美人体，他所写的对美人的思念真的只是思念美人吗？

生：不是。"美人"代指君王或者是自身美好的德行或是自己的政治理想。

师：对，后世很多人都受到了屈原这种写作方法的影响，包括曹操。但大家要注意的是，诗人引用这句的落脚点还不是要直接表达对人才的思念。因为《诗经》中"青青子衿，悠悠我心"后面还有两句，"纵我不往，子宁不嗣音"意思是，就算我没有去找你，你怎么也不给我捎个信啊？那曹操此处引用暗含的意思是：我对你们的思念是如此真诚，我可能不知道你是贤才，你有才能，你们怎么不给我来个信啊，怎么不来投奔我啊？所以这两句引用的深意一是为了表示自己对人才的思慕，二是在期待人才主动前来。那么这种思念、渴慕，尤其是"悠悠"这个词，这几句读来就应该饱含深情、低回思念。同学们自己把这几句读一下，好好体味一下诗人对人才的这种深情。

（生读）

师：还有问题吗？

生："对酒当歌，人生几何？譬如朝露，去日苦多"是否给人消极的感觉？

师：这个问题很好，我们在一开始就分析了"短歌行"这个乐府旧题在情感抒发上就是沉吟低回，适于抒发内心的忧愁。而曹操这首诗中三次提到了"忧"这个字，本诗的忧愁情感是显而易见的，那么这种忧愁是消极的吗？要解决这个问题，我们先要看一下曹操在忧什么。谁来说一下，"对酒当歌，人生几何？譬如朝露，去日苦多"曹操在忧什么？

生：忧人生短暂，光阴易逝。

师：那老师问一下同学们，你们现在有这种人生苦短的忧叹吗？

生：没有。因为我们正年轻，人生还没开始，还有无限可能。

师：对，你们正年轻，不像老师，已经50多岁了。想想十年前的自己，满头还是黑发呢，哪里像现在？年轻人不会忧愁时间不够用，年轻人的愁永远是时间怎么这么漫长，这节课怎么还不下课。

（全班笑）

师：此时的曹操已经54岁，他已经像老师此时的感觉一样，就是时间不够用，时间怎么过得那么快。那曹操要那么多时间干什么？

生：统一天下。

师：对。他慨叹人生苦短是因为他的宏图大愿还没有成真。那曹操还在为什么而愁？

生：忧人才难得，求贤不得。"但为君故，沉吟至今"，求才难得，诗人才会发出如此低沉的慨叹。

师：曹操要这么多的贤才的目的只有一个，就是辅佐自己完成一统天下的霸业。那么我们可以看出，曹操的最大的"忧"是功业未就。（板书：忧功业未就）正是因为功业未就，所以他才感慨时间短暂，他才希望天下人才全都归顺于他，为他所用。

三、品读——合作探究，体悟诗人独具之"忧"

师：那我们总结一下，曹操在全诗的"忧"有三层，一是忧叹人生苦短，二是忧叹求贤不得，三是忧叹功业未就。解决了这个问题，我们再回来看看刚刚这位同学提的问题并把这个问题扩大一些——曹操在诗中表达的这种"忧"是消极的吗？"忧"是一个永恒的主题，我们熟悉的诗人中写忧的诗句太多了，曹操的"忧"和其他诗人相比一样吗？有自己的独特价值吗？下面我们小组讨论一下。

（生分组讨论，师巡视并参与讨论）

师：好，同学们讨论得很热烈，哪个组先发言？

生：我们认为曹操的"忧"和其他诗人的"忧"不一样。曹操虽然也在忧叹人生短暂，会说出"譬如朝露，去日苦多"这样的诗句，如果说这种忧叹是由于自身或者颓废的情绪而忧愁，这是消极的；而我们在曹操的这几句诗中读出的是一种积极进取，是要完成自己人生宏愿的决心，这是积极的。

师：你们是跟哪些诗进行了比较得出的这个结论？

生：我们是跟李煜的"问君能有几多愁，恰似一江春水向东流"进行的比较。李煜的愁是国家灭亡的愁，是真的深入骨髓的愁，这种愁汹涌而来，绵绵不断，是不可抵挡的，能够把人彻底地裹挟进这种愁绪之中，无法脱身。但曹操在《短歌行》中也为国家而愁，但是他的愁是积极进取的，是有希望的。国家还未统一，所以我只争朝夕，所以我极力招揽人才，让人看得到希望。读来很令人鼓舞。

师：很好。从态度上，我们可以看到曹操的"忧"是积极进取的。说得很好。还有哪个组想要发言？（板书：态度上——积极进取）

生：我们也认为曹操的忧在内容上跟其他诗人的忧有着很大的不同。我们见到的很多诗人，李白也好，苏轼也好，或者是陶渊明，他们忧愁的都是个人遭际，很少有像曹操这般是在心忧天下的。

师：能具体说明一下吗？

生：李白的"人生在世不称意，明朝散发弄扁舟"有豪迈有洒脱，也有悲愁，他忧心的是自己的怀才不遇。苏轼说"人生如梦，一尊还酹江月"，这也是在为自己的壮志难酬而悲。陶渊明就更不用说了，他说"羁鸟恋旧林，池鱼思故渊"，尘世污浊，自己想要归于田园寻求一片乐土。我们见到的大部分诗人，不是在感慨人世的悲欢离合，就是在忧叹自己的怀才不遇，壮志难酬。能像曹操这般心忧天下百姓的人很少。

师：很好。你们组还有同学在举手，是想补充说明吗？

生：嗯，老师，我想补充刚才我们组同学的观点。杜甫是"诗圣"，他的诗歌忧国忧民，这是众所周知的事情，在这点上他与曹操诗歌的"忧"的内容没有什么不同。但是曹操他心忧天下，他身体力行地去做，他求贤才、求统一，他用自己的实际行动去奋斗，去与现实抗争，实现了自己人生价值的完满。而杜甫、白居易等人的忧国忧民，我们看到的只是停留在"忧"这个层面上，而没有更实际的更进一步的做法。这是我觉得曹操和其他诗人最大的不同。

师：说得非常好。大部分的诗人面对忧愁，一般选择的是放浪形骸，或者寄情田园山水，选择逃避，或者及时行乐，或者抱怨隐忍，无所作为。在面对忧的态度上，曹操的确跟我们见到的大多数诗人不一样。（板书：内容上——心忧天下）还有小组有其他看法吗？

生：老师，我想说的是曹操的诗风跟其他诗人就不一样。情感基调为忧的诗歌，诗风一般都是沉郁的、悲凉的，读来令人压抑。但曹操的这首诗就不是一味地低沉。它有低沉，也有雄壮，还有慷慨激昂，读来就让人觉得积极。

师：不错，这是从诗风的角度来看。我们刚刚在质疑问难环节已经分析了一部分诗句诵读时的情感。我们能看出，这首《短歌行》虽然情感基调是"忧"，但并不是一味地沉吟低回，反而因为曹操个人志向的宏大，所以诗歌的情感变换起伏，忧中带有着雄壮，带有着慷慨。这是曹操这首诗非常独特的一点。（板书：风格上——慷慨激昂）那你能不能有感情地朗诵一下这首诗？

（生朗诵，其他生鼓掌）

师：刚刚几位同学都说得很好。我们还有最后一个问题，为什么曹操能够写出这样独一无二的"忧"来，让我们觉得忧中有壮？

生：我觉得是曹操个人的身份决定的。他是历史上有名的政治家、军事家，历史上像他这般能上战场统兵，又能于朝堂上翻云覆雨，还具有这么高文学素养的人真的是屈指可数。

生：我觉得是当时的时代造就的。汉末年间，三足鼎立，人才辈出，乱世出英雄。是那个辉煌的年代给了曹操如此壮怀。

师：很好。都说时势造英雄，既是那个峥嵘时代赋予了曹操那般豪迈的胸襟，又是曹操个人的阅历、眼界使他无时无刻不以天下为己任，心怀天下。此时此刻，曹操《龟虽寿》里面激励了无数人的几句话在我的心中翻涌——"老骥伏枥，志在千里。烈士暮年，壮心不已"，我们今天学习了《短歌行》，再回来看他写的这几句诗，可能会感受更深了。曹操虽然反复写"忧"，但实质上却给我们展现的是肩扛起统一重任的慷慨，是救民于水火、立功业于千秋的激昂，是统一天下的豪迈，是建功立业的豪壮！经过我们的对比、感受，我相信同学们对此有了更深切的认识，也相信同学们对曹操的认识应该加深了很多，此时你们心中的曹操可能就不再是那个"奸雄""白脸"了。以上我们所讨论的这些，如果同学们能把自己的感受最深的那点写下来，那么就是一篇很好的文学短评了。

四、诵读——以声传情，用声音走近诗人之"忧"

师：我们说了这么多，最后还是回到诗歌中，循着我们在课堂上所感受到的情感，再来读一读这首诗。让我们通过声音走近曹操，走近他心中那复杂却又振奋人心的忧！哪位同学愿意试试？

生：老师，我想试一下。

（生充满感情地朗诵，读毕全班同学为他鼓掌）

生：老师，我也想试着朗诵一下。曹操一直是我很喜欢的英雄，今天学完这首诗后我对他的崇敬又多了一分，虽然我永远也做不到像曹操那样驰骋于世，但是那种胸怀天下的忧思与壮心我还是会一直向往之。

（众生纷纷鼓掌。生朗诵）

师：非常好。在同学们的起伏变化的声音中，我仿佛看到了"酾酒临江，横槊赋诗"的一世之雄的身姿，让老师也不禁心中激动，也想试着朗诵一下。

（师朗诵）

五、心读——读写结合，用笔写出自己的《短歌行》

师：结合诗歌中你感触最深的一个点，写一篇文学短评，不少于600字。写在周记本上。

教学反思

问课哪得清如许，学情核心活水来
——《短歌行》教学反思

诗歌教学自古以来方法方式多样，但无论如何，最后都要落脚到教会学生鉴赏的方法。如果一首诗学完，学生没有学到任何知识，那么这节课上得再好看，也是一节无效课。我这堂《短歌行》的设计从学生实际出发，尊重学生的认知规律，按照先理解、再鉴赏、最后探究的思路，逐层深入，帮助学生建构了诗歌鉴赏的基本方法。新的语文课程标准提出，要培养学生的语文核心素养，帮助学生建构阅读不同文体的方法。只有掌握了鉴赏诗歌的基本方法，才能指引学生走向诗歌，走进诗歌的殿堂。而只有真正地尊重学情，才能构建真正的高效课堂，才能让学生每课都有所得。

"理解是鉴赏的基础"，这是鉴赏诗歌的前提和基础。为了让学生在充分了解诗意的基础上进行鉴赏，我特别采用了"韵译"这种翻译方式来帮助学生理解。"韵译"是要在保持古诗文原意的基础上，尽可能地传递出原文的味道——原文的韵律、节奏和基本特色。这种翻译方式对于乐府诗来说特别合适。乐府诗本身就是配乐可唱的，保持了诗歌原有的韵律和节奏，能够更好地帮助学生体会作者的情感变化，帮助学生理解文意。在这个基础上，后面的鉴赏环节才有了坚实的基础。从实际课堂反馈来看，的确起到了不错的效果。

在鉴赏环节，我主要采用了学生质疑问难的方式，这也是建立在充分尊重学情的基础之上。学习就是一个让学生体会"跳一跳就能摘到果子"的乐趣与收获的过程，这样才能让学生真正地会学、爱学、乐学。如果教师在课堂上只按照自己预设的思路来讲解，一是可能课程太难，学生无法融入，另一种可能是太简单，学生已经懂了，失去了兴趣。无论是哪一种情况，都会极大地挫败学生学习的积极性。所以以学情为核心，课上以学生的问题为主体，那么就能充分调动学生的兴趣和注意力。另外，因为学生们处于同一年龄阶段，学习经历和生活阅历相似，所以提出的问题不会有太大的区别。备课中就是要准备这些共性问题。实践证明，课上学生提出的几个问题基本涵盖了预习作业中所有的共性问题，那对这些问题的解答，就绝不是在给一个学生上课，而是解决了大部分学生的问题。在解决问题的过程中，绝大部分同学都有了很强的参与感。

这次让我很满意的是学生的"合作探究"部分。因为预习得比较充分，探究的题目也是学生的共性问题，所以学生发挥得比较好，有了探究的意味和色彩。设置这个环节的目的，是想让学生认识一个真正的曹操。从预习作业能看出，学生对曹操的认识很"标签化"。因为《三国演义》的改写，曹操的形象已经与历史上真正的曹操相去甚远，但他的诗歌流传下来了，这是他真实形象的直接载体。学生在对比曹操和其他诗人时，应该能慢慢走近曹操，揭下曹操身上的"奸雄""白脸"的标签，让一个真实、立体的曹操出现在学生面前，并受到曹操那种雄壮精神的感召，这就是"以文化人"的魅力吧。

高一是打基础的阶段，常态课就是要重基础，重落实。所以有时出现的一些原来学过的知识，我都会让学生自己回忆回答。比如"乐府诗""香草美人体"等这些文学常识，还有最后"探究"环节中，那些写"忧"的诗歌，也是让学生自行回忆、选取。课堂上，教师不要越俎代庖。学生能自己解决的问题，教师就不要帮学生解决。在学生自行解决的过程中，教师还可以检查学生的知识掌握情况，这也是一种了解学情的途径和办法。

除此之外，诗歌是可以唱出来的诗，虽然唱法已经不为今人所熟知，但是我们可以通过朗读的方式拉近与诗歌的距离，走进诗人丰富而独特的情感世界。以读促赏，是诗歌教学的重要方法。但是由于时间的限制或者是由于教师的不够重视，学生对于朗诵的重视程度很低。于是在本课的教学过程中，我始终坚持让学生读，并且读出声音来，希望学生能够在诵读中慢慢感知到诗歌的美，从而找到与诗人共情的纽带。而通过课堂最后呈现出的结果，这一方法贯穿始终，学生在语调、语速、音色的变化转换间逐渐把握住了诗人隐秘的内心世界，我相信，即使有一天学生会忘记这节课上的具体知识内容，但是那或低吟或慷慨或愁闷的曲调一定会久久地回荡在学生耳边。

但是教学永远是遗憾的艺术，准备再充分，课堂环节再流畅，最后还是会有美中不足之处。由于古代诗歌这种文体以及本诗较多引用典故的原因，这节课我的讲解较多，学生的发言不够充分，他们对于某些问题的思考虽然有所表达，但是还是不够。今后，在学情核心的基础上，我将继续探索古代诗歌教学更高效的方式。

有效突破：主旨下的层式与诵读

——尤立增老师《短歌行》课评

广东省汕头市砺青中学 纪穆彬

《短歌行（对酒当歌）》作为魏晋诗歌的代表作，以短小精悍的特征将魏晋风骨体现得淋漓尽致。这应该是它被选入统编版以及之前的人教版、粤教版等版本教材的一大原因，也是这首诗歌的教学要义。

那如何带领学生真正深刻地体悟这首诗歌的主旨和其中的魏晋风骨就成了高中语文教师必须思考并付诸实践的一个重大课题。尤立增老师这堂课的教学无疑是他对这个课题思考、实践的成果，为我们提供了一个实在稳妥的诗歌教学的借鉴性模板。

要研习尤老师这堂课的教学并从中有所收获，将这堂课教学上出类似的水平，我认为要注意以下内容。

一是准确把握这首诗歌存在的三大矛盾：①作者曹操的形象在史传记录和文艺创作之间存在着决然不同；②作品的情感主旨与后来同以"忧"为题的诗歌有很大的差异；③作为乐府诗歌，这首诗歌的语言承续了《诗经》的现实主义风格和四字一节偶句点韵的节奏，但诗中又不乏快昂激越的句子和情感表达，明显有着"哀而不伤、忧而不愁"的情感和语言特征。

二是从教学现实的角度理解"诗歌鉴赏"一词中的"鉴赏"。"鉴赏"原指对文物、艺术品等的鉴定和欣赏，如"《淳化阁帖》，非精于鉴赏者，莫能辨其真伪"（《辍耕录·淳化阁帖》），后引申为对诗文的研究、欣赏并作出自己的理解和评判的思维活动和过程。借此解释，"诗歌鉴赏"的教学解释就是教师指导学生对指定的诗歌文本进行研读、欣赏并作出学生自我的理解和评判的思维活动和过程。在这个解释里，诗歌鉴赏的教学应该包括了两部分的内容，一个是诗歌内容（包括诗句、诗人、典故、情感）的知道、理解，体现的是文本解读的客观性，另一个是在这个基础上学生根据自己的生活阅历做出知人论世的理解和评判，体现的是学生研习的主动性、合理性。

在当下教学现实中，受限制于学情，受影响于考试，大部分的诗歌教学只停留于教师将诗歌内容按"诗歌题解、诗人介绍、诗歌基础知识—词句解读—情感主旨归纳—德育提升"的层式推进。在学生缺乏学习主动性的情况下，这样的诗歌教学不免流于机械生硬，尤其学生在初中阶段已经机械解读诗歌的情况下，这样的诗歌教学客观上很难引发学生对古诗词的学习兴趣，更无法落实"学生掌握古诗词鉴赏基本方法，认识古诗词的当代价值，增强传承中华优秀文化意识"的教学目的。如何突破这种教学瓶颈，尤老师这堂课的教学是很有研究意义、借鉴价值的示范。具体来说：

一、教学放弃了原有常见的诗歌教学层式，而将教学核心确定为诗歌主旨的理解鉴赏并以此设置教学环节推进课堂教学

第一是课前预习环节。这一环节主要是用于学生对文本自我认知并提出自己的不解之处。而教师在这里主要是将学生的不解之处做共性归纳，为课堂教学确立教学点。毋庸置疑，因为这些教学点是来自学生的共性问题，所以对它们的解答自然能全面满足学生的求知欲望。这样使这堂课的教学具有了有效性，也为突破这堂课的诗歌鉴赏教学瓶颈奠定了基础。第二是课时教学环节。这一环节里，尤老师设计了"初读——宏观把握""赏读——微观推敲""品读——合作探究"层层相扣的三层，在初读里把握诗歌写作的时代背景和作者性情，在赏读里细究诗句的解读和典故运用，在品读里探究诗歌主旨"忧"的层次，以便学生细致、客观、深入理解作者"忧"的丰富内容。这样的教学层次一方面引领学生从题解、背景到诗句再到诗歌主旨逐层深入理解诗歌，锻造了内容丰富而又层次分明的课堂教学，有效解决了传统课堂教学里内容丰富和时间有限之间的矛盾，另一方面将课堂的主动权完全交给学生，教师只是通过不断提问"引诱"学生不断思考、回答来推进课堂，所有的习得都是学生在自我的思考中不断获取，引动了学生的头脑风暴。这让学生有效体悟了"知人论世"的诗歌鉴赏思维，实现了"让学生逐步掌握诗歌鉴赏方法"的教学目的。第三是课后训练环节。这一环节里，尤

老师布置了周记写作："结合诗歌中令你感触最深的一个点写一篇文学短评"。这看似平常的训练实则是将学生对这堂课的习得（包括诗人形象、诗句理解、情感主旨）外化、固化、强化，以课堂习得训练学生专项写作，又在写作中加深了学生对诗歌的鉴赏。以读促写，以写化读，读写相长，进一步突破了这堂课的诗歌鉴赏窠臼。

二、诗歌诵读是诗歌鉴赏或者说诗歌教学中常见的教学手法

只是在大多数的教学课时中，诗歌诵读更多是一种"鸡肋的存在"，全体齐读、小组齐读、角色朗读、同学范读、教师范读，方式种种不一而足，但都是读读而已，做不出诵读指导，更无法实现通过诵读辅助、加深理解的诗歌教学目的。在这堂课的教学里，我们可以发现，尤老师总计十二次的朗读，包括初读环节中对《观沧海》的诵读。放开形式不说，仅凭数量，这样的诵读次数在传统的语文教学中已着实令人咋舌。更难得的是，这十二次的诵读看似随机随意，却是都经过精心设计而有它的教学目的或教学意义的。比如，第一次诵读，尤老师引导学生自发背诵初中学过的曹操诗作《观沧海》，然后及时引导回顾诗作的内容并及时切入到关于《短歌行（对酒当歌）》题目和"乐府诗"的解读，客观地让学生掌握了题解。在"乐府诗"的解读中，尤老师又指出了"短歌"的诵读特征，为下文的诗歌朗诵做了指导铺垫。这样的朗读就引导学生从已知走向了未知，实现了它"消除了学生面对新的文本时的陌生感"的教学意义。又如，第二次朗读，尤老师用"哪位同学愿意自告奋勇？"的表述引诱学生的诵读兴趣，再用"还记得老师提出的对诵读的三点要求吗？""哪位同学做一下点评？""你为什么会这样认为？"三个提问在学生的诵读后引导学生关注诵读的细节，再由教师自己做出诵读指导。这对上呼应了学生对《观沧海》的诵读，对中使学生更深入地理解了诵读的要求和意义，对下为接下来"学生自读诗歌疏通诗句"以及更后面的"以声体情"的教学做了铺垫。这就使学生的诵读有了教学意义。再如，课时教学中，有多次的诵读是在诗句理解时及时做出的有针对性的诵读。例如"生：因为想象的是热闹的宴会场合，读起来应该是激昂一些，高兴一些""师：很好。你能试着读一下吗？"（生有感情地读）。更难得，尤老

师在学生体悟了诗歌主旨后设置了"诵读——以声体情"的层节，既呼应了前面教学中教师的诵读指导，使诵读逐层深入地贯穿了这课时教学的全程，又在师生各自的诵读中强化了学生对诗歌主旨的理解，实属精巧。

这样的诵读不就很有效地实现了通过诵读辅助、加深理解诗歌的教学目的而值得我们细细研习吗？

细细研习之下，我们会发现，尤老师这堂课的教学真的是在看似平常中隐藏了众多可资我们借鉴的教学细节，诸如在引导学生理解诗歌主旨"忧"时运用了诗人对比教学的方式，在帮助学生明了诗歌大意时运用了诗句韵译的方法，在解读诗句和诗歌主旨时不失时机地紧扣作者的生平阅历和诗歌的写作背景。

这就是这堂诗歌教学课值得被借鉴的高水平教学的原因。此外，谨拣疑惑数则，向尤老师及各位阅习者请教。

1.曹操在全诗的"忧"有三层：人生苦短、求贤不得、功业未成。那是不是可以引导学生体悟这三者间存在逻辑关联：人生苦短因而感慨功业未成，又因功业未成忧虑求贤不得？进而引导学生思考：联系"挟天子以令诸侯"，曹操的心忧天下之统一是不是有着自己的私心？这样既能更客观还原诗人情感的多样性和复杂性，也能为学生作答诗歌鉴赏"情感多样性"类主观题夯实基础。

2.诗歌全文三十二句，"忧"字三见，不着一"愁"。是不是"忧""愁"有别？

3.这首诗歌之所以会让学生感觉到跳跃性比较大，是因为诗句的主语几乎全部省略且更换较为频繁。这堂课的教学对此似乎着力不多。

（纪穆彬，广东省汕头市砺青中学语文教研组长，广东省蔡森语文名师工作室成员，汕头市优秀教师。教学上倡导"语是为人之法，文是载道之笔"。）

课例 3

情与气偕，辞共体并

——《念奴娇·赤壁怀古》教学欣赏

（高中语文必修上册第 9 课）

教学设计

鉴赏形象，品悟风格

——《念奴娇·赤壁怀古》教学设计

一、教学理念

《念奴娇·赤壁怀古》是高中语文统编教材必修上册第三单元古典诗词中的一篇课文，是苏轼豪放词风的代表作。

诗词鉴赏一直是教学中的重难点。高中新课标对诗词鉴赏提出了更高的要求，指出要"引导学生阅读古今中外诗歌、散文、小说、戏剧等不同体裁的优秀文学作品，使学生在感受形象、品味语言、体验情感的过程中提升文学欣赏能力，并尝试文学写作，撰写文学评论，借以提高审美鉴赏能力和表达交流能力"。由此可见，以往逐句解析、罗列手法式的鉴赏方式已不能满足课标对学科素养的要求。我认为，在当今的教学中，应着力引领学生从平面化单一维度的鉴赏逐步转变为立体化多维度的鉴赏，既要知其然，也要知其所以然，要指导学生寻找到形式和情思的契合点，能有意识地梳理文学脉络，能充分感悟到审美的多元。

通过对预习作业的批阅，我掌握了学生对文本初步鉴赏的基本情况：首先，绝大多数学生已经掌握"知人论世"的鉴赏方法，能够结合作者的生平际遇体悟情感。其次，学生基本能够明确作品中的艺术手法，并进行一定的鉴赏分析，但还不能充分体会作者采用这种艺术手法的创作意图以及这种艺术手法的表现力到底强在哪里。再次，能够初步体会这首词的豪放特点，但对于"风格"，仍限于贴标签式的解读，还没有形成一个较为全面深入的认知。最后，部分同学已经具有比较阅读的意识，例如将苏轼不同时期的作品进行比较，或者将苏、辛，苏、李的作品进行比较，但大部分问题停留在为了比较而比较的层面，缺少比较的切入点，因而很难得出一个较为深刻的结论。

基于上述学生鉴赏中存在的一些问题，本课将词中的形象作为鉴赏的突破口，让学生具体可感地了解豪放词风，更深入地走进词人超脱旷逸的精神世界。

二、教学目标

1. 鉴赏艺术形象，掌握诗词鉴赏的基本方法和步骤。

2. 品味语言和意境，提高审美感受能力。

3. 感受苏词豪放的特点，分析形成豪放词风的原因。

4. 学生拓展阅读，从对"风格"的感性认知逐步转变为理性认知，为文学评论做积累。

三、教学过程

（一）初读

1.新课导入。

如果说在中华大地上，有没有哪个地方因为一个人而沉淀成中华民族的精神坐标，我想一定绕不开黄州。透过历史的尘烟，我们仿佛看到年近半百的苏轼缓步走出了监狱，他刚刚经历了一场政治上"莫须有"的风波，几近死在牢狱里，亏得弟弟和友人多方营救，他才能够满心侥幸又满心绝望地走来，朝着那个荒凉的小镇走来。当时他可能还没有想到，"引导千古杰作的前奏已经鸣响，一道神秘的天光射向黄州，《念奴娇·赤壁怀古》和前后《赤壁赋》马上就要产生。"（余秋雨《苏东坡突围》）余秋雨先生说："苏轼以自己的精神力量给黄州自然景物注入了意味。"这是一种怎样的意味？让我们一起走进《念奴娇·赤壁怀古》一探究竟。

2.学生初读这首词。

提出要求：读准字音；读清句读；要能初步传情达意。

（1）纠正读音。

（2）指导学生按照课文标点读清句读。以下提供几例学术界有争议的句读划分，作为知识拓展，增加学生的阅读兴趣，了解句读停顿和韵律节奏、语法、语义皆有关系。

①故垒西边 / 人道是 / 三国周郎赤壁

　故垒西边人道是 / 三国周郎赤壁

　（词调格律不同）

②遥想公瑾当年 / 小乔初嫁了 / 雄姿英发

　遥想公瑾当年 / 小乔初嫁 / 了雄姿英发

　（"了"字字义和语法功能）

③故国神游 / 多情应笑我 / 早生华发

　故国神游 / 多情应笑 / 我早生华发

　（文意理解不同）

3.创设情境，再读此词。

提出要求：假如你是苏轼，你会带着怎样的情绪朗读本词？朗读后请同学们互相点评。

从预习作业的情况看，学生能够从宏观上把握住这是一首豪放词，但在具体解读中，会出现一个误区，即认为这首词一"豪"到底。因此在初读时，往往情绪激昂，少于变化。情境朗读法，旨在引导学生进一步体会作品情感，也便于教师发现学生在鉴赏中理解不到位的地方。用朗读的方法展现真实的学情，为接下来的品读做铺垫。

（二）品读

品读全文，质疑问难。

1.了解学情。

针对本词，学生预习作业中的问题涉及诗歌鉴赏的方方面面，包括词义疏通、景物描写、人物刻画、思想情感、艺术手法、结构脉络、豪放风格等。部分同学能够结合《赤壁赋》进行比较阅读，对苏轼旷达胸襟有初步阐释。将学生存在的共性问题分类，整理如下：

（1）《念奴娇·赤壁怀古》词牌名"念奴娇"有何含义？

（2）"樯橹"是否又作"强虏"？

（3）"人道是"中的"是"，是指示性代词"这"的意思，还是判断词"是"的意思？

（4）"故国"是什么意思？

（5）"大江东去，浪淘尽，千古风流人物"本是一句完整的主谓结构，为什么要加入逗号，本句有何深意？

（6）"乱石穿空，惊涛拍岸，卷起千堆雪"一句写景有何作用？

（7）"大江东去"和"乱石穿空"两处写景为何不放在一起？

（8）"人道是，三国周郎赤壁"，为什么要说"人道是"？为什么说三国周郎赤壁，而不是三国赤壁周郎？

（9）写周瑜，为何强调小乔初嫁了？是否多余？

（10）为什么选择周瑜作为描写对象？为什么不选择曹操、诸葛亮等其他历史人物？

（11）为什么要用"羽扇纶巾"来形容周瑜的儒将风度？这不是用来形容诸葛亮的吗？

（12）是谁应笑我早生华发？是诗人自己吗？"笑"字包含了诗人怎样的情感？

（13）"人生如梦"是否代表了一种梦境中逃避的消极情绪？

（14）诗人再现了周瑜的英勇神武，为何最后要以酒来祭奠江月？

（15）词的上、下阕之间是什么逻辑关系？"江山如画，一时多少豪杰"是过渡句吗？

（16）苏轼豪放的词风除了表现在写景意境壮阔上，还表现在其他方面吗？

2.教师备答。

（1）《念奴娇·赤壁怀古》解题。

念奴娇，词牌名，又名"百字令""酹江月""大江东去""湘月"，得名于唐代天宝年间的一个名叫念奴的歌伎。《念奴娇》是一首怀古词，写于宋神宗元丰五年（1082），作者在"乌台诗案"之后被贬到黄州时期。黄州附近有个"赤鼻矶"。作者在词中写的就是游览这个"赤壁"的所见、所想，借咏史表达了词人对古代英雄豪杰的缅怀和对功业卓著的周瑜的仰慕之情，又联系到自己的现实处境，遂产生了年岁将老、壮志难酬的无限感慨。

迁移：咏史怀古诗词的创作特点：临古迹、记古人、忆古事、抒己怀。由此可以拓展到托物言志诗、思亲怀远诗等具有同一母题的作品，在创作思路上往往具有某些共性特点，抓住这些特点，可以提高鉴赏的效率。

（2）辨析"樯橹""强虏"。

"强虏"意为强敌，即谈笑间很轻松地打败了强敌，写出了周瑜运筹帷幄的大将风度。

"樯橹"是指挂帆的桅杆和一种摇船的桨，这里代指曹操的战船。"樯橹"易烧，火烧战船，映衬"灰飞烟灭"。从修辞的角度看，用船上局部事物代指战船，再用战船借代曹操的军队，双重借代更具有诗家语言含蓄的特点。

能够提出这个问题，说明学生预习工作做得非常扎实，能够结合相关材料，综合不同观点，并尝试辨析，寻找最恰当的解读方式，而不是盲从一家之言，这种质疑的精神非常宝贵。

（3）如何理解"人道是，三国周郎赤壁"一句？

"人道是"点出这里是传说中的古赤壁战场，作者并非不知道自己游览的不是真正的古赤壁战场，而是把重点放在借古抒怀。"人道是"，下笔极有分寸。"周郎赤壁"，既照应词题，又为下阕缅怀公瑾预伏一笔。周瑜是赤壁之战的实际指挥者，他运筹帷幄，决胜千里，创造了中国战争史上传奇的一战，赤壁也因此闻名于世，故称"三国周郎赤壁"，突出周瑜卓越的功绩。

（4）"故国神游"中何为"故国"？

"故国神游"即神游故国。"故国"指古战场。"神游"，在中国古代，"神"的本意是指人的精神，在这里可以解读为人的思绪。"神游故国"，让思绪在古战场的上空飘荡。

补充："国"字有几种常见释义：①国家；②周代的诸侯国以及汉以后侯王的封地；③国都，京城；④地域，乡土，如"红豆生南国"。

探究："神游故国"的是谁？

有两种解释：其一，神游故国的是周瑜，承接前文，如果周瑜地下有灵，他的思绪神游在自己曾经鏖战的古战场，会笑"我"多愁善感，早生华发；其二，神游故国的是诗人，诗人看到"故垒西边"，想到了在此地发生的历史事件，出现的历史人物，诗人的思绪在古战场盘旋，引发了对历史的思考。

对本问题的探究着意启发学生关注诗歌语言的"留白"。"留白"为我们提供了丰富的解读空间，这也正是诗词魅力之所在。

（5）"大江东去，浪淘尽，千古风流人物"一句如何理解？

本句写词人登高远眺，面对长江的感受，主要有以下几点：①江水东流，波涛汹涌，气势奔放，使人不能不想起那些历史人物留下的丰功伟绩，英雄属于过去，像沙砾被淘汰，但是他们留下的功业是不可磨灭的。②把倾注不尽的大江和历史人物联系在一起，布置了一个极为广阔的空间和时间背景，使人想到英雄人物的气概，体现作者伫立江岸，凭吊古人所诱发的激荡的心情，气魄极大，笔力非凡。③比喻时光易逝，千古英雄都被浪淘尽了，更何况"我"呢？统领全文，引出下文的思考。

补充："情景交融"贵在一个"融"字，学生习惯于贴"借景抒情""情景交融"等艺术手法的标签，却对"融"的含义解读不够透彻。本句的"情景交融"，体现在打破时空壁垒，浩瀚的江水与无尽的时间碰撞相通；体现在气质的一致，江水的波澜壮阔与风流人物的丰功伟绩交相辉映；体现在风格的统一，激荡的情怀与万钧的笔力和谐相生，才至"融"的艺术境界。通过对这一问题的深入研讨，引导学生去标签化，要知其然，还要知其所以然。

（6）"乱石穿空，惊涛拍岸，卷起千堆雪"一句写景有何作用？

乱石壁立，高耸入云，怒涛澎湃，雪浪千迭。先写江岸，后写江水。既正面描写赤壁江山胜景，又勾勒古战场景象，真可谓有声有色。

"乱"写出岸边岩石山崖之险怪；

"穿"字写出陡峭山崖直插云霄的高峻；

"惊"字本义为"马骇也"，意即马受惊狂奔，写出了江水之汹涌；

"拍"字突出了惊涛骇浪与江岸搏击的力度；

"卷"写出了波涛力量之大，展示了一幅阔大的雪浪图。

这三句运用拟人、比喻、夸张、对偶等修辞手法，从声音、色彩、姿态、气势等方面描绘赤壁的奇景和长江的气势，一扫平庸萎靡的气氛，顿时把读者带进一个奔马轰雷、惊心动魄的奇险境界，使人心胸为之开阔，精神为之振奋！

补充：对于"炼字"问题，学生们基本上都能遵循"析字义，明手法，谈作用"的思维路径，却容易忽略从整体上观照这些字之间的联系，不能将"炼字"与"风格"有机统一。这需要教师进行点拨，化虚为实，让学生们能更直观地从语言层面感受"风格"的特点。

（7）诗人为什么要把周瑜作为描写对象？又是如何塑造周瑜这一形象的？

① 为何选择周瑜？

周瑜是赤壁之战的实际指挥者。他年少有为，功绩卓著；婚姻美满，家庭幸福；具有儒将风度，从容潇洒，镇定自若。文韬武略，有勇有谋，堪称"千古风流人物"。诗人赞颂周瑜非凡的胆略，意在抒发自己年将半百而功业无成的感慨。

② 为什么不写诸葛亮？

《三国演义》的小说家所言和真正史书记载是有所不同的。《三国演义》尊刘抑曹，把汉立为正统，因而对东吴进行描写的时候是扬抑结合，以抑为主。从历史层面看，在当时三国战局中，刘备是最弱的一方，诸葛亮的确在赤壁之战中发挥了很重要的作用，但是战争实际的指挥者是周瑜，因而选周瑜，更能抒发作者内心的感慨。

③ 如何塑造周瑜这一形象？

遥想公瑾当年，小乔初嫁了，雄姿英发。

自古美女英雄，插写小乔突出周瑜少年英雄气宇不凡。据《三国志·吴志·周瑜传》记载，这时距纳小乔已有十年之久。"小乔初嫁了"可见并非实写，诗人如此渲染周瑜的婚姻生活，是有意用小乔这位美人去衬托周瑜这位英雄，使下面那句"雄姿英发"成为有血有肉的丰富饱满的艺术形象。同时与诗人的婚姻状况形成了对比，诗人此时失去了第一任妻子，婚姻生活很不幸福，使诗人和周瑜之间形成了鲜明的对比。

羽扇纶巾。

是从肖像仪态上描写周瑜装束儒雅，风度翩翩，意气风发，反映出了他对这次战争成竹在胸，稳操胜券。"羽扇"是用鸟羽所制的扇，汉末盛行于江东。"纶巾"是用青丝带编的头巾，汉末名士多服此。"羽扇纶巾"并不是诸葛亮专用的，魏晋以来，上层名士皆如此派头，虽临战阵，也往往如此。从这样的着装中，我们体会到了周瑜儒雅风流，运筹帷幄，照应"千古风流人物"。

谈笑间，樯橹灰飞烟灭。

"谈笑"句写其韬略，由于胸有成竹，指挥若定，从容不迫，谈笑之间，就把曹操的舰队一把火烧得精光。不但写出了周瑜辉煌的战功，而且写出了他潇洒的风度、沉着的性格。

④写周瑜的目的。

运用对比的手法，将周瑜的人生得意和自己的政治失意构成对比，最后落脚在"伤己"上。

项目	周瑜	苏轼
年龄	24岁	47岁
婚姻	幸福美满	屡遭不幸
外貌	英俊儒雅	早生华发
职位	东吴都督	团练副使
际遇	功成名就	功业未就
基调	感奋	感伤

对周瑜的追述表现的是一种理想，而落魄失意是一种现实，感情基调的矛盾实际反映的是理想与现实的矛盾。

补充：A.烘托：烘托是"以乙托甲"，使甲的性质更加突出，乙起陪衬作用。词中"千古风流人物"引出赤壁之战时的"多少豪杰"，最后集中为周瑜一人，突出周瑜在作者心目中的主要地位。B.映衬：映衬是烘托的特殊形式，一方面"以乙托甲"，一方面"以甲托乙"，有互相彰显的作用。词中有两种映衬：a.实景与虚景映衬。作者亲眼所见的景象是实，作者想象的战争情景是虚，二者互相衬托。b.周瑜的"雄姿英发"与作者的"早生华发"相互映衬，既显出周瑜的少年得志，又显出作者的壮志未酬。

（8）词的上、下阕之间是什么逻辑关系？"江山如画，一时多少豪杰"是过渡句吗？

上阕重在写景，临古地，观江景，有感而发。下阕重在抒情，忆古人实则为伤己张本。"江山如画"承上，"一时多少豪杰"启下，由状景过渡到述人，十分自然。这一声慨叹将怀古之情和江山之胜融为一体。"一时多少豪杰"是虚写，既照应了开头"千古风流人物"，又为下阕写周瑜做了铺垫。

补充：在文学作品的鉴赏中，学生往往特别关注小说、散文等行文脉络，对诗词的结构经常忽略不计。一篇好的作品，一定是逻辑清晰、气韵贯通的，所以抓住对文本结构的分析，能够从整体上把握文脉，体悟情感的流动，这样的解读才是"活"的。

（三）研读

（1）对于词中"人生如梦，一尊还酹江月"两句的思想感情，学界向来有不同的看法，有人认为："'人生如梦'两句，貌似超脱，实是无可奈何的感慨。封建士大夫失意时往往发出'人生如梦'的感叹，这是作者思想上消极的一面。"你有什么看法？请根据整首词，联系苏轼的生平、思想和写作背景，写一小段文字，发表自己的观点，有依据，能自圆其说即可。

对于词句的理解，可以有不同角度。

解读一：这是苏轼对人生的无限感慨，有大彻大悟、超脱尘俗的味道。苏轼在《赤壁赋》里说："哀吾生之须臾，羡长江之无穷。"张若虚在《春江花月夜》里说："今人不见古时月，今月曾经照古人。"也许苏轼在想：人生真的犹如一场空梦，辉煌像周瑜那样是一生，郁闷像我苏轼一样也是一生，在滚滚不息的长江面前，在圆缺循环的月亮面前，一切的失意潦倒、迫害挫折、郁闷愁苦又算得了什么呢？"大江东去，浪淘尽，千古风流人物"，放得下，才能拿得起，看得开，才能出得来，因此，苏轼才会情不自禁倒一杯酒祭奠江水和月亮。这就是苏轼的生存智慧，这就是苏轼的达观态度，这也就是苏轼的诗意人生。不能改变环境，那就改变心情，这难道算是消极吗？如果这样，人生需要这样的消极，建立自己的弹性人生，或许正是一个人积极进取的另一种表现。

解读二：苏轼是我国文学史上的"唐宋八大家"之一。苏轼从36岁起，就开始过贬谪的生活。因反对王安石变法，他第一次出判杭州，44岁时再贬黄州。1085年宋宪宗时，司马光为相，一度奉召回朝。章敦为相时，苏轼因坚持他的见解，被贬广东惠州。北宋哲宗绍圣四年（1097）再次被贬海南岛。"人生如梦"是作者在遭受压抑情况下的自我安慰之语，但他并没有想到要及时行乐。他的"一尊还酹江月"不过是要向"江月"倾诉壮志难酬的苦闷。综观全词，可以说豪放中略见苍凉，而苍凉只是豪放的补充，二者并不矛盾。

设计意图：对这一问题的辨析能够帮助学生更好地感受诗人的精神世界，体会诗人对社会的思考与对人生的感悟。从《兰亭集序》到《逍遥游》，从《赤壁赋》到《念奴娇·赤壁怀古》……学生在感悟作者的人生价值时，何尝不是在塑造自己的人生观？以意逆志，披情入文，创设情境，与作者对话，与自己对话，才能真正将"情"品出滋味。

（2）苏轼豪放词风的具体体现。

苏轼的豪放词风体现在以下几个方面：

从人物形象看，怀念古代英雄及其丰功伟业；词的上阕将周郎和赤壁并提，肯定周瑜在赤壁之战中的决定作用，下阕着力写周瑜的才干和功勋，英雄形象格外鲜明。"遥想公瑾当年，小乔初嫁了"，衬托出周瑜青春年少，意气风发的神采。"雄姿英发，羽扇纶巾，谈笑间，樯橹灰飞烟灭"，赤壁之战对于吴军来说，是一场以弱抗强的战争，而作为吴军统帅的周瑜不仅没有丝毫的畏怯，反而从容娴雅，沉着应战，谈笑间，巧用火攻烧掉了敌人的战船，举手投足间都是伟丈夫的豪情壮志。

从景物描写看，描写的都是意境高远、雄浑壮阔的景物。一开篇就显示了词人的超凡视野："大江东去，浪淘尽，千古风流人物。"这不仅写出了长江的气象万千，而且将自古以来和这里有关的许多英雄豪杰都概括进来了，表达了词人的缅怀之情。词人循着英雄的足迹，勾画古战场的险要形势："乱石穿空，惊涛拍岸，卷起千堆雪。"一句"江山如画，一时多少豪杰"的慨叹，将江山之胜和怀古之情融为一体。"穿、拍、卷"一系列动词笔力万钧，读罢使人止不住内心情感的激荡，颇有"天风海雨逼人"之感。

从主旨来看，是抒发对英雄的赞美和壮志难酬的慨叹。江山依旧，人事全非，多情自扰，徒增白发。于是引发了"人生如梦"的感叹，只好以一杯清酒祭月，寄托壮志难酬的苦闷心情。中国古代知识分子普遍存在一种出世与入世的精神矛盾，而苏轼是其中最达观洒脱的一个。所以在他的词中虽然也常有消极苍凉的思绪，但是终究掩盖不了其豪放旷达的精神。

补充：词的风格和意象选取、情境创设、蕴藉情感、语言表达、作者性格、人生经历、时代风貌等诸多内容有密切联系，是审美创造沉淀的结果。

从时代的坐标上看，这首词前承柳永，后启辛弃疾。苏轼的词风受到柳永的一定影响。他曾评价过柳永，说其词里面表现了开阔博大的气象，例如《望海潮》中有"东南形胜，三吴都会，钱塘自古繁华""参差十万人家""怒涛卷霜雪，天堑无涯"气象万千之句，苏轼从中受到启发，但同时他也认识到柳词更多地还是描写"执手相看泪眼，竟无语凝噎"的风花雪月、离别相思。苏轼的词作拓展了宋词的题材范围，跳出了词只是供歌伎宴饮娱乐之需的窠臼，打破了传统的思想束缚和格律规范，形成了一种有别于前人的疏朗刚健的风格，对后来的辛弃疾等人都有很大的影响，从词史上来看是一次革新和解放。

总结全词：

这首词从总的方面来看，气象磅礴，格调雄浑，高唱入云，其境界之宏大，是前所未有的。特别是它第一次以空前的气魄和艺术力量塑造了一个英气勃发的人物形象，透露了作者有志报国、壮怀难酬的感慨，为用词体表达重大的社会题材开拓了新的道路，代表了苏词的独特面貌，产生了重大影响。

（四）美读

要求学生再次创设情境，配乐美读，读出词中复杂的情感。

（五）布置作业

请从本单元选择一位你喜欢的作者，选取三首至五首代表作，写一篇文学小评论，谈谈你对作品风格的理解。

情与气偕，辞共体并

——《念奴娇·赤壁怀古》课堂实录

一、导入——创设情境

师： 同学们，如果说在中华大地上，有没有哪个地方因为一个人而沉淀成中华民族的精神坐标，你会想到哪里？

生：岳阳，屈原自投汨罗江，体现了清高自守的精神。

生：扬州，扬州因史可法具有梅花般高洁傲岸的精神品质。

生：成都，因为有杜甫草堂，展现了杜甫忧国忧民的情怀。

师：很好。在现今湖北省的黄冈市，有个不大的区，人口大概只有40万，看起来普普通通，实则是中国历史文化名城，这就是黄州。

生：黄州因苏轼而闻名。

师：《赤壁赋》也是创作于黄州。哪位同学能讲讲黄州和苏轼有着怎样的渊源，帮助大家补充一下本词的背景知识？

生：北宋王安石变法，苏轼对变法中的一些政见并不认可，于是引发了"乌台诗案"。这是一场文字狱，苏轼被抓了起来，虽然后来释放了他，却把他贬到黄州，让他担任了黄州团练副使这一闲职。

师：所谓"乌台"，即御史台，因官署内遍植柏树，又称"柏台"。柏树上常有乌鸦栖息筑巢，乃称乌台。由此可见，黄州确实是苏轼的伤心之地了，那么黄州因苏轼而闻名，仅仅因为这个原因吗？

生：不是，苏轼的精神影响了黄州。

师：自古以来，被贬到黄州的名人并非苏轼一人，唐代有大诗人杜牧，北宋有诗人王禹偁、张耒，他们都在黄州留下了文学作品，但都没能使黄州声名鹊起。余秋雨先生说："苏东坡以自己的精神力量给黄州自然景物注入了意味。"这是一种怎样的意味，这是我们今天探究的重点。

二、初读——整体感知

师：词本来是民间艺人为了演唱需要自己填写的歌词，后因文人创作的加入，逐步变成了一种文学样式，所以诗词鉴赏必须要以读促赏，以赏带读，以读促悟。咱们请一个同学给大家把这首词读一读，要求读准字音，读清句读，初步传情达意。

（生读词）

师：他读得怎么样？有问题吗？

生：一尊还酹（lèi）江月。早生华（huā）发。

师：为什么是华（huā）发？

生：花白的头发。

师：很好，在句读上有问题吗？

生：老师，"大江东去，浪淘尽，千古风流人物"，不应该是"浪淘尽千古风流人物"吗？为什么要从中间断开？

师：这和词的格律有关系。"念奴娇"这个词牌又名"百字令""酹江月""大江东去"，名于唐代天宝年间的一个名叫念奴的歌伎。词牌是填词用的曲调名，词最初是伴曲而唱的，曲子都有一定的旋律、节奏。这些旋律、节奏的总和就是词调。这样句读断句是符合格律的，读起来更加抑扬顿挫，充满节奏感。

生：明白了。

师：初步传情达意同学们基本做到了，现在我们提升点儿难度，请同学们把自己想象成作者，面临滚滚江水，追忆往事，你又会如何读这首词呢？

（生读词）

师：谁来评价一下，他读得怎么样？

生：我觉得他读得特别有感情，尤其是"羽扇纶巾，谈笑间，樯橹灰飞烟灭"读出了那种特别自信得意的感觉，为我们塑造了一个志得意满的周瑜形象。

生：我觉得他读出了一种豪放的气势，体现了苏轼的豪放词风。

师：你觉得他哪几句读得最豪放？

生："大江东去，浪淘尽，千古风流人物"，还有"乱石穿空，惊涛拍岸，卷起千堆雪"。他的声音特别高亢！

师：很好，你觉得他有没有读得不到位的地方？

生：我觉得最后"人生如梦，一尊还酹江月"也应该读得豪放一点儿，他刚才读得有点儿低沉了。

师：哦，你能不能示范读一下？

生：人生如梦，一尊还酹江月。还酹江月！（情绪激昂）

（生笑，鼓掌）

师：看来咱们的诗歌诵读大赛没白举办，同学们都学会创造性地读诗了。我看大家刚才都鼓掌了，都认可这种读法吗，读出豪放的语气？

（生有的点头，有的摇头）

生：我更喜欢第一种低沉的读法。

师：说说你的原因。

生：我觉得人生如梦，似真似幻，给人一种略带伤感的意境，而且"酹"的意思是祭奠，我觉得凭吊祭奠的感情不应该读得特别高亢。

生：我觉得应该读出一种洒脱，来体现苏轼乐观旷达的胸襟。

师：不错，还真读出了洒脱劲儿。

师：至此，我想大家有一个共同的感受：这是一首豪放词，但是一"豪"到底是否恰当呢？要想解决这个问题，我们还需要对"情感"和"风格"进一步品味。

三、品读——知其所以然

师：我们现在三读此词，这次要求大家默读，结合自己的预习作业，解决字、词、句的理解问题。

（生结合预习作业，疏通文意）

师：大家看，有疏通不了的字词吗？

生："故国神游"，该如何翻译"故国"？

师："故国"不是国都，而是指古战场。"国"在古文中主要有几个意思？

生：国家、诸侯国、国都。

师：再补充一个：指某一个地区，例如某地遭遇了大水，"一片泽国"。所以这里的故国应该是指古战场。

生：老师，我接着他的问题，何为"神游"？

师：关键"神"是什么？在中国古代，"神"的本意是指人的精神，在这里可以解读为人的思绪。"神游故国"，让思绪在故国游。请问这是谁的神思？

生：周瑜的。

生：作者的。

师：好，出现分歧了。（问回答周瑜的学生）你为什么认为是周瑜？

生：因为前文主要描写的对象就是周瑜，所以这里可以理解为如果周瑜地下有灵的话，他的神思如果再游一游自己曾经鏖战过的古战场，周瑜会笑"我"多愁善感，早生华发。

师：你是从文意衔接的角度进行的分析，能够做到从整体上进行观照解读，思路不错。（问另一生）你为什么认为是作者？

生：因为整首词是作者在赤壁的所见、所闻、所感，所以理应是他的神思。

师：我们学过很多怀古诗。怀古诗一般创作的思路是：游古地—思古人—忆古事—抒己怀。诗人登临赤壁，先看到了"故垒西边"，想到了在此地发生的历史事件，出现的历史人物，是诗人的思绪在古战场盘旋，引发了对历史的思考。同一母题的作品，在创作思路上会呈现出一些共性的特点，谁还能举个例子帮老师印证一下？

生：隐逸题材的诗词。诗人或写隐居之处环境的清幽，或写交往之人品德的高尚，或写自己志趣的高雅，表达出自己不流于世俗的操守。

生：一些托物言志的诗歌，通过刻画物象的特点，展现精神风貌或人生态度。

师：同学们总结得都很到位，我们一边学习，一边培养自己归纳的思维，学会连点成线，连线成面，逐步提高阅读效率。

生：老师，我在预习的时候发现"樯橹"一词有好几种不同的解释，有写"樯橹"的，也有写"强虏"的，您觉得哪种是正确的？

师：你先说说，你觉得哪种是正确的？

生：我认为是木字旁的"樯橹"，用船上的两个工具来指代曹操的战船。

师：这种修辞手法我们讲过，叫——

生：借代。

师：那我们如果用另一个"强虏"，怎么翻译呀？

生：强大的敌人。

师：两个解释都能说通，那你觉得哪个更好呢？

生："樯橹"比直接写强大的敌人更含蓄。

师：你已经接近美的真谛了。我们常说一个词用得好，富有表现力，那么表现力是如何呈现的呢？"樯橹"易烧，火烧战船，才更好地展现灰飞烟灭。从修辞的角度看，用船上局部的事物借代曹操的战船，用战船借代曹操的军队，双重借代更具有诗家语言的特点，诗贵含蓄。你能广泛阅读，寻找不同的解读，不盲从已有的观点，寻找最恰切的解读，这就是探究精神！

（生鼓掌）

生：如何理解"大江东去，浪淘尽，千古风流人物"一句？

师：试着翻译一下？

生：长江东去，浪花淘尽了千古风流人物。

师："淘尽"就是冲刷掉了的意思。滚滚长江向东流去，冲刷掉了千古以来的风流人物。

生：写的是时间的流逝。当年在赤壁曾经出现过的英雄人物都被历史的长河冲走了。

师：用流水比喻时间、比喻历史的在中国文学中特别多。孔子："逝者如斯夫，不舍昼夜。"同样将水比喻成流逝的岁月。我们都说"言为心声"，哪一个字最能表现诗人的情感？

生：我觉得一个"淘"字写出了即使再多英雄豪杰，发生再多风流往事，如今都被江水"淘"尽了，渺无踪影，带有物是人非的悲慨情绪，为后文奠定了情感基调。

师：你觉得是为哪句奠定了情感基调？

生："多情应笑我"，多情就是多愁善感，是一种物是人非的悲慨。

生：我认为这句是写时间如同流水般滚滚向东逝去，翻起无数浪花，浪花依旧，不知道见证了多少传奇，目睹了多少历史的沧桑。千百年前的英雄，如今依旧激起了人们内心的波澜，为下文的写景抒情做了铺垫，奠定了此诗壮阔豪放的基调。

师：你的依据是什么？

生："遥想公瑾当年，小乔初嫁了，雄姿英发。羽扇纶巾，谈笑间，樯橹灰飞烟灭。"

师：大家看，两位同学分析得都有道理，这一句在情感表达上是多义的，更是统一的。"大江东去"是赤壁之战的衬景，"浪淘尽，千古风流人物"是"怀古"的点题。这一句泛写作者凭高远眺，所见所感，是全词起兴之笔。有人评价这一句"气魄极大，笔力非凡"，你觉得从哪些层面展现了非凡的气势？

生：营造了壮阔的意境，浩瀚的江水，无尽的时空，建立伟业的风流人物，都体现出非凡的气势。

生：我觉得这两句中透露了伤感之情。千古英雄被浪淘尽了，更何况是没有功业的自己，但我读来却觉得哀而不伤，反而感受到深沉宽广。

师：你的审美直觉非常敏锐。我们答题时经常说"情景交融"，但很多同学没有领会"融"的深层内涵。作者打破时空壁垒，浩瀚的江水与无尽的时间碰撞相通，体现为气质的一致；江水的波澜壮阔与风流人物的丰功伟绩交相辉映，体现在风格的统一；激荡的情怀与万钧的笔力和谐相融，怎一个"豪"字了得。

生：老师，对于景物描写，我还有一个问题。"乱石穿空，惊涛拍岸，卷起千堆雪"与"大江东去，浪淘尽"都是写景，为什么没放在一起？

师：谁能帮他回答一下这个问题？

生：我觉得侧重点不同。"大江东去"是作者登临赤壁所看到的景象，不仅写景，还引发了作者"千古风流人物"的感慨，统摄全篇，而"乱石"一句，是写江岸边具体景象，侧重所见，照应"千古江山"。

师：点面结合，相得益彰。很多同学都在预习学案中对这一句进行了赏析，我们不妨分享一下。

生：这一句写的是长江岸边的景色，作者用了夸张、比喻的修辞生动传神地体现了景物壮阔的特点。

师：你对修辞手法的概括很精准。但是老师更期待听到的是怎么个夸张法，为何非这样比喻不可？我们在诗歌鉴赏中，不仅仅是贴标签式的"知其然"，更要"知其所以然"，走到文本深处，做真诚的感悟。

生："乱石穿空"，江岸边乱石林立，直插青天，给人一种怪石嶙峋，十分有力度的感觉。"惊涛拍岸"，给人一种震撼壮阔的感觉，"惊涛"发出巨大的声响，震耳欲聋。"卷起千堆雪"，波浪撞在岸边的礁石上，飞沫像雪一样迸溅开来，整个画面都呈现出一种雄壮豪迈的意境。

师：你用语言为我们创设了情境，形、声、色相结合，如临其境。

生：我觉得除了意境美，整幅画面充满了动态感。一个"穿"字，直插云霄，坚毅向上，充满了刚健的美感。用"拍"而不是"溅""撞"这样的词，非常具有力度感，"卷"带有席卷一切的气势，动词的使用都突出了力量感。

师：一个动词是一幅画，几个动词连在一起就是"势"，有时跳出文本，整体观照，我们会有一种宏观的收获。

生：老师，我受刚才同学的启发，他找到的是动词，我找到的是形容词。"乱"写出了石头的奇绝嶙峋，十分粗犷；"惊"体现了波涛气势惊人，有雷霆万钧之势；"千堆"则表现数量之大，攻势之猛。这些也都是豪放风格的体现。

师：不论是什么样的词风，都必须以具体的形象为依托。通过大家的分析，我们能够感受到思考的力量，在不断地追问中，我们的鉴赏就会由表及里，由浅入深。

生：为什么说是"三国周郎赤壁"，而不说"三国赤壁周郎"？

师：谁能分析一下这个问题？

生：我首先觉得，没有称周瑜，而是称周郎，是表示尊敬。被称为"郎"的人，年纪都不大，这说明周瑜年少有为。其次，这句话让我感觉三国赤壁这个地方就是周瑜的，实则表达的是赤壁因周瑜而闻名，周瑜在此创立了卓越的功勋，为后文对周瑜的详细描写做了赞颂和铺垫。

师：很好，关于周瑜的问题，是我们同学预习作业中最突出的问题，我们不妨放在一起分析。

生：还是这一句，为什么作者要说"人道是"？

师："人道是"如何翻译？

生：别人说是。

师：作者游览的赤壁是不是当年的古战场赤壁呢？

生：不是，是赤鼻矶。

师：苏轼知不知道这不是古战场？

生：知道。哦，我明白了。"人道是"嘛，别人说是，不是我说的。真正是不是已经不重要了，从写作目的的角度看，赤壁是写作的对象，目的是怀古，抒己怀。

生：历史上有那么多的伟人，《赤壁赋》里写的是曹操，为什么苏轼在这首词里偏偏选周瑜作为描写对象，写诸葛亮不行吗？

师：同学们对诸葛亮和周瑜的定位，大多来自《三国演义》。纠正一个误区，文学作品和史学作品是有区别的。《三国演义》尊刘抑曹，把汉立为正统，因而对东吴进行描写的时候是扬抑结合，而且是以抑为主。从历史层面来看，在当时三国的战局中，刘备是最弱的一方，诸葛亮的确起了很重要的作用，但是对赤壁鏖战而言真正的指挥者是周瑜，这是不选诸葛亮的原因。

生：老师，既然不写诸葛亮，为什么又要说"羽扇纶巾"，这不是诸葛亮的装束吗？

师：你的问题问出了很多同学的心声。（生笑）"羽扇纶巾"非诸葛亮专属。"羽扇"是用鸟羽所制的扇，汉末盛行于江东。"纶巾"是用青丝带编的头巾，汉末名士多用如此装饰。魏晋以来，上层名士皆如此，虽临战阵，也往往如此。问题是我们从这样的着装中，体会到了周瑜怎样的形象？

生：儒将。气定神闲、运筹帷幄。确实当得起"千古风流人物"。

生：为什么要写"小乔初嫁了"，我查了一下，赤壁之战的时候，小乔嫁给周瑜已经十年了，那为什么还说"小乔初嫁了"？

师：这个问题非常有意思。作者不惜篡改小乔初嫁的时间，只有一个目的。

生：为了写出周瑜是人生赢家，自古"美人配英雄"。

师：但苏轼的第一任妻子已经去世了。

生：苏轼与周瑜形成了鲜明的对比。

师：梳理一下，比出了哪些结果？

生：周瑜少年有为、功绩卓著；家庭美满，婚姻幸福；文韬武略，运筹帷幄；深受赏识，彪炳千古。而苏轼呢？功业无成，被贬黄州；孤单落魄，婚姻不幸；仕途坎坷，不受赏识。

师：现在能回答为什么非要写"周瑜"了吗？对周瑜的追述表现的是一种理想，而落魄失意是一种现实，感情基调的矛盾实际反映的是理想与现实的矛盾。

生："江山如画，一时多少豪杰"在词中有什么作用？

生：我认为在词中的作用是承上启下。"江山如画"是对前文写景的高度概括。"一时多少豪杰"从写景过渡到写人，引出后文的周瑜。

师：这个问题很具有典型性。同学们非常关注小说、散文的文体结构，但是会忽视诗词的结构。一篇好的作品，一定是逻辑清晰、气韵贯通的，所以抓住对文本结构的分析，能够从整体上把握文脉，体悟情感的流动，这样的解读才是"活"的。

生：词的最后说："一尊还酹江月"，作者为什么要凭吊江月？

师："江""月"这两个意象在苏轼被贬黄州以后曾多次出现。

生：《赤壁赋》里讲过："惟江上之清风，与山间之明月，耳得之而为声，目遇之而成色，取之无禁，用之不竭，是造物者之无尽藏也。"

师：大自然赐予"我"的东西，"我"要尽情享受。既然自己过去的这四十七年功业未成，恍若一梦，而现在又被贬到黄州，我莫若寄情山水，让大自然给我带来精神的安慰。最后一句是消极吗？

生：不是。

师："人生如梦，一尊还酹江月"在情感理解上一直存在争议。有人认为体现了作者乐观豁达的胸怀，也有人认为带有一定的消极色彩，让我们各抒己见，探究诗人的内心世界。给同学们点时间，根据整首词，联系苏轼的生平、思想和写作背景，发表自己的观点。

（生思考，在纸上整理思路）

三、研读——探寻情与理的真谛

生：老师，我有一种看法，在《赤壁赋》里，作者认为"江"和"月"

是永恒的，人的生命非常短暂，和"人生如梦"形成了照应，体现了人的渺小和历史的永恒，更加深了作者对人生失意的感慨。

师： 自然的永恒和人生的苦短构成了对比关系，作者更多地感叹自己的渺小和无为，所以从这个角度讲是伤感的。

生： "大江东去，浪淘尽，千古风流人物"，有那么多的英雄人物都消失在了历史的洪流之中，更何况是"我"这一事无成之人？（《赤壁赋》里也有过类似的观点，"固一世之雄也，而今安在哉？况吾与子渔樵于江渚之上"，也体现了诗人功业未就的伤感。）

师： 鉴赏的思路非常好，可以借助已学的知识，迁移延伸，触类旁通，是一种非常可贵的思维品质。

生： 我认为是一种积极洒脱的情怀。"人生如梦"可以说是悲哀，也可以说是为自己释怀。人生如梦，虚幻也好，短暂也罢，最终都会醒来，还不如珍惜每一个梦境，这是释怀。"一尊还酹江月"凭吊江月，凭吊的是自然的永恒。苏轼认为江月与人一样都有不变的一面，寄情天地，杯酒了却悲情，也体现了苏轼的洒脱。

生： 作者以一种比较复杂的情绪写下了这句话。"我"多愁善感，愁什么？感什么？愁"我"功业未成，屡遭贬谪，感"我"不能如周郎一般英姿勃发。"早生华发"是"我"心情的外化，在这复杂的情感中，"我"感觉人生如梦，缥缈虚幻，只能寄情壮阔的山水，排遣自慰，是一种介于洒脱和壮志难酬之间的感觉。

师： 同学的探究触及了苏轼思想的内核。现在我们可以回答课前那个问题，这首词并非一"豪"到底。苏轼身上融合了儒、释、道多重思想。既有为官一方，造福苍生的豪情壮志，也有屡遭挫折，头破血流的低沉感慨，但他总能与生活和解，与自我和解。正是睿智与豁达形成了哀而不伤，洒脱豪放的词风。诗人的气质和作品实现了融合。

师： 对一首词，可以有多元的解读，真正地走入诗人的内心世界，有时需要时间的积淀。我们很多时候感慨，他们成为我们的知音，一字一词叩响了我们心灵最隐秘的部位，恰恰是因为我们的人生可能有了相似的境遇，我们才获得了更深层的情感体验。我想，这也是诗词绵延至今，依然焕发着无限生机与活力的原因。

师： 现在，我们再来整体回顾一下这首词的风格，大家对"豪放"的词风有了更深入的理解了吗？

生： 景物描写。选取的意象："大江、巨浪、乱石、惊涛、故垒、赤壁、青空、江岸"等都具有刚健的气质，营造了雄浑壮阔的意境，还有"淘、穿、拍、卷"等一系列的动词具有力量感，体现了豪放的风格。

生： 人物形象。"千古风流人物"，周瑜谈笑间化"樯橹"为飞灰，建立伟业，这是何等的气魄和豪情，"我"虽有感怀，更有壮阔的胸襟，充分体现了豪放。

生： 我觉得赤壁怀古，在古战场，将人生的思索置于历史的洪流中，思古人、忆古事，本身就很雄浑壮阔。

师： 很好，还有吗？

生： 作者抒发的感情，也是开阔刚健的，他不苟苟于利禄，不囿限于伤感，不沉溺于苦痛，豁达潇洒，这才是真豪放。

师： 风格是一种审美智慧的沉淀，它与作者的性格、价值观、人生际遇、时代风貌等诸多因素有密切的关系，在作者反复的锤炼中，打上了鲜明的个人烙印。

（生频频点头）

师： 你好像很认同这个观点，你能谈谈你的想法吗？

生： 我很喜欢辛弃疾的词，他也是豪放派词人。之前我觉得同为"豪放派"，两人词作风格差别不是很大，今天上完课，我感觉辛弃疾的"豪放"和苏轼的"豪放"好像确实有些不同，但是我现在还没能理清楚思路。

（生着急举手）

师： 看来你有些思路了。

生： 我感觉辛弃疾的词读来更沉重，不如苏轼洒脱，苏轼"老夫聊发少年狂，左牵黄，右擎苍，锦帽貂裘，千骑卷平冈""酒酣胸胆尚开张，鬓微霜，又何妨"，透着洞明世事的豁达，而辛弃疾"马作的卢飞快，弓如霹雳弦惊，了却君王天下事，赢得生前身后名"读来也豪情万丈，意气风发，可是最后"可怜白发生"，豪情壮志还是难以突破现实的残酷，所以我感觉"豪放"里夹杂着一丝"苍凉"。

师：听着同学们的分析，老师感觉我们今天这堂课收到了应有的效果。同学们可以更理性深入地来解读"风格"这一问题。之前我们没有关注的问题，现在开始关注了，之前我们的认识偏于感性，现在变得更理性了，之前我们没有思路的问题，现在有点思路了，这就是学习的乐趣！

词风有"豪放""婉约"之分，"婉约者欲其词调蕴藉；豪放者欲其气象恢弘"。那么为什么会产生这样的区别呢？这和词的流变有关系。宋代城市商业经济繁荣，交通发达，勾栏、瓦舍迅速增多，很多歌伎在唱曲的时候都需要歌词，一些下层文人应邀为其填写歌词，词就是这么发展来的。所以大家看，词最初主要是供宴饮娱乐之需，是由歌伎演唱的，所以词更多的是描写离别相思，风花雪月，格调上多是委婉、柔媚的。在词史上，这种作品被认为是"正宗""本色当行"。可是苏东坡的出现打破了传统的思想束缚、题材范围，在他的词中记事、写景、抒情、怀古，"无意不可人"，他也打破了原来的格律和语言习惯，形成了一种疏朗、刚健的独特风格。苏东坡在词史上是一个改革者。当然苏轼的风格，也不完全是凭空自创的，他也受到了柳永的影响，所以苏轼是在前人的基础上，有继承也有发展，这是我们文学批评应该具有的视野。

四、美读——审美陶冶

师：下面让我们再来读一读这首词，依旧要求同学们进入情境，这次我们要读出风格。

（生配乐朗读）

师：这次老师听出了美，听出了情，听出了豪放。

五、作业——验证鉴赏效果

师：布置一下今天的作业，请从本单元选择一位你喜欢的作者，选取三首至五首代表作，写一篇文学小评论，谈谈你对作品风格的理解。

生：老师，我可以选取不同的诗人，作风格的比较吗？

（生笑）

师：有一定难度，但相信你会完成得很好。下课。

生：老师再见。

去伪存真，去粗取精

——《念奴娇·赤壁怀古》教学反思

本节课是我在"'学情核心'阅读教学课堂模式"思想指导下上的一节常规课。课程重难点建立在学生预习的基础上，围绕学生的疑点和困惑展开。通过检查预习作业，我发现学生们已能够围绕诗歌鉴赏的一般方法提出"有效"的问题，并且尝试着对这些问题作出阐释，这是个长足的进步，但也应看到问题，即学生自主回答中"贴标签"式的解读广泛存在，鉴赏还停留在表面，不能体会到审美的精髓。怎么帮助学生"知其所以然，知其所必然"是我这节课着力要解决的问题。我认为有几个角度可以和大家共同研讨：

第一，去伪存真。"以学情为核心"不是形式上的"学生问，教师答"的机械对答，而是一次思维、情感和审美的对话与交流。教师要认真钻研学生的问题，对其知道什么、知道多少、怎么知道的，还应知道什么进行深入分析，这样在课堂生成时，才能让"对话"变得更高效。去伪存真就是要在某些看似懂了的问题上，引导学生再追问一个为什么，做探究式解读。例如学生们都能概括出基本的艺术手法，但是手法的艺术张力表现在何处？我和学生们一起创设情境，深入体会，找到"形"与"神"的契合点，明白作品的创作机理。

第二，去粗取精。通过对学情进行深入研判，我发现学生在解读文本时主要依靠感性认知和经验。在预习作业中，学生会粗线条地记录自己的阅读感受。教师要善于捕捉住这些细微的感受，在课堂上帮助学生进行"提纯"，将感性认知整合、分析、研判，升华为一种理性的解读。例如学生并不缺少对"风格"的直观感受，但是却不能对"风格"有较为清晰的界定，不能揭示"风格"的成因，不能分析这一种"风格"和那一种"风格"具体的区别。课堂上我便着力帮助学生打开思维的角度，从直观形象入手分析，逐步提炼总结，最后形成对风格较为全面的认识，完成课前预设的任务。

第三，拾级而上。学情是一个动态的过程，有课前预设，有课堂生成，也有课外延展。教师不只关注当时当下的学情，还要预判学生未来可能存在的学情，留有再生成的空间，保留学生继续探究的热情。文学审美体验是发展变化的。很多同学都在预习作业中分析了作者情感态度到底是积极的还是消极的，展示出批判性思维。对这一问题的理解固然有对作者精神世界的探究，恐怕也离不开学生自己人生阅历的感悟，所以在这个问题的处理上，我选择点到为止，给学生留有空间，让时间去回答这一问题，我想这是对更大的学情的尊重。

站在教师的角度，学情不仅是预设，更是一种发展；站在学生的角度，学情不仅是能力，更是一种视野。尊重学情就是尊重规律，这是治学之本。

吟咏·探究·思辨

——《念奴娇·赤壁怀古》课评

宁夏回族自治区银川市第六中学　马文科

教师不应该是一个纤夫，费力地拉着学生渡过语文的河口；教师更应该是一个牧者，引领学生徜徉于文学与人生的园田。这节课首先从学生存在的共性问题入手，结合诵读，层层推进，逐步深入，由表及里，让学生真实地学习，让语文学习真实地发生。

一、一线珠连，诵读有温度

"夫缀文者情动而辞发，观文者披文以入情"，读者通过阅读体悟情感，再用诵读表达情感，诗词教学中诵读的意义正在于此。优秀的语文教师，一定会借助诵读打通语言和情感的联系，让学生通过"走心诵读"进入"走心感悟"。学生常认为，豪放派诗词就是一"豪"到底，在本节课中，教师正是抓住了这个诵读体悟的关键点，让学生明确了诗词中内在的情感变化，可以说是诵读设计中的一大亮点。同时，整节课在初读感知中明确格律、在诵读评价中分析情感、在美读体悟中陶冶情操。可以说，这节课并不是为了诵读而诵读，而是在诵读中体现了诗词的温度，让诗词不再是生硬冰冷的文字，而是熨帖于心的真切感悟。

二、以问促答，解读有深度

在教学内容的处理上，问题设计至关重要，既要扣住目标，突出重点；又要简洁明快，逐层深入，难易适中。本节课上，教师把找出问题的主动权交还给学生，在初步梳理中让学生来明确问题，当学生提出问题后，教师不是将答案直接说出，而是引导学生仔细品读，补充相关背景资料，在学生有争议的部分停下来耐心讨论，抽丝剥茧，归纳总结。学生提出问题，其实本身就意味着他对这个问题有了初步的认识，因此当学生对"樯橹"一词的解释提出质疑时，教师先让提问学生充分表达自己的看法，再稍作引导，颇有四两拨千斤之感，最后不忘对学生的探究精神提出肯定和鼓励，相信这样的课堂，不仅会激发这一个学生，更会激发更多的学生主动地参与到文学的探究和讨论中。一堂好的语文课，正像是一颗小小的种子，种下的精神与内涵，总会在恰当的时候悄然生长。

三、由表及里，悟读有广度

听过很多教师执教这首词，感觉普遍存在两个问题，要么是对文本的把握大而笼统，在学生还没有真正理解这首词的时候就把苏轼和经典的价值放大化；要么是问题多而碎，句句设问，且问题间没有紧密联系，缺乏整体感。本节课则不同。教师先是引导学生由点至面，诵读做线，以问促答，将这一首诗词读透读懂，打通学生古今之间的阻隔感；而后结合学生之前学习《赤壁赋》的阅读存储，于学生不知处或浅知处巧引资料，肯定学生的多元解读，让学生生成鲜活的思考和体验，真正触及苏轼思想的内核；最后又回到课堂之初的提问，"这首词是一'豪'到底的吗"，结合辛弃疾词风比较苏、辛的同中有异，从而让学生对豪放派词风有了更真切的理解，更让整个课堂首尾呼应，浑然天成。

总之，整节课以有温度的诵读促进了有深度的悟读，用以问促答的引导激发学生多元深入的解读，有回归语文原点的语言品味过程，有回归生活体验的情感熏陶过程，更有宕开一笔，从"这一篇"到"那一篇"，从"这一篇"到"这一类"的拓展阅读，可谓是一节值得回味与借鉴的语文课。

（马文科，特级教师，正高级教师。宁夏回族自治区首批"自治区骨干教师"，首届"塞上名师"工作室主持人，教育部领航名师。著有《"走心语文"的说法与做法》一书。）

课例 4

学习成人，君子贵其全

——《劝学》教学欣赏

（高中语文必修上册第 10 课）

教学设计

人学始知道，不学非自然

——《劝学》教学设计

一、教学理念

本文是高中语文统编教材必修上册第六单元"思辨性阅读与表达"的第一篇课文。本单元文本以议论为主，具有极强的思辨色彩，加之本单元的人文主题是"学习之道"，所以单元学习的首要目标是学习这些富有思辨色彩的古今中外文本，通过对"学习之道"的梳理、探究和反思，把握学习的价值、意义、原则和方法，形成正确的学习观，提高学习能力。

根据文本的特点，把握思辨类文本的观点与态度，理解作者思考问题的角度和说理的逻辑思路，感受思辨的力量，提高理性思维水平是更高一层次的单元学习目标。

本文是文言文，语言学习是文言文学习的基础，所以理解文言常用词语和句式，熟读课文，积累语言，是文本学习的第一层内容。学生在疏通文意、积累词语的同时，质疑问难，精读课文，发现问题，解决疑难，这是文本学习的第二层内容。

荀子的《劝学》属于先秦散文，以逻辑性强著称。《劝学》作为《荀子》的开篇之作，论述学习的价值，劝勉人们用端正的态度、正确的方法去学习。文章包含朴素的唯物主义思想，旁征博引，把深奥的道理与生活现象结合，运用比喻手法，说理形象易懂，脍炙人口，这是它的亮点一。亮点二是文章各段条理清晰，阐释问题透彻，句式整齐，表达严谨，彰显了逻辑的严密美。这是文本学习的第三层内容，也是学习重点。基于单元人文主题和文本特点，我们确定了该文本的学习目标。

此外，本文主要谈学习，当今时代提倡终身学习制，学习是提升自我、改变命运的重要途径，所以本文具有重要的现实意义。作为一名当代中学生能认同"学习有用论"，并从文章中学到正确的学习方法，古为今用，可谓真正体现了经典的价值。

本文阅读理解上难度不大，教学时充分利用预习纸，体现学情核心的教学理念。我们先让学生利用课下注释、工具书读懂课文，在疏通文意的前提下，总结自己认为重要的词汇和句式。这一预习要求对学生而言不难达到，难度在于，很多同学将本文和单元内其他文章作对比后，会粗浅地认为本文比较简单，没有可以质疑、探究的知识点。所以，在这一点上教师要做好引导，从句意理解与段落内容中学习多种论证方法，引领学生理解文本严谨的逻辑美，进而引导学生形成正确的学习观。

二、教学目标

1. 了解荀子及《荀子》的相关知识。

2. 准确、流畅地诵读课文，积累并掌握文中的文言知识。

3.体会并学习本文比喻论证、对比论证等方法，领略文本严谨的逻辑美。

4.培养学生质疑、探究的能力，形成正确的学习观。

三、教学过程

（一）说文解字，新课导入

"劝"的繁体字"勸"是形声字，凡是用"力"作形旁的字，多数有给人勉励的意思，如"励""努"等，这也是"劝"的本义。而在现代汉语中，"劝"解释为"劝阻"，词义已经转移了。作者在这篇以"劝学"为题目的文章中，勉励人们要坚持学习，只有这样才能增长知识，发展才能，培养高尚的品德。

（二）走近作者，背景简介

荀子（约前313—前238），名况，战国末期赵国人。时人尊称为"荀卿"，汉代著作因避汉宣帝刘询讳，写作"孙卿"。曾三次出任齐国稷下学宫祭酒，后为楚兰陵令。后来失官居家著书，死后葬于兰陵。韩非和李斯均是他的学生。他是先秦儒家的最后代表人物，继承了孔子学说，又能扬弃其消极成分，并批判吸收各学派的思想学说，成为先秦朴素唯物主义思想的代表人物。其散文说理透彻，气势雄浑，语言质朴，句法简练缜密，多排比，善比喻。

荀子是我国古代的思想家、教育家。他反对迷信天命鬼神，肯定自然规律是不以人们意志为转移的，并提出"制天命而用之"的人定胜天的思想。他强调教育和礼法的作用，主张治理天下既要靠"法治"，又要重视教化兼用"礼"治，强调"行"对于"知"的必要性和后天学习的重要性，认为后天环境和教育可以改变人的本性。

（三）疏通文意，整体感知

1.朗读课文，范读正音，落实重点词句意思。

教师备答（略）。

2.梳理文段内容，整体把握文意。

教师备答（这一项内容在学生预习作业中要求用思维导图展示）。

第一段：提出中心论点：学不可以已。

第二段：学习的意义——提高自己，改变自己。

第三段：学习的作用——弥补不足。

第四段：学习方法和态度——积累、坚持、专心。

（四）质疑问难，理解鉴赏

1.了解学情。

利用语文学科自习完成预习纸。学生自学课文，完成预习作业。

2.整合"质疑问难"的共性问题及教师备答。

文意理解类问题：

（1）"学不可以已中"的"已"在现代语中有没有相同用法？请举例。

（2）"以为"跟"自以为得之矣"（《石钟山记》）中的"以为"用法是否相同？

（3）"终日而思"和"跂而望"中的"而"怎么理解？

（4）"彰"的意思是什么？

教师备答（略）。

论证方法类问题：

（1）开头说："学不可以已"，下面接着有一连串的设喻，这些设喻是证明这个观点的吗？

教师备答：不是直接证明这个观点，而是用来证明结句"君子博学而日参省乎己，则知明而行无过矣"这个观点的。

（2）第二段中的设喻可分几组？

教师备答：分三组：①"青，取之于蓝……而寒于水"；②"木直中绳……輮使之然也"，③"故木受绳……则利"。

"青出于蓝"，不能认为它的意思是比喻学生超过老师。这是它作为成语后新产生的意思。本文中这个比喻和"冰寒于水"，说明事物经过一定的变化，可以提高。

"直木为轮"说明事物经过一定的变化，还可以改变原来的状态。这样，三个比喻分了两层意思。作者在这个基础上，用"故"归纳上文，又用了

"木受绳则直""金就砺则利"两个比喻作为事例，进而推论出人必须通过学习和参省才能达到"知明而行无过"的境地。后面两个比喻并列说明：肯下功夫，必见成效。它们是对后面推论的有力衬托。

小结：本段是从总论学习的重要性角度来论述中心论点的。

（3）第三段有哪些设喻？这些设喻各有什么作用？

教师备答：①"跂而望"不如"登高之博见"；②"登高而招"则"见者远"；③"顺风而呼"则"闻者彰"；④"假舆马"可"致千里"；⑤"假舟楫"可"绝江河"。

开头作者用"终日而思，不如须臾之所学"先来阐说，接着就用"跂而望""不如登高之博见"这个比喻，形象说明只有摆正"学"和"思"的关系才能使学习产生显著效果。为了把道理说得更透辟，作者顺势而下，连用"登高而招""顺风而呼""假舆马""假舟楫"四个比喻，从见、闻、陆、水等方面阐明了在实际生活中利用和借助外界条件所能起的重要作用，从而说明人借助学习，就能弥补自己的不足，取得更显著的成效。最后由此得出结论，君子所以能超越常人，并非先天素质与一般人有差异，而是完全靠后天善于学习。

作用：①喻属起句；②③④⑤喻属结句。起句和结句的关系："学"是前提条件，"善假于物"是结果——能利用自然可谓善，能创造可用之物，则是善之善者。①用来说明"终日而思"不如"须臾之所学"，强调学习的重要性。②承上句"登高"一语，做解释，说明"登高"的效果。③与"登高"一喻对举，说明"顺风"的效果。④⑤的作用亦与此相同。

小结：本段是从学习的重要作用角度来论述中心论点。

（4）第四段有哪些设喻？

教师备答：积土、积水、积善——从"积土""积水"推论到"人的积德"，正面论述积累的作用，说明学习上的成就是不断积累起来的。

跬步、小流——用"不积跬步""不积小流"两个比喻从反面说明如果不积累就不能达到远大目标。这是本段第一个层次，说明学习要积累。

骐骥、驽马、朽木、金石——正反对照：先用"骐骥""驽马"对比，说明主观条件的好坏，不是学习的决定因素，坚持不懈才是学好的关键；又用"锲而不舍""锲而舍之"对比，说明只有坚持不懈才会有所成就。这是本段第二个层次，说明积累的方法之一是要有恒心。

蚓、蟹——用蚓和蟹两个比喻正反对比，说明积累的方法之二是要专一。

小结：本段是从学习的方法和态度这个角度来论述中心论点的。

（5）比喻论证方法总结：

本文是阐述学习道理的议论文，通篇设喻，使所讲道理形象生动，深入浅出，既有说服力又有感染力。本文的设喻特点如下：

以日常生活中常见的事情或现象作为喻体。如说明"学不可以已"之理，作者用了人们生活中常见的靛青色提取、车轮制造以及水遇冷成冰等事例为喻加以说明，充分表达了"学不可以已"而必须有所造就的道理。这样化深奥为浅近，由感性到理性，令人心悦诚服。

设喻方式多样：①正面设喻，如"青出于蓝""冰寒于水""輮木为轮""金就砺则利"等从正面阐明学习的重要性。②正反设喻，如"蚓"和"蟹"、"骐骥"和"驽马"、"锲而舍之"和"锲而不舍"，通过正反对照把所要说明的道理说得更具体明白。③反复设喻，如"跂而望""登高而招""顺风而呼""假舆马""假舟楫"，连用几个不同的比喻，使读者加深对道理的理解。

设喻与说理结合紧密，形式十分灵活：①有的是将道理隐含于比喻之中，如"青出于蓝""冰寒于水"；"锲而舍之""锲而不舍"。②有的先设喻，后引出道理，如第二段，作者先连用五个比喻，后引出"善假于物也"的道理。③有的先设喻，引出道理后，再用另外的比喻进一步论证，如第三段第一层，作者先用"积土成山""积水成渊"设喻，引出"积善成德"的道理，再用"不积跬步""不积水流"两个比喻从反面进一步论证。

（6）写作特色总结：

论证方法灵活。全文先提出中心论点，然后分段论证。每段说明一个问题。第二、三段是先行论证，最后归结论点；第四段则把论点贯穿于论证之中。论证中有时先正后反，有时先反后正。全文论证灵活，富有变化，使论辩生动有力。

语言多用对偶，夹用排比。排比句使文章气势充沛，说理流畅。本文中排比句与大量对偶句穿插使用，使文章既整齐对仗、节奏和谐，又参差错落、变化流畅，反映了荀文议论透辟、笔势雄健的特点。

（五）布置作业，学以致用。

要求：仿照《劝学》的写作思路和论证方法，写一篇议论文，话题、论点不限。

学习成人，君子贵其全

——《劝学》课堂实录

一、说文解字，走进文本

师：上课，同学们好！请同学们来看一个繁体字（师板书"勸"字）。这是一个什么字？

生（齐）：劝。

师：对，同学们说得没错，这是"劝"的繁体字。它是形声字，凡是用"力"作形旁的字，多数有给人们勉励的意思，如"励""努"等。这是"劝"的本义，而在现代汉语中，"劝"解释为"劝阻"，词义已经转移了。作者在这篇以"劝学"为题目的文章中，勉励人们要坚持学习，只有这样才能增长知识，发展才能，培养高尚的品德。今天，我们一起走进荀子的《劝学》，看看荀子提倡怎样的学习观。

（师板书：勸、劝、劝学、荀子）

师：荀子（约前313—前238），名况，战国末期赵国人，思想家，教育家。他特别强调教育的作用。主张选贤任能，兼用礼、法、术治理国家。他的许多思想为法家所吸取。荀子具有朴素的唯物主义思想，认为"人定胜天"；在政治上，主张适时行政，兼用"礼""法""术"实行统治；提出性恶论，注重后天教育的作用。他是先秦儒家的最后代表人物。与孟子形成儒家的对立两派。韩非和李斯都是他的学生。《荀子》大部分是荀子所著，一小部分出于其弟子之手，现存20卷，32篇，内容涉及哲学、政治、治学、处世学术等。《荀子》说理透彻，气势浑厚，语言质朴，句法绵密，善用比喻。

师：老师布置了预习作业，其中一项是朗读课文，要求同学们熟读成诵，感受《劝学》语言上的特点。下面，我们来初读课文，检测一下大家的预习结果。哪位同学能开个先河？

（生举手）

师：好，请这位同学来读。要求落实老师一贯提倡的朗读三要求。

生：好的，老师。读准字音、读清句读、传情达意三个要求，让我来试试。

师：好，我们很期待。

（生读课文，读完，全班掌声响起）

师：请你来点评一下自己的朗读。

生：我觉得朗读三要求基本都做到了。我在预习朗读中，发现这篇文章的语言很有规律，多处运用了排比、比喻，读起来感觉很有气势，所以我刚才通过语调体现了一下。

师：大家确实能感受到你朗读的气势，读得不错。语言魅力的体现不单单通过语调表现，理解文意后，将自己的理解贯穿在朗读中，你的朗读会更加出色。

生：老师，我一定努力。等讲完课文，我申请再给大家朗读一次课文。

师：没问题！我们拭目以待你的更大进步。下面我们齐读课文，再次体会课文的语言魅力。

二、展示预习，整体感知

师：好，同学们，大家读得声音洪亮，字音准确，看来大家预习得很认真。下面我们走进课文，看看课文的写作思路是怎样的。我们先来分享大家预习作业中的结构思维导图。哪位同学来展示？

生：老师，我先来展示。（生走上讲台展示自己的思维导图，并开始阐释）我认为课文讲述的核心话题是"学习"，开头先明确作者对学习的态度，即提倡终身学习制。接着从为什么的角度阐释原因，即我们为什么要学习，作者说学习可以改变自己。最后作者谈怎么办，即学习的方法，作者说学习需要积累、坚持和专注。根据这样一个思路，我认为本文的思路是典型的议论文写作思路，即"是什么—为什么—怎么办"，思路清晰。

师： 大家觉得这位同学展示得如何？

（生频频点头，表示赞同）

师： 基本思路分析得很清楚，不错。如果结合文本内容，具体梳理思路，有补充的同学吗？

（生举手）

师： 好，这位同学来补充。

生： 老师，我来具体补充一下。（生展示思维导图）本文共四段：第一段亮出中心论点，也就是"学不可以已"。第二段谈学习的意义，学习能提升自己。第三段谈学习的作用，那就是弥补不足。第四段谈学习方法和态度，教我们如何学习。

师： 好，我们把两位同学的思维导图结合起来看，发现他们梳理得都正确，但是看问题的角度不同，前者从宏观着眼，后者从微观入手，这就启发我们看问题可以多角度，但是殊途同归。厘清了文章思路，下面我们来学习字词，疏通文意，从第一段开始，来解决大家预习中的疑难问题。

（PPT展示生质疑的问题）

三、质疑问难，研读文本

师： 有同学提问"学不可以已"中的"已"在现代语中有没有相同用法？请举例。要举出相同例子，首先要明确"已"的用法，"已"在这里的意思是"停止"，大家想想我们现代汉语中含有这一义项的词语都有哪些？

生： 不能自已。

师： 对，比如还有"奔腾不已"等。我们接着看下一个问题："木直中绳，輮以为轮"中的"以为"跟《石钟山记》中"自以为得之矣"的"以为"用法是否相同？哪位同学来答疑？

生： 我认为不同。"自以为"是自己认为的意思；而课文中的"以为"

是"以之为"的省略，可以翻译成"用它做成"。

师：完全正确。谈到省略句，请问"木受绳则直，金就砺则利"这两句省略的内容是什么？

生：（思考状）这个意思我懂，但是表达的话，我不会说。

师：嗯，已经意会，但不会言传。那老师来表达，省略的是"受绳而后锯之""就砺而磨"，这都是不言而喻的，所以是可以省略的。有同学问"终日而思"和"跂而望"中的"而"怎么理解？

生：我觉得是修饰关系。

生：不对，是承接。

师：判断一个虚词属于哪种用法，要看它们在句中的位置，也要看句子之间的特点。比如这两个句子属于"对举"，结构相同，"而"表示修饰关系。用现代汉语表述，依次为"整天地想"和"踮起脚向远处看"，前者加"地"，后者不加。我们看下一个问题："利足"，现代汉语中有这种结构吗？其实，我们现代汉语中也有这种构词方式，如"快手"。

生：快手APP？

（全班大笑）

师：此快手非彼快手。老师说的"快手"是做事情快的意思。正如"利足"就是跑得快的意思。看来，汉语博大精深啊！下面来看下一个问题："虽有槁暴，不复挺者"中的"虽"和下面两句话中哪一个"虽"字的用法相同？第一句"相如虽驽，独畏廉将军哉？"，第二句"虽大风浪不能鸣也"。这位同学在字词学习中有比较的习惯，这是一个好习惯，值得大家学习。哪位同学来温故知新一下？

生：第一句中的是"虽然"的意思，第二句中的是"即使"的意思。第一句与例句不同，第二句与例句相同。

师：很好。看下一个问题："彰"的意思是什么？这个问题可以查看课下注释，也可查阅《古代汉语常用字典》。"彰"是"明"的意思，从"彡"，从"章"，"章"亦声，光彩夺目之意。处理完字词问题，我们来赏析课文。我们首先来看第一段，这段话中哪些句子是表述作者观点的？

生：起句和结句。

师：开头说"学不可以已"，下面接着有一连串的设喻，这些设喻是证明这个观点的吗？

生：不是直接证明这个观点，而是用来证明结句"君子博学而日参省乎己，则知明而行无过矣"这个观点的。

师：既然如此，起句和结句所表述的观点又是怎样的关系呢？

生：后者用来证明前者，因为"博学而日参乎己"有"知明而行无过"的功效，所以"学不可以已"。

师：在"君子博学而日参省乎己"这句话中，哪些字眼表示了"不可以已"的意思？

生："博"是广博的意思，要"博"则"不可以已"。"日"是每天的意思，亦"不已"之意。

师：回答得很好，说明你读懂了课文。

师：这段话运用了比喻，大家看设喻可分几组？

生：分三组。第一组是"青，取之于蓝……而寒于水"；第二组是"木直中绳……鞣使之然也"；第三组"故木受绳……则利"。

师：这三组设喻从总体上看，都是为了论证"君子博学……行无过矣"这一论点的。既然如此，是否可以认为这是简单的重复？

生：不是，因为三者的角度不同。

师：它们的角度不同表现在什么地方？

生：第一组比喻人们经过学习，其思想、道德的境界高于学习之前，智力发达程度也高于学习之前。第二组用"鞣"来比喻学习可以改造人这一重大作用。第三组"受绳则直""就砺则利"照应下文"知明而行无过"；被省略的"锯""磨"二字，都表示持续的动作，又包含了"不可以已"的意思。

师：第一组是将前后不同的状态和性质加以对照，说明后者高于前者。第二组说明事物的状态、性质既经改变，则不会恢复到原来的状态、性质。第三组强调的是改造的结果，照应下文，可见这一组设喻是前两组设喻的总括，由此顺理成章地引出作者的观点。学习完了第一段，我们来齐声朗读一遍，体会一下课文的魅力。

（生齐读课文）

师：同学们读得很棒，比刚才朗读得有进步。下面我们来学习第二段。我们首先来看本段有哪些设喻，请同学们——列举出来。

生：我找到的有五组，第一组"跂而望"不如"登高之博见"；第二组"登高而招"则"见者远"；第三组"顺风而呼"则"闻者彰"；第四组"假舆马"可"致千里"；第五组"假舟楫"可"绝江河"。

师：那么这些设喻各有什么作用？

生：我觉得第一组是用来说明"终日而思"不如"须臾之所学"，强调学习的重要性。之后的我就不清楚了。

生：老师，我来补充。第二组承上句"登高"一语，作解释，说明"登高"的效果。第三组与"登高"一喻对举，说明"顺风"的效果。剩下的第四组、第五组就不清楚了。

师：对于第四组和第五组，有知道的同学吗？

生：老师，我觉得第四组、第五组作用与之前的作用一样，都在举例子说明学习的重要性。

师：回答得没错。那么结句中"善假于物"是指上文哪些语句说的？

生：我认为指的是"登高而招""顺风而呼""舟楫""舆马"。

师：它们是不是简单的重复？所假之物的性质是否相同？

生：不是简单的重复。第二、三组中所假之物"高（山）""风"，都是自然物；第四、五组中所假之物"舆马""舟楫"，是人的发明创造之物。

师：那么二、三组和四、五组之间有什么逻辑关系吗？

生：我觉得有，从自然到人类，层次从低到高。

师：也就是说第一组比喻属起句，后面的四组比喻属结句。那么起句和结句是怎样的关系？

生："学"是前提条件，"善假于物"是结果。能利用自然可谓善，能创造可用之物，则是善之善者。

师：对，能学习才能善假于物。（师板书）下面，我们来学习最后一段。各学习小组分享预习作业，整理一下本段的比喻句，讨论每组比喻的作用。

（小组开始分享讨论）

师：好，时间到。哪一组先来说说比喻的作用。

生：作者先用两个比喻，从"积土""积水"到"人的积德"，说明积累的重要性。

师：这两组比喻，属于正面论述还是反面论述？

生：正面论述。

师：从正面说明学习上的成就是不断积累起来的。还有哪组发言？

生：我们组认为"不积跬步""不积小流"两个比喻从反面说明积累的重要性，可以致远。

师：刚才两位同学找的比喻，是本段第一个层次，说明学习要积累。我们接着看下面的内容，看看又在阐释什么观点。

生：我觉得下面的内容说的是如何积累的问题。作者首先把"骐骥""驽马"作对比，说明先天优劣不是学习的决定因素，坚持才是关键；然后用"锲而不舍"和"锲而舍之"做对比，再次强调说坚持获得成功。

师：也就是说你谈到的两组比喻主要阐释坚持，这属于积累的方法。请问，这两组比喻内部运用了什么论证方法？

生：运用了对比论证。

师：很好。运用正反对比阐释"要做到积累就要坚持不懈"的观点，这是本段的第二层。我们接着看下面的内容，哪组来说说？

生：那我们组说的就是本段的最后一层了。作者用"蚓"和"蟹"两个比喻正反对比，说明做到积累还要专一。

师：很好。这确实是本段的最后一层。那么，思考一个问题，这三层之间是什么关系？

生：这个问题，我再想想，我推荐我们组其他同学来回答。

生：老师，我来补充发言。我觉得后面两层内容是第一层的补充说明，强调做到积累的两个保证。

师：也就是说本段分三层，是从学习的方法和态度这个角度来论述中心论点的。文章到这里就学习完了。大家回看全文，我们总结一下作者是从哪几个角度论述中心论点的？

生：本文第一段提出全文的中心论点"学不可以已"。下面三段围绕这个中心论点从三个不同角度进行论述：第二段写学习可以改变，弥补不足，让一个人变得完美，这是学习的作用；第三段写学习要有正确的方法，即积累和坚持；第四段写学习要有正确的态度，即专注。本文的论述正是上课前同学分享的思维导图，即议论文的规范结构：是什么—为什么—怎么办。

师：回答得很好。我们这节课相当于详细学习了同学的思维导图。刚才同学的发言谈到了议论文的写作思路，其实这篇课文的论证方法也是写作亮点。下面提问本课最后一个问题：学习完本文，你在议论文写作上有何收获？

生：我想说说比喻论证。本文的比喻论证设喻很有特点，以日常生活中常见的事情或现象作为喻体，把抽象的道理说得很形象，令人信服。

生：我最大的收获是对比论证和比喻论证的结合。作者从正反面分别设喻，既形象又有说服力。

生：既然大家都说论证方法，我说一下语言上的收获。本文的语言多处采用对偶和排比。文章气势充沛，说理流畅，增添了文采。

四、布置作业，学以致用

师：同学们总结得很到位。通过这节课的学习，大家会发现《劝学》是一篇看似简单却深藏智慧与技巧的文章，这也是经典的魅力所在。学习了《劝学》，想必同学们已经对正确的学习观心中有数了，学以致用才是智慧的学习者。今天我们布置一项作业，仿照《劝学》的写作思路和论证方法，写一篇议论文，话题、论点不限。期待大家的精彩文字。下课！

教学反思

引导学生再往文本深处走一走

——《劝学》教学反思

上完这节课，我回顾课堂，并将其与教学设计进行对比，对比之后，我更加感受到学情对于高效课堂教学的重要性。

先从教案设计说起，本节课是"学情核心"思想指导下的常态课。我和学生同时预习课文，学生按照惯例完成预习纸，我设计教案初稿。等收到学生的预习作业，我批阅后，将学生"质疑问难"环节中的问题一一分类整理，确定了这节课的最终教学设计稿，也就是前面大家看到的教学设计。比较初稿与二稿，初稿更侧重基础知识的积累和讲解，体现了详细、全面的特点，而二稿根据学生预习情况，删减了很多基础知识内容。

这个环节就说明，如果教师不了解真实学情，只是按照自己想象中的学情去备课教学，最容易出现的问题是我们在学生已经掌握的知识点上浪费时间，课堂拖沓而低效。这样的教学方式不单单是低效，在一定程度上也剥夺了学生主动学习的权利，没有体现学生在课堂中的主体地位。

预习纸，正是联结老师预设与学生课堂生成的桥梁。教师需要通过预习作业整体把握学情，并在"学情"基础上设计教学。教师先明白学生对一篇课本掌握了什么和没有掌握什么，然后站在"学什么"和"怎么学"的背景下去设计或规划"教什么"和"怎么教"的问题。如此备课才有的放矢，更加高效。比如教案中我整理的文言字词比较多，但是根据学生预习作业反馈，大部分他们都已经掌握，那我在课堂上就不再赘述，把更多的时间放在论证论点这一教学重点上。以学情为核心，就是以学生为主体，解决学生不会的问题就是高效课堂的主要任务。

那么，在"学情核心"课堂上，如何解决问题呢？回顾课堂实录，会发现我用PPT展示学生提出的问题，让学生自己来回答这些问题。学生个人能解决的问题就让学生自己解决；学生解决不了的问题，学生合作解决；学生合作解决不了的问题，师生合作解决。这节课上，我们解决了两类问题，一个是文言知识类的，另一个是论证类的。尤其是在论证上，我预设的是教学难点，但是学生互动氛围很好，能跟上老师的思维，层层推演，比喻论证很容易就被学生找了出来，而且语意理解也较为到位，那我就不在这个知识点上投注太多时间，顺势引导学生往文意内涵处走，理解诸多比喻之间的关系进而厘清全文论证思路。

回顾课堂实录，我发现在厘清文意内部逻辑关系上，学生稍稍遇到了难度，这一环节很考验老师的课堂驾驭能力。在这一环节，我思索颇多的是教师在课堂上的作用。当学生泛泛而谈时，教师如何用巧妙的一两句话引领学生深入思考；当学生思考陷入困境，教师如何拨开孩子眼中的迷雾，找到正确的思路。在"学情核心"课堂上，教师的作用更为重要。教师不能代替学生学习的角色，但也不能褪去教师本该承担的角色。如何做到恰到好处地发挥教师作用，是对教师新的挑战。本课是"学情核心"的常态课，实践依旧在路上，希望会带给学生更自主、自由的课堂。

善击乃有光

——尤立增老师《劝学》课评

新疆克拉玛依市第一中学　孙玉红

一、目中有人天自宽

"以生为本"的口号高呼者自不在少数，而能始终如一坚守者甚少。尤老师几十年来始终将学生放在心里，一直在坚持践行着"以学情为核心"的语文教学理念，在阅读教学和写作教学方面形成了自己风格鲜明的教育教学思想。在新课程新教材背景下，旧文如何守正且出新，焕发新的活力与生机，尤老师在《劝学》的教学里作了形象的诠释。

落实学生的核心素养不是空中楼阁，是需要教师在一节一节的课堂上慢慢落实的。而教学目标的设计便是打通学生与课程标准的那最关键的"一公里"。对《劝学》这一篇的学习定位，尤老师紧扣"学习之道"这一人文主题和"思辨性阅读与表达"这一单元学习目标，纵横交织，确定了文言文"文"的学习观和"思"的价值观。对文言文语言文字的积累永远是语文学习翻飞自如的第一步，核心素养的养成离不开语言的基础建构与逐步发展；而文本强大的逻辑美则成为提升学生思辨能力的源头活水。学习目标成为学生跳一跳就能摘到的那个最近的"桃子"，自然启发学生善思、勤学、体识、践行学习。这一行云流水般的设计是尤老师用行动坚持"以生为本"的最佳注脚，也是课堂上落实学科核心素养的一堂生动范本。

更难能可贵的是，在学生提前预习之后，教学目标又根据学生具体的情况进行再一次的修改。这样，综观《劝学》一节课，教学目标是由学生具体学情决定的，学习内容是由学生提前预习生成的，教学过程是由学生的问题主导的，问题的解决是由师生共同完成的。学生始终是课堂的主人，是整个学习活动的主动者，也是学习活动的最终受益者。"登山则情满于山，观海则意溢于海"，心怀学生天地自然洞开，"以学情为核心"的语文学习正是在一个一个的看似细微、实则用情处完成的，"将一件事反复做就做成了职业，将一件事认真做就做成了事业"！

二、心中有数常巧施

"每一节课都是公开课，随时欢迎大家推门听课！"这是尤老师在《尤立增讲语文》中给我印象最深的一句话。但是，尤老师的家常课极不寻常，看尤老师一个个课堂实录，总感觉他的课堂更像一片希望的沃土，他则像那个精心施肥、善搭瓜架的农夫。

小小预习纸，大大奇功用。预习纸是学生成长的垫子。每一位学生都是独特的，尤老师教学的第一步是认真批阅学生的预习纸，并对预习纸上同学们的质疑问难进行细致分类，以此明白学生学习的生长点在何处。预习纸是联结教师预设与学生课堂生成的桥梁，也是教师真实帮助学生成长的垫子。

循循然善诱人也，欲罢不能。《论语·子罕》中有一句："夫子循循然善诱人，博我以文，约我以礼，欲罢不能。"尤老师引领着学生梳理重点字词时，从"劝"的繁体字入手进行精确的解释；对"绝"从构字法角度的语意分析；对"爪牙"由中性到褒义再到贬义的词义感情色彩的变化史的讲解……犹如一幅文字发展浩瀚史的卷轴缓缓打开，让人欲罢不能，沉醉其中。

如果说对文字的深刻理解是尤老师自身深厚学养的体现，那么他高超的育人功力则体现在对《劝学》内部逻辑关系的巧点妙拨上。

在第一段的学习中，尤老师启发学生思考一连串的设喻是不是为了证明观点句；在得到学生否定回答后尤老师接着追问"起句"（学不可以已）与"结句"（君子博学而日参省乎己，则知明而行无过矣）的关系；在厘清两句之间证明与被证明的关系后，尤老师进一步启发学生思考结句与观点句之间语意内在的逻辑关系，学生们终于明白"博"与"日"都是"不已"诠释。

在第三段的学习中，尤老师组织同学们讨论分享比喻的作用，比喻论证的方式，比喻阐释的观点，比喻论证之间的方法对比……

整个课堂，仿佛尤老师撑着一支长篙，带着学生向青草更青处漫溯，满载着思辨的星辉，在思想的殿堂里纵情放歌，思辨教学的魅力在尤老师的巧点妙拨、层层烘托下达到思想盛宴的最高潮。

尤老师的《劝学》实录像一幅暖人的画面定格在人心上，阅读者如同亲临课堂一般，见证了课堂上教师与学生你问他答，你疑我惑，你促我说的多层次、多角度的师生、生生对话。教师作为帮助者，用自己丰厚的学识给学生搭建主动思考、质疑、自主学习的语文场，语文教师则像水平高超的设计师，化有痕为无痕，展示在生动鲜活即时生成的课堂场中，让生命与生命融合，让思想与思想交汇，让灵魂与灵魂共振。在孟郊《劝学》一诗中有这样一句："击石乃有火，不击元无烟。"尤老师巧点妙拨，善击深击，光亮乃成！

（孙玉红，新疆克拉玛依市第一中学课程与教学研究院院长、学部主任、副校长。特级教师、正高级教师，克拉玛依市首批"卓越教师工作室"主持人，教育部首批领航名师，曾获"全国课改优秀教师"称号。）

课例 5

师道既尊，学风自善

—— 《师说》教学欣赏

（高中语文必修上册第 10 课）

教学设计

博观而约取，厚积而薄发

—— 《师说》教学设计

一、教学理念

《师说》是高中语文统编版教材必修上册中第六单元的一篇自读课文，它与本单元的《劝学》都是学生升入高中后初次相识的文言文。

学生们刚刚升入高中，就要面对高中所学的篇幅较长、以说理为主的论说文，难免会产生畏难与抵触情绪。而统编版教材将本文安排在第六单元《劝学》的后面，并且处理成自读课文，我认为这样安排可能基于以下几点原因：一、文言字词、句式等知识经过初中积累，学生们应该有了一定的阅读理解能力；二、本册书第三单元的写作任务就是"学写文学短评"，本单元六篇课文均为论述性文章，学生对论说文的论证方法、结构方法以及写作都有了一定的积累。

以上两点，成为学生们自读的前提和基础。所以在教授本课时，我尽量指导学生自主学习这篇课文，帮助学生树立学好文言文的信心，让他们尝试主动学习文言文，掌握文言文学习方法的关键和规律。具体而言就是针对实际学情，我一方面要避免逐字逐句、照本宣科式的串讲，忽视学生的实际盲点，架空地强调重点和难点；另一方面，由于高一学生的学习习惯尚未完全养成，教师可以让学生充分提出问题，待将问题收集整理分类后，再让学生通过小组讨论的方式进行解答，实在解决不了的问题才由教师回答。这样做，既让课文的重点难点得到很好的体现，又给予了学生充分自主学习的空间，激发学生的学习兴趣。

与本课相应的单元教学要求是：以"学习之道"为核心，准确把握作者的观点和态度，关注作者思考问题的角度，学习他们有针对性地表达观点的方法；学会发现问题，从合适的角度以恰当的方式阐述自己的看法。本单元属于"思辨性阅读与表达"学习任务群。所谓"思辨"，就是作者要在不同层面上对同一个问题展开有条理的分析，通过抽象的思考、推理、论证，得出结论。而层次分明、条理清楚的分析和明白有力的说理是思辨能力的主要特征。《师说》一文就很好地展现出了思辨性特征。文章论述了从师学习的必要性和原则，表现出非凡的勇气和斗争精神，批判了当时社会上"耻于相师"的陋习，抨击了那些自恃门第高贵而不肯从师学习的士大夫阶层。为了达到使人信服的目的，文章必须有理有据才行。作者在开头就鲜明地亮出自己的观点，然后使用多种论证方法，结构严谨，行文流畅，是古代论说文的典范。针对单元教学要求，执教本文时，我在引导学生在熟读文章的基础上，努力把握文章的结构层次，进而体会其说理严密、逻辑性强的特点，并力求从课内迁移到课外，培养学生作文中的思辨能力。

韩愈提倡先秦两汉的古文，维护先秦儒家的思想，反对魏晋以来"饰其辞而遗其意"的骈文，反对当时特别盛行的佛老思想。他用古文来宣传他的主张，当时他年仅35岁，是"古文运动"的年轻领袖。就古文来说，他不仅自己刻苦努力，成就突出，更重要的是他不顾流俗的嘲笑，努力提倡自己的主张，特别表现在给青年们热情的鼓励和指示。《师说》是一篇具有进步意义和解放精神的文章，它打破了过去对于教师的传统看法，另立新意，提出"弟子不必不如师，师不必贤于弟子"的观点，可谓震古烁今。因此，我希望学生在积累文言知识的同时更能从文本中汲取精神力量，理解作者的观点，领会学习的重要性；特别是希望学生能够结合当今倡导的"终身学习""自主学习"等观念，理解古人有关学习的观点在当下的现实意义，联系自身实际，改进学习方法。

二、教学目标

根据新课标中对学生"具有初步文学鉴赏能力和阅读浅易文言文的能力"的要求及所教学生的实际情况，对于本课，我制定了以下教学目标：

1.借助注释和工具书，读懂古代思辨性作品；记诵和积累文言词汇，辨识单、双音节实词以及虚词的意义和用法；学习本文"破""立"结合的写作手法和正反对比的论证方法；掌握有关"说"的文体知识，背诵文章第一段。

2.通过预习提问、反复诵读、合作探究，培养学生良好的文言语感，鼓励学生独立"质疑"的探究能力和合作学习能力。

3.认识从师的重要意义，树立尊师重教的思想，培养谦虚好学的风气。

三、教学过程

（一）布置预习

此步骤在上课前一周进行，教师提前下发预习作业，要求学生在充分预习课文的基础上找出自己的"预习所得"，并在"质疑问难"部分提出自己发现的问题，教师针对学生提出的问题继续备课，学情是教师备课的重点。

（二）新课导入

孔子说："三人行，必有我师焉；择其善者而从之，其不善者而改之。"在中国，自古以来就有从师的风尚，但是在唐朝时，人们却以从师为耻。柳宗元《答韦中立论师道书》中说："今之世不闻有师；有辄哗笑之，以为狂人。独韩愈奋不顾流俗，犯笑侮，收召后学，作《师说》……"韩愈倡言师道，触犯流俗，勇气可嘉。

（三）作者及背景简介

1.作者简介。

韩愈（768—824），字退之，唐代文学家、哲学家、思想家，河南南阳（今河南孟州市）人。唐代"古文运动"的倡导者。

2.古文运动。

"古文运动"实际上是以复古为名的文风改革运动，倡导者是韩愈和柳宗元，他们所倡导的"古文"，即先秦、秦汉那种言之有物、生气勃勃的文体与文风，反对浮艳华美的骈文，恢复散句单行、自由朴实的秦汉散文艺术；主张文章要有充实内容，学习古文应"顺其意而不顺其辞""惟陈言之务去"，力求"文从字顺"。

3.写作背景。

在唐代的士大夫阶层中，普遍存在着从师"位卑则足羞，官盛则近谀"的心理。韩愈写《师说》的这一社会背景，可以从柳宗元《答韦中立论师道书》中的一段话看出："今之世不闻有师，有辄哗笑之，以为狂人。独韩愈奋不顾流俗，犯笑侮，收召后学，作《师说》，因抗颜而为师。世果群怪聚骂，指目牵引，而增与为言辞。愈以是得狂名，居长安，炊不暇熟，又挈挈而东，如是者数矣。"韩愈反对"士大夫之族"的这种错误观念，提出以"道"为师，"道"即师之所在，这在当时是具有进步意义的。

（四）诵读欣赏，整体感知

1.检查学生预习情况，请学生读课文，提出要求：读准字音，读清句读，把握节奏，能够初步地传情达意。

读出需着重强调的词语，读出文句的急切舒缓，注意读音和句读，如"其闻道也／亦先乎吾"；"师道之不传也／久矣！欲人之无惑也／难矣"；"夫庸知／其年之先后／生于吾乎"。

2.教师范读。

3.学生齐读。

（五）质疑问难，理解鉴赏

1.了解学情。

教师把学生预习作业中"质疑问难"部分的内容整合如下。

文章理解方面的问题：

（1）题目《师说》如何理解？是"老师要说"，还是"要说老师"？

（2）课下注释里提到韩愈是"唐宋八大家"之首，为什么把他排在这样的地位？

（3）课下注释里还提到了"古文运动"，老师能介绍一下吗？

（4）"单元提示"中说本单元课文都是议论文，那么本文的中心论点是什么？

（5）文章中反复提到的"道"具体指什么？

（6）很多资料介绍都说这篇文章是经典，本文究竟有什么特殊之处？

（7）感觉本文的思路较难把握，老师能帮我们理理思路吗？

字词理解方面的问题：

（略）

2.教师备答。

（1）"说"是古代用记叙、议论或说明等方式来阐述事理的文体。《文章辨体序说》："说者，释也，解释义理而以己意述之也。""说"可以是说明事理，也可以是发表议论或记叙事物，都是为了阐明一个道理，往往是借一件事情或一种现象来表述作者对某些事物或问题的见解，篇幅一般不长，跟现在的杂文大体相似。"说"的语言通常简洁明了，寓意深刻；写法较灵活，常常采用以小见大的手法，有时借讲寓言故事、状写事物等来说明事理，托物寓意，韩愈的《马说》《师说》都属于这种文体。既然"说"的古义为陈述和解说，那么对这类文体，就可按"解说……的道理"来理解。所以《师说》，即"说师"，意思是解说关于"从师"的道理。

（2）课下注释里提到韩愈是"唐宋八大家"之首，之所以把他排在这样的地位，是因为韩愈大力提倡"言之有物"的古文，强调学习先秦、两汉的文章，无论是在文学理论还是在创作实践上都有力地促成了"古文运动"的兴起、发展，并身体力行。而《师说》就是他这种主张的集中体现。

（3）《师说》是"文道合一"的古文佳作。作为"古文运动"的倡导者，《师说》充分体现了韩愈倡导的"文以载道，文道结合"的理论和主张。文字是为了承载道理思想，也就是优美的语言与深邃的思想相结合。

（4）作者论述了"从师学习"的必要性，认为"人非生而知之者""古之学者必有师"，明确指出了"从师学习"的重要性和必要性，这个观点是很具有积极进步意义的。

（5）本文中的"道"是典型的一词多义，"师道之不复"中的"道"是名词，风尚；"传道受业解惑""吾师道也"中的"道"都是道理，但从内涵来讲都是指儒家的思想。这虽然反映出韩愈思想中的局限性，但在当时的历史条件下，他提倡的"文以载道"的"道"只能是当时社会崇尚的思想体系——儒家思想，因为从西汉时期汉武帝接受董仲舒"罢黜百家，独尊儒术"的思想以后，儒家思想便成为中国封建社会的主流思想、正统思想。

（6）本文论点鲜明，结构严谨，正反对比，论证了"从师学习"的必要性和正确途径，并批判士大夫阶层耻于从师学习的恶劣习气。本文事实充分，说理透彻，有很强的针对性和说服力。（文本解读略）

（7）第一段直接明了地提出文章的中心论点："古之学者必有师"，并以教师的职能作用总论"从师"的重要性和"择师"的标准。第二段以感慨发端，批判不重师道的错误态度和耻于从师的不良风气，尽吐不平之气，也指明了文章的现实意义。第三段中，作者以孔子从师作为范例，指出古代圣人重视师道的事迹，进一步阐明"从师"的必要性和"以能者为师"的道理。第四段以李氏子蟠从师学习的事例，赞扬李蟠"不拘于时""能行古道"，并说明了写作本文的缘由。

（8）文言知识备答（略）。

（六）课外拓展，对比阅读

阅读下面韩愈的论说文《讳辩》，列出本文结构提纲，学有余力的同学可以在随笔本上写一篇不少于600字的读后感。

讳　辩

[唐]　韩愈

愈与李贺书，劝贺举进士。贺举进士有名，与贺争名者毁之曰："贺父名晋肃，贺不举进士为是，劝之举者为非。"听者不察也，和而唱之，同然一辞。皇甫湜曰："若不明白，子与贺且得罪。"愈曰："然。"

律曰："二名不偏讳。"释之者曰："谓若言'征'不称'在'，言'在'不称'征'是也。"律曰："不讳嫌名。"释之者曰："谓若'禹'与'雨'、'丘'与'蓲'之类是也。"今贺父名晋肃，贺举进士，为犯二名律乎？为犯嫌名律乎？父名晋肃，子不得举进士；若父名"仁"，子不得为人乎？

夫讳始于何时？作法制以教天下者，非周公、孔子欤？周公作诗不讳，孔子不偏讳二名，《春秋》不讥不讳嫌名。康王钊之孙，实为昭王。曾参之父名晳，曾子不讳"昔"。周之时有骐期，汉之时有杜度，此其子宜如何讳？将讳其嫌，遂讳其姓乎？将不讳其嫌者乎？汉讳武帝名"彻"为"通"，不闻又讳车辙之"辙"为某字也，讳吕后名"雉"为"野鸡"，不闻又讳治天下之"治"为某字也。今上章及诏，不闻讳"浒""势""秉""机"也。惟宦官宫妾，乃不敢言"谕"及"机"，以为触犯。士君子言语行事，宜何所法守也？今考之于经，质之于律，稽之以国家之典，贺举进士为可邪？为不可邪？

凡事父母，得如曾参，可以无讥矣。作人得如周公、孔子，亦可以止矣。今世之士，不务行曾参、周公、孔子之行，而讳亲之名，则务胜于曾参、周公、孔子，亦见其惑也。夫周公、孔子、曾参，卒不可胜。胜周公、孔子、曾参，乃比于宦者、宫妾，则是宦者、宫妾之孝于其亲，贤于周公、孔子、曾参者邪？

师道既尊，学风自善
——《师说》课堂实录

一、课堂导入，简介作者

师：我们常说中国是一个诗歌的国度，从先秦的《诗经》《离骚》、魏晋五言诗，到唐诗、宋词、元曲，仿佛这些就构成了中国文学的主旋律。实际上中国散文的发展也是一支非常重要的旋律。中国古代的散文发展大致经历了三个高峰，第一个发展的高峰是先秦时期，主要以史传散文和诸子散文为代表，大家知道史传散文有哪些吗？

生（抢答）：《战国策》《左传》《国语》……

师：那诸子散文呢？

生（抢答）：《孟子》《老子》《庄子》……

师：这是第一个发展高峰。然后到了秦汉时期，散文的风格发生了变化，汉代出现了骈体文，一直延续到隋代，到了唐代以韩愈、柳宗元为代表提倡"古文运动"，迎来了中国散文的第二个高峰——唐宋散文。所谓的"古文运动"，实际上就是以复古的名义兴起的一场文风改革运动，所以它不仅具有继承性，更具有创造性，对后世散文的创作影响非常大。到了明清时期又迎来了散文创作的第三个时期，出现了很多散文流派。哪位同学了解相关知识？

生：明代的公安派，代表人物是"三袁"——袁宏道、袁宗道、袁中道。

生：清代的桐城派，代表人物有方苞、刘大櫆、姚鼐等。

师：大家的文学常识积累很丰富。今天我们要学的是唐宋散文中的代表作品——韩愈的《师说》。

（师板书课题：师说）

二、诵读欣赏，整体感知

师：我们先看文章标题，学习古文时，很多文章都可以通过题目看出文体来，"说"，实际上表明本文的文体特征。类似的例子能举出几个吗？

生：比方说《过秦论》《六国论》《兰亭集序》《岳阳楼记》等，题目中的"论""序""记"都表明了文体。

师（肯定）：很多同学在预习作业中问到题目的含义，我们来了解下。"说"是一种议论文体，行文自由活泼。有的先叙后议，比如柳宗元的《捕蛇者说》；有的夹叙夹议，比如我们要学的《师说》。它跟"论"不太相同，"论"更正式，是一种非常规范的史论或者政论。而"说"比较自由活泼，可以解释成"解说……的道理"，这篇文章题目的意思就是"解说从师的道

理"。（板书）

这涉及关于从师的问题，唐代到底是怎样的一个从师风尚呢？千万别认为韩愈所生活的时代人们都不念书，实际上此文针砭的对象是士大夫阶层，因为从文中能看出他们把拜师当成一种耻辱，而韩愈主张拜师学习。根据大家课前查阅的资料，谁来介绍一下作者的情况？

生：韩愈，字退之，祖籍河北昌黎，世称韩昌黎，而《韩愈传》等资料认为：昌黎不是韩愈的老家，而是他的郡望。（生怯怯地问）老师，"郡望"是什么意思？

师："郡望"就是魏晋至隋唐时期每郡显贵的世族，也就是世居某地为当地所仰望。接着说。

生：韩愈25岁中进士，曾任监察御史、刑部侍郎、潮州刺史、国子博士、兵部侍郎、吏部侍郎等，他是唐代"古文运动"的倡导者，宋代苏轼评价他是"文起八代之衰"。

师：怎样理解"文起八代之衰"？

生：这个"衰"就是衰败，因为八代的文气文风都是衰败的，当时的创作过分注重形式之美而忽视了内容，而苏轼的话是说韩愈的散文振兴了八个朝代的文风的衰靡，高度评价了他。所以明人评他为"唐宋八大家"之首。

师：介绍得很详细。有几位同学在预习作业中问到"韩愈为什么是'唐宋八大家'之首"，这位同学正好为大家做出了解答。请问"唐宋八大家"都有谁？

生：唐代的韩愈、柳宗元，宋代的欧阳修、王安石、苏洵、苏轼、苏辙、曾巩。

师：因为有不少同学在预习作业中问到"古文运动"，希望老师再多介绍一些这方面的知识，所以我再补充一下。

（师出示幻灯片）

"古文运动"实际上是以复古为名的文风改革运动，倡导者是"韩柳"，他们的基本创作主张是"文以载道，文道结合"，这对后世的影响非常大。"文"就是语言文字，"以"是用来，"载"是承载，"道"是道理、思想。说得更具体一点就是文字是为了承载道理思想，也就是优美的语言与深邃的思想相结合。只是这个"道"在各个时期有不同的理解，韩愈的"道"指的是儒家的经典思想。韩愈主张学习先秦两汉时期"言之有物，言贵创新"的优秀散文，坚决抛弃那些只重形式不重内容的文风。他和柳宗元等人经过一番努力，终于把文体从六朝以来浮艳的文风中解放出来，奠定了唐朝实用文风的基础。

师：那么，这篇文章的现实针对性是什么呢？我们一起看课下注释。

生：这篇文章是韩愈写给他的徒弟李蟠的，论述了从师学习的重要性，批判了当时士大夫阶级耻于从师的陋习，表现出不顾世俗独抒己见的精神，这篇文章实际上有针砭时弊的作用。

师：解决了阅读背景问题，便于我们更好地把握文意。下面我给同学们读一遍课文，大家要注意两点：一是要听准读音，二是要听清句读。

（师范读）

师：好，自己朗读一遍。

（生自由朗读）

三、质疑问难，理解鉴赏

师：大家在预习作业中提出了不少问题，我们试着一起解决吧。

（师用投影出示自己分类整理过的学生问题）

1.文章理解方面的问题：

（1）题目《师说》如何理解？是"老师要说"，还是"要说老师"？

（2）课下注释里提到韩愈是"唐宋八大家"之首，为什么把他排在这样的地位？

（3）注释里还提到了"古文运动"，老师能介绍一下吗？韩愈提倡写古文，那么他反对写什么文章？

（4）"单元提示"中说本单元课文都是议论文，那么本文的中心论点是什么？

（5）文章中反复提到的"道"具体指什么？

（6）很多介绍都说这篇文章是经典，本文究竟有什么特殊之处？

（7）感觉本文的思路较难把握，老师能帮我们理理思路吗？

2.字词理解方面的问题：

第一段：

（1）"师者，所以传道受业解惑也"中的"所以"怎样理解？

（2）"吾从而师之"中的"师"怎样理解？是意动用法吗？

（3）"夫庸知其年之先后生于吾乎"中的"庸"怎样理解？

（4）"惑而不从师"中的"惑"是不是形容词做动词？

（5）"古之学者"中的"学者"是不是古今异义？

第二段：

（1）"师道之不传也久矣，欲人之无惑也难矣"中的"之"是取消句子独立性吗？

（2）"今之众人"中的"众人"怎样理解？

（3）"圣人之所以为圣，愚人之所以为愚"中第二个"圣"和"愚"该怎样理解？他们是名词还是形容词？

（4）"句读之不知，惑之不解"这句话是宾语前置吗？怎样理解？

（5）"或师焉，或不焉"这句话该怎样理解？

（6）"小学而大遗"这句话该怎样理解？注释中提到的"小的方面"和"大的方面"分别指什么？

（7）"爱其子，择师而教之"是不是省略句？省略了主语吗？

（8）"不耻相师"中的"耻"怎样理解？"君子不齿"中的"齿"又该怎样理解？二者的用法一样吗？

（9）"位卑则足羞，官盛则近谀"这句话怎样理解？

第三、四段：

（1）"圣人无常师"中的"常"怎样理解？

（2）"孔子师郯子"中的"师"是意动用法吗？

（3）"是故弟子不必不如师"中的"不必"怎样理解？

（4）"六艺经传皆通习之"中的"传"怎样理解？

（5）"不拘于时"的句式有什么特殊之处？

四、合作学习，纵深探究

师：大家提出的带有共性的问题，有一部分我们刚才已经解决了，但是还有很多问题有待解决。现在请大家以学习小组为单位，分组讨论这些问题。我相信同学们完全有能力去解决这些疑难！我们先讨论大家在字词理解方面的问题。

（生分组讨论，不时做着笔记，师巡视了解各组讨论情况并适时参与各组讨论）

师：哪位同学来展示一下你们组的讨论成果？

（生以组为单位，选派代表发言）

生：第一段中"所以"应该理解为"用来……"，这个句子可以翻译成"老师是用来传授道理、教授学业、解决疑惑的人"。

师：对。"所以"是文言文中常见的双音节虚词，它的用法有两个：一个是表原因的，解释成"……的原因"，哪位同学能举出一个学过的例子？

生："亲贤臣，远小人，此先汉所以兴隆也"，翻译成"亲近贤臣，远离小人，这是先汉兴盛的原因"。

师：第二种用法是表凭借，翻译成"用来……"。另外，这个句子是比较标准的判断句，"者"表停顿，"也"表判断。大家继续展示。

生："吾从而师之"的"师"按课下注释应该翻译成"以之为师"，我们组认为是意动用法。

师：好，请坐，大家都同意他们组的看法吗？

（生争论）

师：意动用法的"意"是主观上认为。但这句中的"师"更强调动词性，更强调拜师的这种行为，应是名词用作动词，整句话解释为"我跟随着他并且拜他为师"更为妥帖。因此我们不把它理解成意动用法。

生：老师，第三段"孔子师郯子"中的"师"与这个"师"字的用法是不是一样？

师：一样，都理解成"拜……为师"。继续。

生："惑而不从师"中的"惑"翻译成"有了疑惑"，应该是形容词用作动词。

　　师：对，"惑"的本意是疑惑，迷惑，在这里用作动词。

　　生："夫庸知其年之先后生于吾乎"中的"庸"可以翻译成"哪里"或者"难道"，我们组很想直译这句话，但直译之后又觉得别扭。

　　师：你们怎么翻译的？

　　生："我哪里管他的年龄比我出生得早还是比我出生得晚呢？"这样翻译很别扭，年龄怎么能生得早或生得晚呢？

　　师：这句话在整个文段中是最难理解的一个句子。"夫"是发语词，用在句首；"庸……乎"是一个固定结构，表反问语气；再看"其年之先后生于吾"，"先后生于吾"应该一起读，即两种情况：比我生得早，比我生得晚。这是直译。直译不通的时候就得意译了，也就是"我哪里管他比我大还是比我小呢？"所以在翻译的时候要将直译与意译结合起来。

　　生："古之学者"中的"学者"和现代汉语的意思不一样，在本文中泛指求学的人，而在现代汉语中是指在某一个领域、某一个行业有建树的人，我们组认为这是比较典型的古今异义。

　　师：大家说得很好！从内容上看第一段主要写教师的职责是什么？

　　生（齐）：传道授业解惑。

　　师：第一段还强调了从师的原则，特别是这种"无贵无贱无长无少""道之所存师之所存"的观点在当今仍具有进步性。下面大家一起朗读一遍第一段。

　　（生朗读第一段）

　　师：第二段中，作者针对现实提出问题，针砭现实。如果说这篇文章可以给我们提供借鉴的话，那就是写文章要有现实针对性，而不是一味地拿古人说事。我们还是先扫清理解障碍，各组继续展示你们对第二段中字义问题的理解吧。

　　生：第一句"师道之不传也久矣！欲人之无惑也难矣"中的两个"之"都应该是取独。

　　师：对。"师道"在第一段里是"学习道理"，而这里是"从师的风尚"，两个"之"字都是取独的标志，从结构来划分都应该在"也"后停顿，主语分别是"师道不传""欲人无惑"，谓语分别是"久""难"。继续。

生："圣人之所以为圣，愚人之所以为愚"中的第二个"圣"应该解释成"圣人"，第二个"愚"应该理解成"愚蠢的人"，这两个字都是名词。

师：为什么呢？

生：因为前面有一个"为"。翻译过来就是"圣人成为圣人的原因，愚蠢的人成为愚蠢的人的原因"，所以这个"圣"和"愚"都是形容词用作名词，解释成圣人和愚蠢的人。

师：很好！继续展示。

生："句读之不知，惑之不解"应该是宾语前置句。"句读之不知，惑之不解"就是"不知句读，不解惑"。其中"之"字是宾语前置的标志，作用就是提宾。

师：回答正确。类似的句子还有很多，比如《史记·李将军列传》中有一句话："其李将军之谓也"，这个"之"字就是宾语前置的标志。整句可翻译为"大概说的就是李将军"。我想追问一下："句读之不知，惑之不解"这句话针对的对象一样吗？

生：不一样。

师：不知句读的是谁？

生（抢答）：那些童子。

师：也就是那些小孩子。小孩子不解句读，而大人不解惑。千万不要理解成当时就没有老师，人们都认为拜师是耻辱的事情。实际上这个"师"指的是在解读儒家经典著作，进行更深入探讨的时候肯定有疑惑，有疑惑就得拜师啊，所以针对的对象是士大夫之族。而作者要证明他们不拜师是错误的，所以举了他们给孩子找老师的例子。比方说就某一个士大夫而言，他一定会请老师教他的孩子，但这个老师是干什么的呢？

生："授之书而习其句读者"。

师：教给孩子读书、认字、书写，这些都是学习最基础的东西。"非吾所谓传其道解其惑者也"，并不是我说的传道授业解惑的那类老师。也就是说士大夫之族在学习儒家经典时应该拜师。

生（追问）：那"或师焉，或不焉"怎么解释？

师：与上一个问题的前两句形成照应：句读不知，师焉；惑不解，否焉。"句读之不知"针对的是那些童子而言的，"惑之不解"针对的是士大夫而言的。所以这几句话针对的对象并不相同。

生：我知道了，下面那句"小学而大遗"就应该理解为"小的方面学到了，大的方面放弃了"。

师："小的方面"指什么？

生（七嘴八舌）：句读、书写、认字。

师："大的方面"指的是什么？

生：授业解惑等大的方面。

师：对。全句应该这么理解："句读之不知，或师焉，小学；惑之不解，或否焉，大遗"，是这么一种对应关系，实际上是一种对比：士大夫在拜师问题上对待孩子和要求自己不同。大家继续展示。

生："爱其子，择师而教之"是省略句，前面省略了主语。

师：指的是哪些人？

生：那些"耻师"的士大夫。

生："巫医乐师百工之人不耻相师"中的"耻"应该解释为"以拜师为耻"。

师：对。翻译成"以……为……"时有两种情况，一种是名词用作动词，一种是意动用法，这里是哪种？

生：意动。

师：为什么呢？

生：强调的是主观认为。

师：对，这句话的意思是"不认为拜师是耻辱的事"，实际上拜师耻辱吗？这是他的主观看法。那么"君子不齿"中的"齿"的本义是什么？

生：牙齿。

师：现代汉语中"牙齿"是泛指，古代汉语中"牙"和"齿"是不同的，"牙"是指后槽牙，"齿"指的是前面的整齐排列着的牙，这里引申作"并列排列"。什么叫作"不齿"呢？牙齿一个挨着一个是地位平等的，君子不愿意自己跟他们像牙齿一样一个一个排列在同等的位置。课本中解释成"看不起"也是正确的，就是不想跟他们相提并论。所以在学习时知其然还要知其所以然。大家继续。

生："今之众人"中的"众人"是典型的古今异义，文中是"一般人、普通人"，现代汉语中是"大部分人，一群人，一伙人"。

师：很好，继续。

生："位卑则足羞，官盛则近谀"，这句话理解为"以比自己地位低的人为师就值得羞耻，以比自己地位高的人为师则近于谄媚了"。

师：大家说得都不错。第二段，作者针对现实提出问题，正所谓"文章合为时而著"，大家朗读一遍第二段。

（生齐读）

师：同学们通过小组合作学习，已经解决了不少问题，接下来我们看最后两段。请各组继续展示你们的讨论成果。

生："常"的意思是"固定的"。

师：对，"常"在现代汉语中是"经常"的意思，古今意思也不一样。

生："不必"解释为"不一定"。

师：现代汉语的"不必"是什么意思？

生：不必要。古今异义。

师："闻道有先后"中的"闻道"指懂得道理，"术业有专攻"中的"术业"指学问、技艺，"专攻"指专门的研究。这句话非常精彩，学生不一定不如老师，老师也不一定比弟子有才能，因为"闻道有先后，术业有专攻"。在一千多年后的今天这种为师观仍然具有进步意义。理解这句话的内涵，对现在从事教育的人都很有益处。如果弟子不如师还谈什么进步啊！学生最后比老师强是一种必然。最后一段写的是什么？

生（举手）：最后一段交代了韩愈写《师说》的目的。

师："好古文"，"古文"是古今异义，在现代汉语中"古文"指的是文言文，而在本文中，"古文"是跟"骈文"相对的（板书），实际上就是指先秦时期诸子百家的散文、史传散文。"六艺"呢？

生："六艺"是指儒家的经典著作，经，就是儒家经典；传，解释经书的著作。老师，解释经书的著作有哪些？

师：比如《左传》。《左传》的全称是什么？

生（抢答）：《春秋左氏传》。

师：《春秋》是一部经书，《左传》就意味着左丘明为《春秋》所作的解释，这就是"传"的本义。继续。

生："不拘于时"是被动句，翻译成"不被当时的时俗拘束"。

师：很好。同学们在预习作业中提出的字词方面的问题我们都解决了，大家互取所长，互补所短，学习起来效率更高。接下来我们一起解决大家在文章理解方面的问题。还记得"师说"题目的含义是什么吗？

生：解说关于从师的道理。

师：既然是解说从师的道理，那么本文从文体划分的角度看应该属于什么样的文章？

生：议论文。

师：既然是议论文那就涉及文章的基本观点的问题。观照全文，第几段提出中心论点？按常理来看一般在哪里？

生：第一段。

师：我们写的议论文往往在第一段就鲜明地提出论点来，最后一段是结论。那么，本文的中心论点到底是哪一句呢？

生："是故无贵无贱，无长无少，道之所存，师之所存也"。

师：学术界对这篇文章的中心论点有很多争论，绝大多数人认为是这一句，这是一篇古代议论文，韩愈在写文章时是否学过我们现在所学的议论文的技法？

生：没有。

师：那么，对本文的中心论点，大家有不同见解吗？

（生议论，各抒己见）

生："古之学者必有师"。

师：为什么是这一句呢？

生：直接翻译这句话是"古代的求学的人一定会有老师"。在疏通文意的时候我们知道了这篇文章具有现实的针对性，特别是第二段，主要是针对士大夫阶层耻于相师的社会现实展开的……

师：既然有这么强的现实针对性，怎么会把"古代的学者一定会有老师"作为全文中心论点呢？

生：您的理解是按照我们平时写作议论文的思路来思考的，实际上这句话暗含的信息是自古以来求学的人都有老师，自古以来都是，第二段他举了古之圣人，第三段提到了孔子的例子，引用了孔子的话来论证，在第四段又提到了"余嘉其能行古道"。这个"古"要理解成"自古以来"，为什么这句话作为全文的中心论点？因为这句话暗含的意思是"老师在人求学过程中的重要性"。第二段仍然是针对士大夫耻于相师的恶习，实际上批判是为了建设。第二段韩愈看似批判现实，实际暗含一种建设的因素——呼吁士大夫阶层恢复古人的从师风尚！所以第一段的第一句话应作为中心论点。

（众生鼓掌）

师：说得很好，有理有据。我们不妨把第一段一句一句理解，看看作者说理的逻辑关系。"师者，所以传道受业解惑也"是在写什么？

生：老师的作用职责。（师板书）

师：在过去，人们把教师列于"天地君亲"之后，放在非常高的地位，当然，历史的发展中老师的命运也在不断地变化着。一般认为老师就是教人读书认字的一个职业，韩愈的贡献在于将老师的职责界定为"传道受业解惑"，拓宽了老师的职责范围，"传道"传授的是儒家的思想，"授业"教授的是儒家的经典，"解惑"解答的是求学的人在学习中遇到的困惑。"人非生而知之者，孰能无惑？惑而不从师，其为惑也，终不解矣"，这句话强调的是什么？

生：不从师的危害。

师：这是从反面说，如果从正面说呢？

生： 从师的意义，从师的必要性。（师板书）

师： "生乎吾前，其闻道也固先乎吾，吾从而师之；生乎吾后，其闻道也亦先乎吾，吾从而师之。吾师道也，夫庸知其年之先后生于吾乎"，这是在说什么？

生： 从师的原则。（师板书）

师： "是故无贵无贱，无长无少，道之所存，师之所存也"，这句话强调的是什么？

生： 从师的标准。（师板书）

师： 第一段作者究竟是怎样展开思路进行论证的？

生（思考后举手）：先提出中心论点，然后点明他所理解的老师的含义和职责、从师的必要性、从师的原则、从师的标准，一点点把思路展开，按一定的逻辑顺序说理。

师： 好的，再看第二段，写的是什么？还是纯粹的说理吗？

生： 不是。

师： 是什么？

生： 是针对社会上的现实情况。

师： 针对现实来提出自己的见解，是什么见解啊？

生： 从师学习的重要性。

师： 围绕的核心还是从师的必要性。（板书）这就出现一个问题，第二段主要是说士大夫耻于从师的现实，怎么就成了论证从师的必要性了呢？

生： 是反方向论证。

师： 也就是反面论证，那如何从反方向论述的？筛选一下第二段中提到的不从师的危害的句子。

生： "圣益圣，愚益愚"。

师： 愚益愚，本来就不够聪明，还不从师，就更不聪明了。这是危害一。

生： "小学而大遗"。

师： 小的方面学到了，大的方面却丢掉了，知道读书认字了，但人生的困惑仍然没有解决，"吾未见其明也"。很显然他不是一个聪明人。那么第三个危害呢？

生："君子不耻，今其智乃反不能及"。

师：作者高度概括出不从师带来的三个方面的后果。既然不从师会有这样的后果，暗含的就是必须从师才能使自己变得圣明起来，这是从反面论证从师的必要性。作者运用了哪种论证方法？

生：对比论证。

师：很好，对比论证，看看有几层对比？

生：圣人和愚人。

师：第一个是古之圣人和今之众人（板书），那么古代的圣人和今天的众人在对待从师的态度上有什么不同呢？

生：古之圣人从师而问焉；今之众人耻学于师。

师：古代的圣人比众人已经高出那么多了，还从师而问焉；现在的众人，比圣人差多了，却耻学于师；最后有什么结果？

生："圣益圣，愚益愚"。

师：做人的差距会越来越大，这是第一层的对比。第二层呢？

生：士大夫之族于其子和于其身。（师板书）

师：同样是一个人，对待自己和对待他的孩子完全是两个标准，看看具体表现。

生：爱其子，择师而教之。

师：希望他的孩子读书认字，那于其身呢？

生：则耻师焉。

师：结果呢？

生：小学而大遗。

师：小的方面得到了，大的方面却丢掉了，形成一种对比，包括对比的对象、对比的内容、对比的结果。第三层的对比是什么？

生：巫医乐师百工之人和士大夫之族。（师板书）

师：先看巫医乐师百工之人有什么表现？

生：不耻相师。

师：士大夫之族呢？

生：士大夫之族曰"师"曰"弟子"云者，则群聚而笑之。问之，则曰：彼与彼年相若也，道相似也，位卑则足羞，官盛则近谀。

师：结果呢？

生："今其智乃反不能及"。

师：这是从三个方面形成对比，论证从师学习的必要性。不过既然是说明道理，有一处对比不就行了吗，为什么要用三个？

生：在写议论文时要选择例子来证明自己的观点，一个例子可以证明自己的观点，两个、三个，更多的例子也都能证明观点，但如果你举了三个例子都是从同一个角度来论证观点，力度就弱化了。

师：怎样克服这种问题？

生：从不同的角度举例子。

师：很好，所以作者用了三组对比，今之众人和古之圣人对比，这有水平高低的问题，第一个层次是跟古人比，是跟古人中的圣人比。第二个对比，于其子和于其身，这是跟关系最亲密的身边的人比。第三层是用师跟巫医乐师百工比，也就是跟地位不如自己的人比。所以这三个角度分别是跟比自己高的、身边最亲近的和比自己地位低的人作对比，如果只举一个例子，那论证的力度就小了。再者从论证的层次、方向来看也不同，古之圣人和今之众人是从什么方向比的？

生：时间角度。

师：从时间的纵向来比。跟对待他的孩子的态度呢？

生：横向。

师：百工之人呢？

生：横向。

师：所以就相当于一个是纵向的，两个是横向的，这就是作者为什么要选择三组对比的原因。给我们带来什么启示？

生：我们写文章，选择例子或者对比的时候，不要从同一个方向选择，应该多角度考虑。

师：好，现在看第三段，用了什么论证方法？

生：例证和引证。

师：很好。他为什么用孔子的例子呢？

生：因为孔子是古之圣人，用他跟今之众人比，也照应了前文。

师：给我们的启示就是如何选取典型的例子来证明自己的观点。什么叫典型的例子？比如说我们证明"身残志坚"的观点，你可以举张海迪、桑兰、海伦·凯勒的例子，也可以举你小学同学的例子，从证明论点的角度来看都可以证明，但哪一个更典型？

生：名人的例子。

师：为什么？

生：因为更具有代表性，有说服力。

师：再看孔子的例子。几千年来孔子被称为孔圣人，中国封建社会所尊崇的思想体系就是他的儒家思想，所以举他的例子更具有说服力。同时举孔子的例子既照应第二段的"古之圣人"和"今之众人"，也照应了第四段中的"余嘉其能行古道"，这里的"古道"是古人从师的风尚，孔子就是其中的一个代表，所以更有说服力。第三段从内容上来看，最关键的句子是哪句？

生："是故弟子不必不如师，师不必贤于弟子。闻道有先后，术业有专攻，如是而已"。

师：这句话后世引用得特别多，为什么呢？因为它阐发的是一种新型的师生关系，这是这篇文章的又一大进步意义。第一段的"传道受业解惑"，对老师职责作用的界定具有独创性，"无贵无贱，无长无少，道之所存，师之所存也"从从师的原则、标准、角度批判了当时的门第观念，强调了从师的普遍意义。哪位同学联系现实谈谈自己的看法？

生：我们在学习某方面的知识时遇到困难，完全可以向其他同学学习。生活处处皆学问，那么，生活处处有老师。我认为向他人学习是一种宽广的胸怀，是理性的态度。即使你不喜欢对方，但他身上有值得你学的地方，你就应该向他学习。

师：说得好。最后一段交代写作的缘起，作者为什么要称赞李蟠？

生：余嘉其能行古道。

师："李氏子蟠，年十七，好古文"，和"古文"相对的是什么？

生：骈文。

师：那就证明他不喜欢骈文，喜欢古文，这和韩愈提出的主张相同。从这个角度来讲，李蟠就是他"古文运动"的一个强有力的支持者，是他的创作主张的切实的实践者。这是第一点。"六艺经传皆通习之"，儒家的各种经书和为经书作解释的书都学习了，从这个角度来说，李蟠就是一个勤奋好学的人。这是第二点。"不拘于时，学于余"，当时世俗的风气是什么？

生：从从师的角度来说——耻学于师。

师：当士大夫都耻学于师的时候，李蟠却不顾流俗的谴责，拜我为师，是不是跟作者在文章中所倡导的从师原则相一致呢？

生：是。

师：所以"余嘉其能行古道，作《师说》以贻之"。最后一段看似只是补充内容，其实跟全文的观点是一致的，如说他"不拘于时"跟哪一段相照应？

生：第二段。

师：对，第二段说当时士大夫阶层耻学于师的不良风气。"余嘉其能行古道"照应的是哪一段？

生：第三段。就是所举的孔子的例子。

生（面露迷惑之色，举手提问）：老师，我刚开始预习这篇文章时，除了文字上的个别障碍外，感觉没有太多问题，但学过之后，才感觉这篇文章值得挖掘的东西太多了。现在基本学完这篇文章，我反倒有一些困惑了。

师：这再正常不过了。若干年后，你再读这篇文章，肯定还有收获，也还有疑问，这是另一个角度的"学然后知困"！好的，有什么问题，问吧！

生：这篇文章好多处都提到了"道"，这个"道"到底指什么？为什么他这篇文章中老是强调儒家思想，是不是也有他狭隘的一面？因为儒家的经典也有很多落后的，不能一概而论，有些太片面了。

师： 先看第一个问题，就是对"道"的理解，好几位同学在预习作业中都问到了。这篇课文中的"道"是典型的一词多义，"师道之不复"中的"道"是名词，风尚；"传道受业解惑""吾师道也"中的"道"都是道理，但从内涵来讲都是指儒家的思想。这就引出了刚才同学提出的第二个问题，是不是这就反映出他思想的局限性了？我并不否认这点，但在当时的历史条件下他提倡的"文以载道"的"道"就是当时社会崇尚的思想体系——儒家思想。从西汉时期汉武帝接受了董仲舒"罢黜百家，独尊儒术"的思想以后，儒家思想便成为中国封建社会的主流思想、正统思想。韩愈与他之前的陶渊明不同，陶渊明是先儒后道；与他之后的苏轼也不同，苏轼思想受儒、道、佛的影响，呈现复杂性。但在韩愈只有儒家思想，如果我们站在历史发展的高度看，他的思想具有局限性。因为儒家思想中有精华，也有糟粕，继承精华是正确的，但对存天理、灭人欲的封建礼教我们必须批判。例如他把"士大夫之族"在从师问题上的见识不如"巫医乐师百工之人"看成反常，暴露了轻视劳动人民的封建统治阶级的偏见。但如果你苛求一千多年前的一个封建士大夫的思想境界达到我们的认识水平或政治觉悟，那是不现实的。读一篇文章我们强调"知人论世"，了解当时的社会背景，韩愈在《师说》这篇文章中的独特见解，对后世的影响很大，所以我们在看待问题时要站在历史的高度上，既要看到先进性也要看到局限性。本文的先进性有哪些呢？

（师示意生可以畅所欲言，发表自己的见解）

生（举手抢答）：对老师重新定义，提升了教师职业的境界，拓宽了教师职责的范围，不仅仅再局限于"授之书习其句读"的浅层次了。

生（举手抢答）：针对上层"士大夫之族"的门第观念，明确提出"无贵无贱，无长无少，道之所存，师之所存也"的全新的从师之道的观念：从师即是学道，唯"道"是问，凡是闻道者无论贵贱长幼都可为师。这是石破天惊的新观念，开拓了为师者的广阔领域。

生（举手抢答）：树立了一种新型的师生观：在"道之所存，师之所存"的观点指导下，从"闻道有先后，术业有专攻"的客观事实出发，推论出

"弟子不必不如师，师不必贤于弟子"的崭新观点，说明师生关系是相对的，教与学是可以相长的，闪耀着朴素的辩证唯物论的思想光辉。

五、读写结合，作业反馈

师（总结）：《师说》被称作"千古美文"，因为它是"古文运动"的一篇标志性的文章，他提倡恢复古代的那种言之有物的文章，这篇文章就是一个代表。课下自读韩愈的《讳辩》，与《师说》进行比较阅读。

教学反思

学然后知不足，教然后知困

——《师说》教学反思

文言文怎样教，几乎是个常说常新的问题。文言文教学容易出现两种倾向：一是照本宣科式的串讲，因为高考命题形式的制约，绝大部分教师选择了这一种做法，认为只有这样做，才能把文言文教学落到实处；二是忽视知识积累的架空"赏析"，学生连最基本的阅读障碍都没有扫清，就针对文中的某个问题进行讨论、研究、引申，看似十分热闹，但基本问题都没有解决，这种倾向在各级各类的比赛课、公开课、观摩课中表现得尤为突出。如何寻找"文"与"言"之间的结合点，这是许多教师感觉困惑的问题。教了多年的书，我自己仍然有这种困惑，虽然也进行了一些尝试，但还是不能让自己满意。但总体上看，我认为文言文教学还是分为两大环节比较合适，第一环节是扫清阅读障碍，积累文言知识，这样做，说白了就是先把一篇文言文疏通为一篇现代文；第二个环节才是解决文章思路、结构、情感、主旨、手法等问题，如果缺少了第一环节，第二环节便会成为"空中楼阁"。

《师说》这篇课文，我教过好几遍，如何突破过去的模式，能给人耳目一新之感，这是我在备课时重点考虑的问题。经过思考，我确定了"既重视文言知识的积累，又重视论证方法的鉴赏"的基本原则。

首先，我重新定位了师生角色。传统的文言文教学，要么是教师的串译串讲，要么是教师向学生提出一系列的问题，让学生解决问题。我想寻找的突破点是教师引导学生自己去提出问题，因为提出问题比解决问题更重要。开放的互动课堂中教师随时可能接受学生的挑战，而成为应战者，这就需要教师重新定位师生关系，以学生为发展中心，把"发现"的权利、研讨的权利还给学生。在对这篇课文的处理中，我按照自己创立的"'学情核心'阅读教学课堂模式"完成教学过程，力求引导学生自我提出问题、生生合作分析问题、师生探究解决问题。在各个教学环节中，学生一直是学习的主角，教师一直是助学者、参与者、引导者，宏观调控研究问题的方法和步骤，该学生做的事教师决不"越俎代庖"。课堂基本做到了"书"让学生自己读，"问"让学生自己提，"果"让学生自己摘。

其次，我努力把文言知识落到实处。学习文言文，最应该下功夫的是文言字词。这是学好文言文的一个基本要件。理解词语是理解文意的前提，这是一个"量"的积累的过程，这种积累只有达到一定程度，才会产生"质"的飞跃。从功利的角度说，高考文言知识考查，也是课内积累向课外的延伸，忽视了课内积累，延伸就根本谈不上。所以，我将扫清阅读障碍，积累文言知识作为一项重要内容。而且，在扫清障碍的过程中，学生们会发现好多问题，暴露很多他们掌握不准确的地方，我觉得这恰恰是教师教学中的收获。正所谓"理越辩越明"，学生们通过讨论和教师的讲解，厘清了概念，加深了印象，巩固了基础。

还原本课"说理"的本色。本单元训练重点是"思辨性阅读与表达"，这就要求教师要有意识地强化本课论说文的特点，特别是论证方法的特点。《师说》这篇文章必须抓作者"说理"的思路，这是这一篇的特点。那种一味否定传统，靠故弄玄虚来哗众取宠的做法是不可取的，既忽视了文本的特色，又忽视了基本学情，这样的文言文教学真的就是误人子弟了。问题的关键是，都是抓这样一个教学重点，我们更该在达成手段上考虑。本课的思路及论证方法，我们可以引导学生自己来做归纳整理，教师从旁适度点拨，碰到学生有疑难时可以从课文理解方面进行引导，结论自然水到渠成。个人感觉，只要学生对课文内容理解到位，就可以厘清文章思路，这也是学生的实际学情反映出来的。

评价鉴赏，适度延伸。评价鉴赏是学习文言文的最高思维层次的能力要求。特别是评价文章的思想内容和作者的观点态度。要学生树立历史唯物主义的观点，既要看到文章的积极意义——这篇文章中关于"为师"的诸多见解对当时社会的意义，认识其观点的历史价值等，又要看到文章的历史局限性，如对"道"的内涵的理解等。评价鉴赏的目的是借鉴、转化、应用。将鉴赏的内容内化成自己的知识和能力结构，再通过新的阅读外化出来。

说实话，教读文言文始终是我教学实践的一个难点，总感觉不如教现代文学类作品更得心应手，如何有一个较大的突破，我还在苦苦摸索。

从"吃透"到"用好"

——尤立增老师《师说》课例简评

江苏省南菁高级中学　　寇永升

尤老师精准把握了统编版教材的编写理念与编辑体例，对教材文本的挖掘有深度，教学设计有新意，从实录看课堂亮点多多。尤其是尤老师的设计与实录，很好地体现了语文新课标精神，注重引导学生合作学习探究解决问题，而不是老师越俎代庖。我们从尤老师实录中一个片段即可窥豹一斑：

师： 大家提出的带有共性的问题，有一部分我们刚才已经解决了，但是还有很多问题有待解决。现在请大家以学习小组为单位，分组讨论这些问题。我相信同学们完全有能力去解决这些疑难！我们先讨论大家在字词理解方面的问题。

（生分组讨论，不时做着笔记，师巡视了解各组讨论情况并适时参与各组讨论）

师： 哪位同学来展示一下你们组的讨论成果？

最让人眼前一亮的是，尤老师着意探索新课标实施和统编教材使用中出现的新问题、真问题，比如单篇教学与群文阅读、专题教学的关系，尤老师《师说》课例为我们树立了一个楷模；合作探究学习时代教师教与学生学的关系，尤立增老师的课例是一个典范；文言文教学中"文"与"言"的关系，尤老师的课例是一个标杆。

试看一个片段：

如何寻找"文"与"言"之间的结合点，这是许多教师感觉困惑的问题。教了多年的书，我自己仍然有这种困惑。（教学反思）

师：那么"君子不齿"中的"齿"的本义是什么？

生：牙齿。

师：现代汉语中"牙齿"是泛指，古代汉语中"牙"和"齿"是不同的，"牙"是指后槽牙，"齿"指的是前面的整齐排列着的牙，这里引申作"并列排列"，什么叫作"不齿"呢？牙齿一个挨着一个是地位平等的，君子不愿意自己跟他们像牙齿一样一个一个排列在同等的位置。课本中解释成"看不起"也是正确的，就是不想跟他们相提并论。所以在学习时知其然还要知其所以然……

"新教材的使用，关键是教师，教师必须思想和业务水平都跟上，吃透教材，才能真正用好教材。"（《教师教学用书·编写说明》，2019年8月版）尽管有了专题学习、群文阅读，无论怎样提倡大单元、情景任务……课文尚需"篇篇读"。尤老师正是这种思想和业务水平都能跟得上的名师，所以他的设计与实录体现出了教师是在"吃透教材"的基础上"真正用好教材"。

（寇永升，任职于江苏省南菁高级中学，正高级教师）

课例 6

碧水荷花流光月影，闲庭信步宽解愁情

——《荷塘月色》教学欣赏

（高中语文必修上册第 14 课）

教学设计

半亩荷塘，一壶月色

——《荷塘月色》教学设计

一、教学理念

《荷塘月色》是高中语文统编教材必修上册中第七单元写景状物的散文名篇。本单元的学习目标表述为：学习本单元的写景抒情散文，体会民族审美心理，提升文学欣赏品位，培养对自然的热爱之情。要关注作品中的自然景物描写和人生思考，体会作者观察、欣赏和表现自然景物的角度，分析情景交融、情理结合的手法；还要反复涵泳咀嚼，感受作品的文辞之美。因此，学习本文有助于培养学生的学科核心素养和完成"文学阅读与写作"的学习任务。

"'学情核心'阅读教学课堂模式"是基于阅读规律的阅读教育策略。其基本特征是"以学定教""先学后教"，将学生的"先学""预习"提到了重要的位置。"预习作业"是为新课做预备，做铺垫，做指引。它引导学生怎样去预习，怎样做好"先学"，如何去画出思维导图。预习作业的批改是重点，特别是"质疑问难"是重中之重。基于"'学情核心'阅读教学课堂模式"的理念，本课的教学设计力图从以下三个方面落实。

1. 了解学段学情，设定学段目标。

刚进入高一的学生在初中接触的大多是主题比较简单的散文，对抒写特定时代背景之下的纯粹的、天然的情感体会淡薄。课文的创作背景距离学生比较久远，学生理解起来有一定的困难，加之学生要整体把握《荷塘月色》中的情和景的关系；体会文章中描摹和联想的作用，领会比喻以及通感所产生的艺术效果，进而做到鉴赏散文的语言并应用于写作当中。《荷塘月色》在本单元属于代表性文章，我认为在授课时首先要打好学习散文的基础，引领学生在景物描写中抓住作者的情感，能够分析写作的手法。这些对学生学习本单元其他的散文大有帮助。

2. 课前裸读课文，在"预习"中质疑。

"'学情核心'阅读教学课堂模式"中的重要环节是搜集学生真实的学情。在上课之前，我会在学科自习中给学生布置预习作业。预习作业一共有四个板块——"字词积累""思维导图""预习所得""质疑问难"，这四个部分的安排对学生的思维品质培养由浅入深，不仅关注语文基础知识的积累，也注重培养学生的结构思维和质疑问难的思维。我要求学生在写预习作业之前，抛开身边的课文解读资料，真正地做到裸读文本，在裸读的过程中思考，在思考中质疑。我的这一操作符合了课标中"发展思辨能力，提升思维品质，培育社会主义核心价值观，培养审美情趣，积累文化底蕴和理解文化多样性"的要求。

3.以学情定课堂，于质疑处再生疑。

在《荷塘月色》预习作业中，以下问题属于共性问题：第一，因为创作背景久远，学生无法体会作者的忧愁；第二，因为关键词语理解不到位，无法准确理解句子的意思；第三，因为语文基础知识的欠缺，无法准确理解并鉴赏课文中的句子的修辞手法。基于以上学情，我修改了教学设计，在授课中启发学生在看似理解的地方追问，培养再质疑能力，关注动态生成的学情，升华课堂。

二、教学目标

1.把握作者的行文思路和文章脉络；能够学习情景交融的表现手法，品味文章典雅清丽的语言，领会比喻及通感等修辞方法的表达效果。

2.了解时代背景及作家作品，揣摩重要词语、语句的含义。

3.通过关键语句把握作者的感情变化；了解作者不满黑暗现实、向往自由的情感思想。

教学策略是以赏带读，以读促赏，以景促情，以情入景。在反复诵读中，着重体会朱自清在恬静朦胧的荷塘月色中不满黑暗现实、向往光明的情感，感受那个时代的知识分子的彷徨和苦闷的心情。

三、教学过程

（一）古诗引入，触发美感

自古以来，借描写荷叶、荷花来抒发思想感情的诗文俯拾皆是，像周敦颐的"出淤泥而不染，濯清涟而不妖"，杨万里的"接天莲叶无穷碧，映日荷花别样红"等。但因作者生活经历、审美情感不同，所以他们笔下描绘的同一景物也不尽相同。现代朱自清先生也写了一篇有关荷叶、荷花的散文《荷塘月色》，他在这篇文章中为我们描绘了一幅怎样的情景呢？借此抒发了怎样的情感呢？让我们走进作品去感受一番。

（二）寻觅足迹，知人论世

（略）

（三）充分诵读，激活美感

1.诵读欣赏，范读正音。

2. 自由朗读，感受画面。

你喜欢《荷塘月色》中哪些句子？请你找出来。

学生再次朗读课文。要求学生结合预习时对这篇文章的理解，想一想这篇散文给他留下一种怎样的感觉，找出相关语句，并有感情地朗读。其他同学来评价朗读的情感把握是否准确。

事例一：叶子出水很高，像亭亭的舞女的裙。层层的叶子中间，零星地点缀着些白花，有袅娜地开着的，有羞涩地打着朵儿的；正如一粒粒的明珠，又如碧天里的星星，又如刚出浴的美人。

事例二：月光如流水一般，静静地泻在这一片叶子和花上。薄薄的青雾浮起在荷塘里。叶子和花仿佛在牛乳中洗过一样；又像笼着轻纱的梦。

事例三：月光是隔了树照过来的，高处丛生的灌木，落下参差的斑驳的黑影，峭楞楞如鬼一般；弯弯的杨柳的稀疏的倩影，却又像是画在荷叶上。塘中的月色并不均匀；但光与影有着和谐的旋律，如梵婀玲上奏着的名曲。

点拨：这是一篇散文，也是一篇美文。有人认为这是一篇抒情散文，也有人认为是写景散文。其实这都是源于读者读作品时内心的触发点不同。两种说法各有道理。《荷塘月色》是现代散文史上的名篇，它最大的特点是"美"，所以大家的审美感受集中到了第4~6自然段关于景物的描写。

（四）质疑问难，理解鉴赏

整合"质疑问难"的共性问题如下：

1. 第1自然段中"这几天心里颇不宁静"，作者不宁静的原因是什么？

教师备答：政治原因、家庭危机、家庭贫困、角色定位、性格因素、怀念家乡、好友等几种见解。

2. 第2自然段中"这是一条幽僻的路：白天也少人走，夜晚更加寂寞"，为什么这条路"白天也少人走"，怎样理解路的"寂寞"？

教师备答：从文本上解读，首先，这条路是幽僻的，所以少人走；其次，少人走不代表无人走。"寂寞"这个词语是形容人的心理状态，用来形容路首先回照了文本当中的幽僻，其次也是作者心情的反映。这是移情于物的写法。

3.第2自然段中"路的一旁，是些杨柳，和一些不知道名字的树"，既然不知道名字为什么还要写？第6自然段也有写树的内容，能否合并？

教师备答：作者在去往荷塘的路上看到的景物是树，"杨柳"和"不知道名字的树"均为写实，强调了四周树的多；第6自然段虽然也是写树，但写作环境不一样，作者游踪也不同，写作地点也不一致，故不可以合并。

4.能否将第3自然段去掉？为何要写第3自然段作者内心活动和感慨？

教师备答：不可以。第3自然段从写作内容上侧重于对荷塘路上的所感，我们在这一段中能看到作者对其不宁静心情的调节。夜晚环境的特点是静的，在这静的环境中才能明显感觉到自由，照应了前文的"不自由"。

5.第3自然段中"我爱热闹，也爱冷静；爱群居，也爱独处"矛盾吗？

教师备答：不矛盾。人的性格具有多面性，不能贴标签。

6.第4自然段中什么叫"曲曲折折"的荷塘？

教师备答：作者从远处视角来描绘荷塘，"曲曲折折"表现荷叶的高低错落。

7.第4自然段如何理解"叶子底下是脉脉的流水，遮住了，不能见一些颜色；而叶子却更见风致了"？

教师备答：荷花生长在水中，叶子"不能见一些颜色"说明荷叶密集，叶子密不透风，表现荷叶的浓密和繁多。

8.第4自然段中"微风过处，送来缕缕清香，仿佛远处高楼上渺茫的歌声似的"，"清香"怎么就成了"歌声"了？该如何理解？

教师备答：歌声是细柔飘忽、婉转渺茫的，荷香是时有时无、持续不断的。这两种感觉有相似之处，把它们沟通起来，艺术的魅力也就出来了，令人联想到若有若无、轻淡幽香、沁人心脾等，其间感觉的转移伴随着想象的跳跃。

此句中"歌声"的三个定语能否去掉或换位？不能。因为是清香，所以必须是远处。既然是远处，那么必须在高处，否则，传不过来。既然是远处，又在高处，必定渺茫。用这三个修饰语给人一种朦朦胧胧的、若有若无、若断若续之感，可见作者体悟得细微。

9.第5自然段中前几句很柔美，但中间出现了"峭楞楞如鬼一般"是不

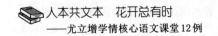
是破坏了荷塘的美感？

教师备答：一切景语皆情语。作者描写夜晚树枝的"峭楞楞"的投影，是树枝寂然无声的矗立，是作者此时此刻淡淡忧愁的折射。

10.第5自然段中怎样理解"酣眠固不可少，小睡也别有风味的"？

教师备答："酣眠"比喻朗照，"小睡"比喻被一层淡淡的云遮住的月光。因为是晚上，而且月亮朗照时很透彻、程度深，两者深透、深沉的意蕴相似，所以用"酣眠"；而被云遮住的淡淡的月光则像小睡，轻轻的，睡不踏实，两者淡淡的、朦胧的感觉接近。此外，上文言"梦"，下文言"渴睡人的眼""妻已睡熟"，此比喻切合整个语境；而且写"夜"游荷塘，从时间角度讲是就近取喻。

11.第5自然段中怎样理解"塘中的月色并不均匀；但光与影有着和谐的旋律，如梵婀玲上奏着的名曲"？

教师备答：这是使用通感的手法，光与影是视觉形象，作者却用听觉形象来比喻，这就是通感的一种，其相似点就是和谐。月光不是照在一个平面上，高处着光，矮处不着光，有明有暗，互相交叉，像音节一样起伏，表现月光树影组合的协调，给人一种悠扬、优美的感觉，同时烘托出一种温馨、幽雅的氛围，将读者带到一种美好的幻景。

12.第6自然段中怎样理解"渴睡人的眼"？

教师备答：这句话运用了比喻修辞，将"树缝里漏着一两点路灯光"比喻为"渴睡人的眼"，生动形象地写出了投射到地面上的"光斑"忽明忽暗的样子，生动形象。

13.第6自然段中为什么"热闹是它们的，我什么也没有"？

教师备答：这一句是作者内心情绪的真实表达。作者在听到蝉声和蛙声后，以热闹的荷塘来反衬出自己内心的哀愁、孤独和寂寞。

14.第7自然段为什么"忽然想起采莲的事情来了"，为什么要想起"采莲"？

教师备答：联想的手法。联想分为相关联想、相似联想、相反联想。由清华园的荷塘上的荷花联想到江南的采莲，这属于相关联想的范畴。

15.为何想起"采莲是江南的旧俗"？突兀吗？

　　教师备答：作者是南方人，采莲是南方的旧俗。作者在创作《荷塘月色》中内心愁苦无法排遣，因而联想到热闹的江南采莲，通过怀念故乡来排遣内心的愁苦。

　　16.第8自然段中作者提到已经"无福消受"了，为什么？

　　教师备答：采莲是江南的旧俗，作者是南方人，自然而然会热衷于江南采莲的事情。而此时此刻作者在清华园的荷塘，闭塞的荷塘自然不能进行采莲活动。因此，作者现在无福消受了。

　　17.怎样理解"只不见一些流水的影子"，流水还有影子吗？

　　教师备答："流水的影子"即是流水。因为清华园的荷塘荷叶曲曲折折，浓密繁多，叶子遮住流水自然看不到流水。

（五）厘清思路，导图概括

　　1.宏观把握，划分结构。

　　第一部分（第1自然段）：月夜漫步荷塘的缘由。

　　第二部分（第2～3自然段）：作者去荷塘路上的所见所感。

　　第三部分（第4～6自然段）：荷塘与月色，以及荷塘四周的景物。

　　第四部分（第7～10自然段）：作者触景生情，联想江南旧俗，思绪回归现实。

　　2.一明一暗双线并行。

　　明线：以游踪为线索。暗线：以情感为线索。

　　3.圆形结构。

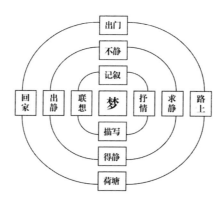

　　从空间上看，作者从家里出来—小路—月色下的荷塘，荷塘上的月色—

四周—江南旧俗、回家；从情感上看，作者由忧—淡淡忧喜—喜悦—更喜悦—忧。形与意有机地结合在一起。这种圆形结构，说明作者无论如何也摆脱不了苦闷忧愁。现实依旧，愁思依旧，心里依旧不宁静，刚才的所见所闻、所思所想恍如一梦。结构自然严谨。写景层次分明而富有特征，朦胧的景色与淡淡的喜悦和哀愁交融在一起。借景抒情，情景交融。语言优美、凝练而传神。运用比喻、联想、衬托等手法把景象表达得极其真切而富韵味。

（六）由景入情，总结全文

《荷塘月色》是一篇写景散文，也是一篇抒情散文，作者以朴素、典雅、充满诗意的语言将描写荷塘与描写月色巧妙地结合起来，突出优雅、朦胧、幽静的物境之美，在写景中抒发出淡淡的忧愁和淡淡的喜悦之情。作者之所以选取"荷塘"与"月色"来抒情，问题的实质，在于这里的"荷塘"是月下之荷塘，这里的"月色"是塘上之月色。朦胧固然是二者的共同点，但朱自清赖以言志的是二者更鲜明的相通处，这便是"荷""月"之高洁！所以，在作者笔下，荷叶清纯，荷花素洁，荷香清淡，月色如水，月光如雾，月景如歌……而这一切，无不是作者那高尚纯洁、朴素无华品格的象征。作者原名"自华"，后更名"自清"，由此我们可以读出荷月之美景与作者之品格的相通处，这就是一个"清"字：出淤不染，皎洁无瑕！而作者一生都无愧于"自清"二字：清正、清贫、清白、清廉……只有从理解作者的思想感情出发，我们才能真正领会文章在写法上的艺术魅力。所以，此文"美"，不仅美在语言，美在画面，美在意境，更美在情感。

碧水荷花流光月影，闲庭信步宽解愁情

——《荷塘月色》课堂实录

一、导入——唤醒"荷韵"

师：大家回忆一下，初中我们学过的关于荷花的诗句有哪些呢？

生："接天莲叶无穷碧，映日荷花别样红"。

生："小荷才露尖尖角，早有蜻蜓立上头"。

生："出淤泥而不染，濯清涟而不妖"。

师：大家的文学积累还是不错的。那么大家想一想这些诗句中荷花具有什么样的特征？

生：我觉得荷花很高洁、清雅。

生：荷花很羞涩，像一个小姑娘。

师：那你是从哪里看出来荷花很羞涩的呢？

生：在预习课文中，荷花羞涩地打着朵儿让我感觉到荷花那种娇羞可爱的样子，像我的小妹妹一样。

师：这位同学的阅读感受是从哪里得来的？你觉得他的感觉对吗？

生（齐）：课文当中。我们的感觉很一致。

师：一切景语皆情语。我们从文中的景物描写中能够感知作者的情绪。那么在这一句中作者的情绪是什么样的？

生（齐）：是喜悦的。

师：之前我们学过不少散文，你们还有印象吗？

生：初中学过《紫藤萝瀑布》。

生：学过朱自清的《背影》和《春》。

生：刚学过郁达夫《故都的秋》，我都陶醉于五幅秋景图啦！

师：非常好。那么大家还记得散文的特点是什么吗？

生：形散神不散。

生：取材十分广泛，一山一水、一草一木，均可入文。

生：形式活泼自由，不拘一格，想写什么就写什么，想怎么写就怎么写。

（生笑）

师：正如这位同学所言，在座的每一位同学都是散文大家了。其实，你说的"活泼自由，不拘一格"是完全正确的，但"文无定法"并非"无法"。还有哪位同学说说？

生：表达方式多样，常把记叙、抒情、议论等融为一体。

生：散文要从自己的独特感受出发，表现作者的思想情感、人生经验、观点感受。

生：我觉得散文作为文学作品的一种，其实质是语言的艺术。

师：大家说得都很好。总体来看，抒情的散文有时气势磅礴，有时低吟浅唱；记叙的散文如诗如画，曲径通幽；议论的散文情真意切，精彩纷呈……但不管怎样，语言是表现作者思想的载体。那么，换一个角度思考，我们鉴赏散文，要突出的一个核心问题是什么？

生：语言文字。

师：文学作品的鉴赏必须是以"文字"作为突破口。还记得老师曾跟大家说过，"语文天生浪漫，语文天生美丽"，语文的美丽和浪漫在文学类的作品中表现得最为突出，特别是诗歌和散文。这么一篇优美的散文，我们应该以语言作为突破口，体会作者遣词造句的妙处，揣摩、理解作者所营造的优美的意境，体会、把握作者所传递的独特的思想感情。

（师板书：《荷塘月色》　朱自清）

师："预习"是提高课堂效率的重要保证。老师在课前布置了预习作业，通过批阅大家的预习作业，发现大家能够做到对文本进行基本的自我思考和判断，这一点需要对大家提出表扬。（生鼓掌）我们在生活中，要不断地学会质疑，不断地提问，才能够提升我们的理性思维。要学会用自己的眼睛看世界，学会用自己的脑子思考问题，在我们看似理解的地方再追问一个为什么。比如李煜的《虞美人》中的"春花秋月何时了"，翻译成现代汉语的话是："春天的花、秋天的月何时才能了结？"如果再追问一个为什么的话，我们会发现春天的花和秋天的月都是美好的东西，为什么要了结？

生：这样写好像不符合常理。

师：当然想要美好的东西了结不符合常理。那么，春天的花和秋天的月都是美景，是同时出现的吗？

生：不是。

师：春花秋月包含了从春天开花到秋天明月的时光更替。举这个例子是想要告诉大家：在看似浅显的文字背后学会品味其深层次的内涵。老师希望大家养成独立思考的能力，通过对文本的阅读提升自己的阅读能力以及语文素养。

师：读完这篇文章之后，你的整体感觉是什么？我强调的是整体感觉。

生：我读完这篇文章后，感觉朱自清先生营造的意境很美，原来我一直以为感情充沛的文章才能打动人，让我很吃惊的是作者的那份淡然也能让人感动不已，读的时候，不知不觉就追随着他的那份淡然一起入境。

师：很好。这位同学的发言包含三层：一是朱自清先生用他优美的文字为我们营造了一种非常优美的意境；二是这篇优美的散文蕴含的是作者那种淡淡的情感；三是淡然的情感照样动人。概括得多好呀，抓住了散文鉴赏的一些最重要的东西。的确，在读的过程中，我们披文入情，仿佛置身于清华园中荷塘畔，和朱自清先生一同领略荷塘的美景，一同感受朱自清先生心底的那份淡然。好，这位同学接着说，你的感觉是什么？

生：我读了两遍感觉理不清楚思路，把握不了主旨。作者的情绪时喜时忧，我不知道他到底要表达什么。

师：这位同学很真实地概括了他的阅读体验。这其中有两个环节，初读感觉结构很乱，其实是照应了散文的形散；阅读时能够把握情感时喜时忧，说明他的体验还是基本到位的。有不懂的地方很正常，需要我们再进一步探究文本。还有哪位同学想要分享？

生：我觉得这篇文章是一篇叙事性游记，作者描写的是一个心情烦闷外出散心的故事，第1自然段说"我悄悄地披了大衫，带上门出去"，最后一自然段又说"不觉已是自己的门前"，他描写自己"夜游荷塘"的过程给人一种十分完整的印象，他的语言十分优美，使我们在读的过程中不知不觉就融入他所描绘的意境中去了。

师：这位同学提到了这篇文章的结构的问题，首尾呼应，是一个非常浑圆的结构。这个同学是观察细致，是经过思考的，回答也是深思熟虑的。（众生笑）但是就你谈到这是一篇叙事性散文的问题，我有不同的理解。大家想一想，这篇散文从表达方式上说都有哪些？

生：有记叙、描写和抒情。

师：最重要的表达方式是什么？

生：描写与抒情。

师：的确，这是一篇以写景和抒情为主的散文。读这篇散文就像品一杯香茗，刚一尝的时候感觉也许是淡然的，甚至还有点儿苦涩；但是，真正地让这杯香茗落在肚里，在心中积淀下来的时候，回味一下，便别有一番滋味，就会发现在齿间还留有一抹香气，很美的一种感觉。刚才几位同学的发言，说得都挺好，都谈了自己在阅读中的一些感觉，这是一种最原始的阅读状态，而这一点对我们每一个同学来讲，读进去了，产生最原始的那个感觉是弥足珍贵的。因为这是大家阅读的起点，也应该是我们课堂教学的起点。

二、寻源——景情感知

师：这篇作品叫《荷塘月色》，大家想一想朱自清为什么要写荷塘月色？朱自清是在什么地方写的？

生：是在清华大学的一个地方。

师：没错。是清华大学的荷塘。

生：老师，我想问朱自清先生在清华大学干什么？课文背后写的创作时间是1927年7月，作者的情绪和这个时间有关系吗？

师：这个同学观察很细致。我们在学习中要注意前后的关联，要调动我们的所学来初步揣摩创作背景。1927年发生了什么？

生：老师，我们在学《雨巷》时，创作背景也是1927年，国民党实施白色恐怖迫杀爱国青年。

师：这个回答很好。我们在学习的时候要学会观察前后的文本并且要学会调动之前所学的知识。这位同学的联系就很准确。解决这个课堂疑问就涉及解决文章写作的背景了。本文写于1927年7月，正是白色恐怖笼罩中国大地的时候。面对"这一年的变动"，朱自清觉得是"人的意想所赶不上的"。他认为："在旧时代正在崩坏，新局面尚未到来的时候，衰颓与骚动使得大家惶惶然……只有参加革命或反革命，才能解决这惶惶然，不能或不愿参加这种实际行动时，便只有暂时逃避一法……在这三条路里，我将选择哪一条呢？……我既不能参加革命或反革命，总得找一个依据，才可以姑作安心地过日子……"

生：老师，通过背景介绍，我能感觉到朱自清先生有一种不知该何去何从的彷徨和迷茫，就像我们当时不知道该选什么高考科目一样。（众生笑）先生的这种迷茫和彷徨是不是直接影响到他的心情，所以他才会在第一句讲"这几天心里颇不宁静"？我想知道不宁静单纯只有背景中的这个原因吗？会不会有别的？（众生附和）

师：从大家的预习作业中看到问"这几天心里颇不宁静"的原因的同学特别多。充分说明大家的好奇心太强了。（众生笑）

生：老师，作者心情不好就要去荷塘走走，走走心情就好了吗？

师：我们先来回答这位同学的问题，然后再解决他不宁静的原因。

生（齐）：好。

师：老师想问大家，你们心情不佳的时候会用什么方式排解呢？

生：写日记。

师：把自己的心思写在日记本上，让心中的不宁静随着自己笔尖在纸上的滑动慢慢地流动，多好的境界啊！还有别的方法吗？

生：一个人出去走走。

师：一个人出去走走，这是一件雅事。还有吗？

生：唱歌的，拿着话筒号上几曲，其实是一种排遣；或者自己到一个人烟稀少的地方再号，那排遣得更快。

师：这不失为一种调节心理的方法。还有别的方法吗？

生：男生可能去踢球，女生可能去操场上跑一跑。

师：这都是排遣自己内心不宁静的方式。那么，朱自清先生选择了什么方式呢？

生：一个人出去散步。

师：中国古代的文人内心郁闷的时候，第一种方式就是喝酒；第二种方式就是寄情山水，让纯美的自然景物来慰藉自己内心的孤独或者哀伤。朱自清先生是接受了中国传统文化教育的同时又接受了西方先进思想的一个文人、知识分子，那么他选择排遣内心不平静的方式也是中国传统式的。当然，美景的疗慰也不能完全地使朱自清先生摆脱彷徨和苦闷，所以他在欣赏荷塘月色的时候内心的情感还是多变的。

生：那老师，他到底为什么"不宁静"啊？（好奇状）

师：生活中遇到不如意的事，就会"心里颇不宁静"，你们内心"不宁静"的原因是什么呢？

生：高考选科不知道选什么。

生：和同学有摩擦。

生：跟家长有了点儿冲突。

生：考试没有考好。

生：本来心情很好，突然打坏了同学的杯子。

生：莫名其妙地被老师骂了一顿。

（生笑）

师：怎么会"莫名其妙"呢，肯定有原因。除了我们刚才介绍的政治原因之外，现在又有其他说法了。

（展示原因）

1. 家庭危机

他在清华教书时家庭背景非常复杂，包括父子之间、继母子之间、婆媳之间的矛盾，有时矛盾还很激烈。作为家里的主心骨，其实最难。现在也一样，作为一个成家立业的男人，对自己的妻子不能得罪，另一边还有自己的母亲，也不能得罪，很多男人觉得累是因为在中间受夹板气。如果我们从这个角度"披文入情"，去理解朱自清不宁静的心情也比较容易。

2. 家庭贫困

朱自清先生一生共有9个子女，据说他作此文时已有了6个，这种说法其实不准确，因为文章开始写的"妻在屋里拍着闰儿"。"闰儿"是朱自清的次子朱闰生，也就意味着已经有两个孩子了，但是还有老人，自己的妻子，一家老小就指着朱自清先生当教授的收入来养活。

3. 角色定位

什么叫"角色定位"呢？大家想，一个成家立业的男人在学校、社会中是不是要扮演多种角色呀？在家中，要为人夫、为人父、为人子，这就是好几种不同的角色；在学校要扮演同事、老师等多种角色，这多种角色一旦错位就会感到很累很累。

4. 与朱自清先生的性格有关

据说朱自清先生的性格非常谦和、敦厚，与外界交往不多。试想，一个交往特别多的人往往内心"不宁静"的时候很少，为啥呢？"心里不宁静"找朋友喝顿酒是不是就解决了！但是朱自清先生的性格属于"内向型"，所以是一种性格因素。

5. 怀念家乡、好友

朱自清先生的祖籍是浙江绍兴，5岁时随家人迁到扬州，童年和读书的大部分时光都是在扬州度过的，因此扬州是他实际意义上的家乡，包括后面联想"江南采莲"旧俗，又想起了扬州"这令我到底惦着江南了"，有这样标志性的句子。

"怀念朋友"指的是什么？指的是叶圣陶、夏丏尊等几位和朱自清先生交往很深的人。叶圣陶既是一个文人，也是一个革命者，所以他的思想更为进步，这一点他和朱自清先生有所不同。朱自清只能独处北京，想象着南方的血雨腥风，想象着自己的朋友在南方用自己的笔战斗，思念的情感难以释怀。

师：这是老师手头的材料，所能够搜集到的关于"这几天心里颇不宁静"的原因。你认同哪一种观点呢？

生：每一种观点都有道理。

生：我觉得原因并不是最重要的。总而言之，反正心里不宁静，原因可能是多种多样的。但是心里不宁静肯定要找一种排遣的方式，朱自清先生作为一个受到中国传统文化影响的文人，选择了最传统的"寄情山水"的排遣方式来解除内心的苦闷。

师：看，这位同学说得多好。但这句话在全文起着重要作用，它的重要性是什么呢？

生：正是因为"这几天心里颇不宁静"，所以才夜游荷塘，才在荷塘边欣赏月下荷塘、塘上月色、荷塘四周的景色，用优美的自然景物来排遣内心的苦闷，才有了下文展开联想和想象，想象江南采莲的旧俗，用他人享受美好快乐时光的生活来缓解内心的孤寂，是这么一个过程。

师：所以，它在全文中起着非常重要的作用，虽然没有揭示文章的主旨，但我们仍然称之为"文眼"，因为它领起下文。

三、赏读——以问促赏

师：下面大家放开声音读一读这三个自然段，看看有什么问题，有没有在朗读的过程中产生出新的问题。

（生朗读第1、2、3自然段）

师：现在老师来示范朗读一下，大家边听边感受作者的情感。

（师示范朗读，生安静聆听，朗读完毕后生鼓掌）

师：看一下前三个自然段，有没有理解不了的问题？

生：第2自然段中"沿着荷塘，是一条曲折的小煤屑路。这是一条幽僻的路；白天也少人走，夜晚更加寂寞"，这一句话中既然路是幽僻的，为什么要强调"白天也少人走"呢？

师：哪位同学能解决这个问题？

生：我理解的是少人走又不是没有人走，幽僻只是强调此时的环境。

（众生附和）

生：老师，第2自然段写到了树，第6自然段又写到树。能不能将两次写树进行整合？

师：谁能解决这个问题？

生：不行，第2自然段是在路上看路的周围，第6自然段是在荷塘边上，看荷塘的周围。

师：这位同学解释得很到位。从总体上看这是一篇游记，在记游的过程中自然而然会写到景物。两者虽然都是写树，但是写作的地点和心情不一样。第2自然段是写去荷塘路上所见，第6自然段是写荷塘四周的景象，除了树还有一带远山，所以不能合并。

生：第2自然段中用了"曲折的小煤屑路""幽僻的路""白天也少人走，夜晚更加寂寞""蓊蓊郁郁的"等语句，景物的色彩并不明快，是不是暗示了一种愁绪在里边呢？可作者为什么还说"月光也还是淡淡的"而这条路"今晚却很好"？

师： 好的。那我们概括一下第2自然段景物的特点。

（生讨论概括：幽、静、僻）

师： 大家都概括得很好（板书：幽、静、僻），三个字概括出环境的特点，而这样的环境恰恰是作者所追求的一种寂静的环境。一种非常寂静的环境再加上这种"淡淡的月光"，是不是情感就会发生些微的变化？从最初的"颇不宁静"，慢慢地过渡到内心的一种"短暂的解脱"，而"短暂的解脱"在第3自然段表现得最为突出。

生： "像今晚上，一个人在这苍茫的月下，什么都可以想，什么都可以不想，便觉是个自由的人"，什么叫作"自由的人"？

师： 想干什么干什么的人吗？

生： 结合全文，"自由的人"就是已经超脱了他所生活的世俗世界，追求到一种短暂的内心安慰的人。

师： 这个"自由"在文中有没有照应的语句？

生： "白天里一定要做的事，一定要说的话，现在都可不理"。

师： "白天里一定要做的事"是他一定愿意做的事吗？

生（齐）： 不一定！

师： 那"白天里一定要说的话"是他特别想说的话吗？

生（齐）： 不一定！

师： 朱自清先生作为一个成家立业的人，他要生存，要养家糊口，要当教授挣钱养家，也就意味着有可能好多事跟自己的内心是相违背的，但是又不得不违背，为了生存嘛！可是，当夜深人静的时候，只有自己的时候，是不是才能感觉到内心的宁静和暂时的超脱啊？

生： 是！

生： "我爱热闹，也爱冷静；爱群居，也爱独处"，这不是矛盾吗？

师： 为什么？我们还是结合自己的生活经历理解。三五个好友聚在一块儿，想说啥就说啥，想干啥就干啥，一块儿聊天，这就是"爱热闹""爱群居"。但是你周围还有你不愿交往的人，但是你又必须和这些人打交道，那你说你活得累不累？

生（齐）：累！

师：怎么办？这时你就特别渴望独处时的一份冷静，一份清净，这就是所谓的"爱冷静""爱独处"。因此，这两者并不矛盾。第3自然段写月下独处的感受包含了朱自清先生怎样的思想感情呢？

生：内心的一种矛盾。

生：暂时的一种解脱。

师："这一片天地好像是我的；我也像超出了平常的自己，到了另一世界里"揭示了朱自清先生对自由、宁静生活的向往；也有对现实环境的不满、厌弃、否定。那么，我们分析一下前三个自然段朱自清先生心理变化的过程："心里颇不宁静"是"忧"；要寻找排遣的方式所以才夜游荷塘，看到小路两边的景色时，景物和作者的主观情感相契合，其中还有一种淡淡的"忧"；但是今晚的月光也还是"淡淡"的时候，这时候已经有一种慰藉，有一种淡淡的"喜悦"；一直这个淡淡的喜悦延伸至"荷塘边"。这就是第4、5、6自然段。接下来大家放开声音来朗读一下第4、5、6自然段。

（生大声朗读第4、5、6自然段）

师：大家读完感觉第4、5、6自然段描写的景色一样吗？

生：不一样。

师：那我们从宏观上能不能概括每一自然段写了什么呢？哪位同学能试试？

生：第4自然段写的是叶子和荷花。

生：不太全面。我觉得写的景物很多，又是月夜下的环境，应该叫月光下的荷塘。

师：大家觉得哪一个更好？

生：月光下的荷塘。（生齐答，师板书）

师：根据这个思路第5自然段和第6自然段该怎么概括呢？

生：我觉得第5自然段主要在写月色，可以概括为夜晚月色。

生：荷塘上的月色更好一点。

师：第一位同学突出的是时间特征，第二位同学突出的是地点特征。哪一个更合适呢？

生（齐）：第二个。

师：好，那你们的地盘你们做主，我们就选择第二个。（师板书）第6自然段呢？

生：第6自然段写的是荷塘周围的树和远山，我概括为荷塘四周。

生：荷塘四周缺点什么？

师：缺什么呢？树和远山又是什么？

生：景物。

师：好的，那我们把第6自然段概括为荷塘四周的景物怎么样？（师边说边板书）

生（齐）：好！

师：下面我们分组讨论这三个自然段，讨论以下问题：第一，用最简练的语言概括这一自然段的要点；第二，作者描绘了哪些景物？第三，作者是怎样描绘的？

（生分组讨论，师巡视，并再次强调问题，不时地参与到生讨论中）

师：下面哪组同学愿意发言？

（有生举手，师示意发言）

生：第4自然段主要描写的是荷塘的"荷花"和"荷叶"。

师（边说边板书）：有"荷花""荷叶"。

生：最后一句又稍稍交代了一下"流水"。

师（边说边板书）：流水。我觉得你们组概括的还不够全面。先请坐，其他组还有没有补充的？

生：我们组经过讨论认为还应该有"花香"。

师：噢，还有香气。（板书）哪一句啊？读一读那个句子。

生："微风过处，送来缕缕清香，仿佛远处高楼上渺茫的歌声似的"。

生：在"荷香"到"流水"中间还有一句，"这时候叶子与花也有一丝的颤动，像闪电般，霎时传过荷塘的那边去了。叶子本是肩并肩密密地挨着，这便宛然有了一道凝碧的波痕（重读，强调）"。我们不知怎样概括，姑且定为"波痕"。

师："荷波"怎么样？

生："荷波"概括得挺好，但这个词是老师生造的吧！

（师生笑）

师：说生造也行。但我把这叫"仿写"，我仿写的是"麦浪"。大家想一想，"麦浪"这个词是怎么组合的？"麦浪"是怎样的画面？

生：麦子被风吹过时起伏荡漾像波浪一样。

师：那"荷波"呢？

生：微风吹过荷塘，荷叶摇动像波浪一样向远处延伸。这么说来老师造"荷波"这个词还是很准确的！（众生笑）

师：再次申明是"仿写"！从"写什么"这个角度看，第4自然段有五个描写的对象。那么是怎样写的？

生：描写"荷叶"用了比喻的修辞手法。

师：把比喻的句子读一读。

生："叶子出水很高，像亭亭的舞女的裙"。

师：这比喻用得好不好？你如果写荷叶，你会这样作比吗？

生：用得好。一个舞女舞动起来的时候她的裙子呈圆形，而这个荷叶也是圆形的。人如果跳舞的话，裙子会在大腿部分上下跳动，（生笑）而"叶子出水很高"就是说荷叶的茎很高，这个舞女的腿很颀长。（生笑）

师：我觉得说得不错。老师画一张简笔画来说明，我画得不一定像，大家"领会精神"吧！

（师画简笔画，勾勒舒展的荷叶和茎，在叶子上画出一个人的轮廓。生笑）

师：我跟大家说要"领会精神"。下边高出水面的茎是不是就是这舞女修长的腿？她的裙裾在旋转起来的时候是不是非常舒展？

生（齐）：是！

师：荷叶张开的那种圆润、那种飘逸和舞女翩翩起舞的时候裙裾的飘逸有相似点！这是这个比喻的好处之一。还有其他的好处吗？

生："叶子出水很高"是一种静态的描写。但如果舞女的裙真正飘逸起来的时候，就富有动态之美了。

师：很好。这个比喻好在哪儿？第一是鲜活地刻画出了荷叶出水很高的那种舒展、飘逸；第二是"以动写静"，使一幅静态画富有了一种动态之美。这就是这个比喻的妙处。结合老师刚才对这个例子的分析，大家看看其他比喻有什么样的好处。要通过分析本体和喻体之间的相似点来揣摩比喻的妙处，谁来说？发现一点说一点。

生："层层的叶子中间……又如刚出浴的美人"。那些"白花"是"零星地点缀着的"，而且是在"层层的叶子中间"；花的形态，有"开着"的，有"打着朵儿"的，将它们比作"一粒粒的明珠"，在朦胧的月光映照之下的荷花发出的那种迷人光泽。"层层的叶子中间"仿佛是蓝天，"零星地点缀着些白花"就是在天空中散布着的那些星星。

师：还有一点，"星星"还有什么特点？

生：一闪一闪的。

师：花，不管是含苞待放，还是开着的，在月光下微风过处的时候，就有一点一点的晃动，这也是一个相似点。还有吗？

生："又如刚出浴的美人"，这"美人"当然就是指花了，想象一下，卧在层层荷叶中的圆润美丽的荷花很像一个美人披着轻纱刚刚出浴。

师：这种意境可以用一个成语来形容。哪个成语？

生：出水芙蓉。

师：比喻成"刚出浴的美人"是不是也为了突出荷花那种纤尘不染的纯洁啊？

生（齐）：是。

师：这是三个比喻连用，从修辞的角度这叫"博喻"，一个本体多个喻体。毛泽东同志在概括"长征"时说，"长征是播种机，长征是宣传队，长征是宣言书"。本体都是"长征"，而喻体则选择多个。只有三个以上的才能称之为"博喻"。

生：老师，我们平时所看到的花大多是粉色的，为什么作者写的花是零星地点缀着些白花呢？白花有什么好处吗？

生：我觉得应该是写实吧。

师：1927年清华园的荷塘我们并没有去过。从文本来看应该是写实。现在我们不去推究到底是粉色还是白色。我们来思考这样一个问题：此时此刻描写白色的花有什么好处？

生：白色的花颜色淡雅，应该是符合了作者的心情。

生：作者心情是不宁静的，来到荷塘又变成淡淡的喜悦。白色的荷花和他的心情构成了照应，同时在月光下的白花才会像明珠那样柔和，星星那样璀璨，出浴美人那样盈润。

师：这位同学理解得很到位。我们在阅读文本时观照前后文，解出自己的赏析。还有其他的比喻句吗？

生："这时候叶子与花也有一丝的颤动，像闪电般，霎时传过荷塘的那边去了"，把微风吹过时叶子与花的颤动比作了闪电。突出的是叶子有轻微颤动但瞬时即过，突出其"快"。

师：这个比喻描写的对象是什么呢？

生（齐）：荷波。

师：描写的对象是"荷波"，"像闪电般"是突出其快，很好！接着说。

生："叶子本是肩并肩密密地挨着，这便宛然有了一道凝碧的波痕"，密密的叶子本来是织成一片的，而微风吹过所引起的那"一丝颤动"，使得一叶推一叶，就好像一浪推一浪，从颤动的地方推到了远处，就好像水面上有了一道凝碧的波痕一般。

师：大家说得挺好。结合预习作业，看一看这一部分还有什么理解不了的问题吗？

生：老师"微风过处，送来缕缕清香，仿佛远处高楼上渺茫的歌声似的"，"清香"怎么就变成了"歌声"了？是不是写错了？

师：写错了吗？

生：应该没有吧？

师：那这句话特殊在哪儿？

生：把嗅觉写作听觉。

师：这种修辞叫"通感"，有的修辞书把它当作一种比较特殊的比喻，也有的修辞书当作独立的修辞格。想想，这处通感有什么好处？

生：荷花传来的"香气"与"远处高楼上渺茫的歌声"也有相似点。因为荷花的香味很淡，不是浓香，微风吹来，细如游丝，而"远处高楼上渺茫的歌声"也是若有若无的，这就是它们的相似点。

师：分析得很好。相似点就是那种若有若无、若断若续、若即若离的感觉。"歌声前"有好几个修饰成分，删掉一个行吗？

生：不行。如果不是"远处高楼"的歌声，肯定不渺茫，也就没有了那种断断续续、若有若无的感觉！

生：我觉得"有袅娜地开着的，有羞涩地打着朵儿的"用了拟人修辞。"袅娜"和"羞涩"一般都是用来形容女子比较柔美的姿态，这儿用来修饰这个"白花"，所以是拟人。

师："袅娜"和"羞涩"两个词颠倒一下行不行？你读一读。

生："有羞涩地开着的，有袅娜地打着朵儿的"——"羞涩"好像就不开了，"袅娜"就不打着朵儿了。

（生笑）

师："袅娜"是一种盛开，仿佛一个成熟而美丽的少妇；而"羞涩"，花瓣可能刚开开一点，仿佛一个处于豆蔻年华、含苞待放的少女形象。还有新产生的问题吗？

生：老师，第4自然段最后一句"叶子底下是脉脉的流水，遮住了，不能见一些颜色；而叶子却更见风致了"，这句话中的流水该怎么理解？什么叫"风致"？

师：我们根据作者的描写想一下，作者看到流水了吗？

生：没有。

师：没有看到为何觉得有流水？

生：荷花长在水里。

师：既然荷花长在水里，荷叶又是密密麻麻的状态，叶子密集地遮住了流水，自然看不到流水。但遮住流水的叶子浓密并且繁多自然而然给人一种独特的味道。这种味道就是荷叶的"风致"。通过这些分析，作者遣词造句的妙处我们就能感受到了。好，下面看第5自然段。这一自然段写的是荷塘上的月色，作者写了哪些有特点的景物？找一位同学读一读。

（生读第5自然段）

师：她读得很好，只是个别的地方需要再强调一下。如"弯弯的杨柳的稀疏的倩影，却又像是画在荷叶上"中的"画"字就该重读。

生：老师，我有个问题。这篇文章写的景物本来都挺美的，可是这一自然段最后却有一句"峭楞楞如鬼一般"，好像跟全文的感情基调不相符，作者为什么要这么写？

师：很有价值的问题。我记得我在念高中时学的《荷塘月色》没有这么长，第4自然段删掉了"又如刚出浴的美人"一句，还把后面梁元帝《采莲赋》里"于是妖童媛女"一自然段整个删掉了，因为这一自然段也是写男女少年相爱的情景，据说删掉这两处为了防止学生产生一种不良的想象（生笑）；这句"峭楞楞如鬼一般"也删掉了，认为这一句和整个段落描写的意境不一致；大家想，是保留好还是删掉好？

生（齐）：保留好！

师：为什么？我们已经有很强的判断力，不会产生"不良想象"，这可以理解。为什么"峭楞楞如鬼一般"这句还要加呢？我希望大家把这句和后面那句连在一起读，揣摩揣摩其中的意味。"高处丛生的灌木，落下参差的斑驳的黑影，峭楞楞如鬼一般；弯弯的杨柳的稀疏的倩影，却又像是画在荷叶上"，作者把"弯弯的杨柳的稀疏的倩影"和"峭楞楞如鬼一般"放在一起有何用意？

生：形成对比。

师：对比的目的是要干什么呢？是要突出"峭楞楞如鬼一般"吗？

生（齐）：不是！

师：那是为了突出什么？

生：为了突出"弯弯的杨柳的稀疏的倩影"。

师：对了！是为了突出那个"倩影"之美。所以保留这一句是很有道理的。我觉得这个同学提的这个问题非常好，差不多二十年前那些编写教材的人发现的问题你现在又发现了，这就证明读书读进去了，很好！

生：老师，该怎么理解"酣眠固不可少，小睡也别有风味的"这一句话？

师：散文中理解句子的关键在于理解词语，就这一句话中有关键词语吗？

生：酣眠和小睡。

师：什么叫酣眠？什么又叫小睡呢？

生：我觉得酣眠就是在宿舍里边忘我熟睡，进入深度睡眠；小睡就是课间在课桌上趴着进入浅睡眠。

生（笑）：说得对。

师：此时此刻为什么要说睡觉的程度呢？我们是不是还得观照上下文啊？哪位同学找到相关的句子了？

生："虽然是满月，天上却有一层淡淡的云，所以不能朗照；但我以为这恰是到了好处——酣眠固不可少，小睡也别有风味的"。

生：老师，这一句话中有一个破折号，是不是解释说明的？

师：解释说明什么？

生：应该是解释说明月光朗照和不能朗照的吧？

师：朗照和不能朗照与睡眠程度有什么关系吗？

生：我觉得运用了比喻的修辞手法。"酣眠"比喻朗照，"小睡"比喻被一层淡淡的云遮住的月光。因为是晚上，而且月亮朗照时很透彻、程度深，两者深透、深沉的意蕴相似，所以用"酣眠"；而被云遮住的淡淡的月光则像小睡，轻轻的，睡不踏实，两者淡淡的、朦胧的感觉接近。（生鼓掌）

师：这位同学经过深入的思考得出这样的结论，非常好！只有真正地投入文本中，我们才能真正地提升思考和分析的能力！还有问题吗？

生："塘中的月色并不均匀；但光与影有着和谐的旋律，如梵婀玲上奏着的名曲"，这一句话是不是也是通感手法呢？

师：你认为将什么写作了什么？能不能做一下简单的赏析？

生：由视觉转为听觉，月光与树影是宁静的，用"名曲"来形容，将读者带入一种幻境，光与影的白黑块，仿佛变成了活泼的、跳跃的音符。这是化静为动的写法，也激发了读者的联想和想象。

师：分析得不错，能够学以致用，活学活用。那么我们再想一下提到梵婀玲，我们会很容易联想到《小夜曲》之类的名曲，光与影的和谐分布与名曲的优美、悠扬，其间有某种相通之处，两相烘托，也是意象的叠加，艺术效果倍增，给原有的意境带来了温馨、幽雅的氛围。

生："弯弯的杨柳的稀疏的倩影，却又像是画在荷叶上"，为什么用"画"？

师：那我就把这个"画"字换成"照"。

生：不行，没有意境。"画"一般都画比较美的东西，跟前面那个"倩影"对应。

师：很好。月光就像是一位高明的画家，把"弯弯的杨柳的稀疏的倩影"信手"画"在荷叶上。大家想，如果是"照"在荷叶上是不是过于写实了？这个韵味就缺失很多了，所以这是"画"字的妙处。同学们提出的问题都是围绕着"写的什么"和"怎么写的"，这一自然段还有一个特点，作者用了非常传神的动词，找一找，体会一下。

生："泻"。把"静"态的月光写"动"了，而且跟前面的"流水"相照应。

生："浮"。其实这个"浮"字更突出了"青雾"的那种轻盈和飘逸，和景物的特点，和此时此刻的意境是一致的。

生："洗"。突出朦胧的月光照射下的叶子和花的那种朦胧和柔美。

生："笼"。有一种很轻的、飘浮的感觉。

师：改成"照"行吗？

生：不好，过于生硬了。

师：当你真正地读进去了，你就能发现这些动词非常得传神。好，第6

自然段写了荷塘四周的景色，大家先自己朗读一下，看一看预习作业上有没有理解不了的问题。

（生自读第6自然段）

生："树缝里也漏着一两点路灯光，没精打采的，是渴睡人的眼"，我想问一下，什么叫"渴睡人的眼"？

师：大家上课特别困的时候会怎样做？

生：困到一定的境界眼睛不自觉地就会闭起来。

生：当瞌睡虫来临时，我可能被它打败，然后趴在了课桌上。

生：很重要的课我会站着听，但是听课效率不佳。

师：多么真实的想法啊！我们说课堂成就梦想！（众生笑）那么我们想象一下，一节课你很困，不能自已时，你的眼睛就慢慢闭起来；当老师声音提高一度时，你的眼睛又会突然睁开。

生：老师，我明白了。瞌睡的时候眼睛那种一会儿睁开一会儿闭上，如此往复的状态，是不是和树缝里的灯光随风舞动落在地面上的光斑一会儿出现，一会儿没有的状态相似？所以应该是比喻修辞吧。

师：这位同学回答得很好！我们通过了情景设置解决了大家在理解层面的问题。这个比喻是不是很生动、贴切？还有什么问题吗？

生：老师，为什么"热闹是它们的，我什么也没有"？

师：哪位同学能试着解决这个问题？

生：第6自然段虽然也是写景，但是所写的是月光下荷塘四周的树和远山。此句承接的是"树缝里也漏着一两点路灯光……是渴睡人的眼"。忽明忽暗的灯光加上朦胧如梦的月光，从景色的特点来看的话应该是清幽的哀伤之景。作者在此时又把视角拉入对热闹从蝉声和水里的蛙声的描绘，应该是以蛙和蝉之乐来衬托自己淡淡的忧愁，所以才会说"热闹是他们的，我什么也没有"。

师：他这个回答角度很好。我们说"一切景语皆情语"，能够从描绘的景色中感知到作者的感情，说明读进去了。接下来大家读一下第7～10自然段，在朗读的过程中把握作者的情感变化。好，开始。

（生自读第7～10自然段）

师：谁能试着读一读这一部分？好，你来。

（生朗读）

师：哪位同学来评价一下他读得怎么样？

生：我觉得他读得情感投入不足，语调平平。

师：那你能不能试着读一读？

（生朗读）

师：他读得怎么样？

生：好。情感充沛，读出了喜悦之情。

生：我觉得他的音色很好，可以将江南采莲的热闹氛围读出来。后边读《西洲曲》的时候情绪应该走向忧伤。

师：放开声音朗读能够让我们把握最基本的作者情感，所以大家一定不能害羞，要让朗诵发挥其独特的魅力，感受语文那天生的浪漫。那么，大家在理解层面上有什么问题吗？

生：为什么要想起江南采莲的事情？

师：谁能解决这个问题？

生：采莲是江南的旧俗，作者应该很熟悉。熟悉才会想起来。

师：是什么触发他想起来的呢？

生：是清华园的荷塘。

师：由清华园的荷塘想起江南采莲是属于相关联想的一种。我经常和大家说在你看似理解的时候要追加一个为什么？我们可以思考为什么他在北方的清华园就能想起南方的采莲呢？

（生疑惑）

师：我们想一想他是哪里人？

生：对，他自称是"扬州人"。南方人才能熟悉江南采莲。（恍然大悟）

师：我们把这个问题弄清楚了，关于"可惜我们现在早已无福消受了"这个问题也就迎刃而解了。为什么"无福消受"？

生：因为他现在在北方，没有办法感受那美好快乐的江南生活。

师：理解到位！

生：老师，既然想到江南采莲，为什么提到的诗歌《采莲赋》和《西洲曲》都是和爱情有关？难道作者爱情不顺吗？

师：这个同学关注点很好。那么是作者的爱情不顺吗？我们根据文本能不能找到呢？

生：不能。（生憨笑）

师：很显然，从文本中我们不能得知作者的爱情不顺。那么，我们现在想一想什么时候会想到爱情？

生：我觉得爱情是很美好的东西，很单纯的，像莲花一样，所以莲花的美好可以象征爱情。

生：我认为爱情像水一样纯洁透明。

师：你从哪里得知的呢？

生：猜的。（生笑）

师：我们来看一下《西洲曲》的句子："低头弄莲子，莲子清如水。"我们说采莲的一般是女子，那么这首诗当中的"子"一般指谁？

生：古代男子的尊称。

师：男子没错，应该是心爱之人吧！这个"莲"其实是谐音"怜"的意思。那么，这句话由本义是女孩低头侍弄莲子，莲子清澈如水就演变成低着头娇羞的样子，爱你的心就像水一样纯洁。

（生惊叹）

师：这种手法叫作"谐音双关"，是中国古人特有的一种含蓄表情的方式。我们说爱情是人类的一种最美好的感情，我们在什么时候向往爱情呢？

生：缺爱的时候。（生笑）

师：当作者缺爱的时候正好想到内心最美好的感情。但是他缺少的不是爱情，而是一种内心的忧愁，而在这样的忧愁之下他通过回想江南的美好来排解。

生：老师，什么叫作"只不见一些流水的影子，是不行的"？是什么意思？

生：水是没有影子的，"流水的影子"应该是流水。

师：对。因为清华园的荷塘荷叶曲曲折折，浓密繁多，叶子遮住流水自然看不到流水。这句和前边"叶子底下是脉脉的流水，遮住了，不能见一些颜色；而叶子却更见风致了"意境相似。作者出门是为了排解内心的苦闷，到最后这苦闷解脱了吗？

生（齐）：没有！

师：还必须回到现实中。所以整个文章的结构其实是一个闭合的结构：从家里出来—在路上—荷塘边—回去的路上—又回到家里。

四、厘清思路——圆形结构

师：我们按照"作者要排遣自己内心的不宁静"作为一条线索的话，作者心理变化经历了怎样的过程？从家里出来的时候心里边宁静吗？

生（讨论总结）：不宁静—求静—得静—出静。

师：这是第二层的结构。与此照应的"愁"和"喜"变化呢？

生（讨论总结）：愁—淡淡的喜悦—喜—愁。

师：课后楷体字部分说是"双层"结构，我认为是"三层"。从全文看，夜游荷塘是朱自清先生做的一个"梦"！是一次精神世界的畅游，灵魂的畅游！这是我们在本单元学的第二篇散文，所以用的时间比较长，我希望同学们能把这篇课文所学到的鉴赏散文的方法应用到后面几篇散文的阅读！

教学反思

以问搭建学与思的桥梁

——《荷塘月色》教学反思

《荷塘月色》是学生们升入高中之后接触到的第二篇写景抒情的散文名篇，学生在质疑问难中学懂本篇文章，在以后的散文学习中就可以做到"举一反三"；教师在教授中掌握学生的真实学情，对以后语文教学研究的意义重大。

教师，是学生通往人生殿堂的修桥人。学生，站在河道一端，茫然四顾；教师，在河道另一端，努力搭桥。教师应该思考，用什么搭建学生人生道路的桥梁？学与思的思维至关重要。教师如果凭借经验主义，定位不准，随意搭建，那么学生永远到不了真正的人生殿堂。问与思，学会质疑，才是学生生存最重要的能力。用质疑了解真实的学情，用学情改进自己的教学设计，努力做到一课讲百遍，遍遍不重样。

《荷塘月色》是著名散文家朱自清的代表作，有极高的阅读价值和美学价值。这篇写景状物散文运用借景抒情、融情于景的表现手法，通过独特细腻的观察，调动自己的感官，运用多种修辞，以优美的语言来传递作者淡淡的喜悦和淡淡的忧愁。在教学中要注重分析写景、体会不同的情感、品味语言、注重审美体验，以便学生更好地将阅读和写作结合起来。

《荷塘月色》是在我独立创立的"'学情核心'阅读教学课堂模式"下的常态课。在"学情核心"理论的指导下，面对着不同的学情怎样教、教什么，如何突破创新，是我在教授本文时重点考虑的内容。于是，我抓住了三个关键词：发现，生成，文化。

发现：把"发现"的权利还给学生。要使学生"会学""会阅读"，自我习得很重要。只有学生学会"发现"，主动去发现语言中的神妙之处并自觉地吸收，才能算"会阅读"。当学生能够拥有独立质疑问难的能力时，作为教师，应该感到自己是一个幸福的人。千万不要低估学生"发现"的能力，很多时候，"你给他一个机会，他会还你一个奇迹"。比如对"峭楞楞如鬼一般"的发问就体现了学生善于"发现"的能力。

生成：注重课堂生成的过程。这关涉阅读目标的预设和优化教学过程问题。如果预设目标过于单一，必然会扼杀阅读个体的个性化的理解与感悟。试想，诸多专家、学者穷其一生研究的结论，被我们的教师预设为教学目标，并力求在极短的课堂教学中达成，对学生而言是不可想象的。优化教学过程，需要针对不同层次学生的发现，尊重学生认知的起点，对教材进行适当整合，形成适应学生个性、能力发展的教学流程。预习作业中的问题有理解层面的，有鉴赏层面的，有思维层面的，足以体现出学生语文知识水平的参差不齐，授课中整合问题，便是尊重了学生的认知。

文化：挖掘本文的文化内蕴。课堂教学的"文化味儿"包括三个方面：教师本身深厚的文化积淀，文本中的文化因素，提升学生的文化品位。在这三要素中，"教师本身深厚的文化积淀"是基础，是前提；"文本中的文化因素"是过程，是核心；"提升学生的文化品位"是目的，是结果。对《荷塘月色》的学习，不能仅仅停留于鉴赏美景句子，而应在和作者共情中感受知识分子"苦闷"心情，品味"荷塘文化"。

本堂课授课主要围绕学生预习作业中的静态学情展开，动态学情生成不多。原因大致如下：第一，有部分学生语文基础较差，无法构建语文的体系，理解性问题较多，如"酣眠"和"小睡"的意思是什么？第二，和传统课堂的填鸭式教育相比，"'学情核心'的阅读模式"要将课堂还给学生，让学生做课堂的主导者，但学生思想包袱较重，有的学生课堂上发言较少；第三，学生的关注点往往和课堂的重点不一致，如何从学生的兴趣爱好处出发，引导学生走进文本难度较大。如本堂课中我在黑板上画荷花、带领学生复习爱情诗等都在努力激发学生对本文的阅读兴趣。如何给学生搭好桥，引导学生走向学与思的桥，如何使学情不仅仅停留在静态，而升华到动态学情，任重而道远。

这些教学的思考，都是基于学生真实的学情。不了解学情，就不尊重阅读的规律，就不会有效果。所以，符合阅读规律的教学，是最核心的教学；符合学情的教学，是培养学生语文素养的教学！

培育核心素养，打造生命课堂

——评尤立增老师课例《荷塘月色》

河北省张家口市第四中学 李维民

语文课堂教学的出发点和归宿到底在哪里，是每一位语文教育工作者都必须面对和思考的问题。尤立增老师面对新课程改革，立足学情实际，着眼核心素养，积极进行理论创新和实践探索，不断摸索实现语文核心素养落地的门径。尤老师以学生作为语文课堂教学的出发点和归宿，以促进学生生命成长为目的，为我们呈现出了统编版高中语文散文教学的基本样貌，值得所有语文教育工作者关注和思考。

一、实践"学情核心"的阅读教学课堂模式，关注学生的阅读需求，巧妙进行导引点拨，开展自主、合作、探究学习的探索

"学情核心"的阅读教学课堂模式是尤立增老师在总结多年语文课堂教学实践的基础上，面向新课程改革理念，创立的语文阅读教学课堂模式。尤老师在语文课堂中积极实践，不断探索，取得了丰硕的教学成果。设计是语文课堂的灵魂，而课堂设计的前提和基础就是立足学情。尤老师执教的《荷塘月色》正是建立在学生充分预习的基础之上，他把学生的预习作业设计成"字词积累""思维导图""预习所得""质疑问难"四个相关联的板块，并特别在"质疑问难"板块中对学生的问题进行了分类和概括，以此作为课堂设计的重要依据。尤老师正是以学生初始的阅读体验为出发点，充分留给学生"素读"和"裸读"的空间。学生提出的"我读了两遍感觉不清楚思路，把握不了主旨。作者的情绪时喜时忧，不知道到底要表达什么"的问题，恰恰是高中学生普遍且真实的阅读体验。尤老师没有急于进行纠正，而是适时鼓励了这种弥足珍贵的"初体验"并进行导引点拨。以品茗为喻，顺势以这种丰富、真实而富于开放性的阅读体验为起点进行教学设计，一堂好课也就成功了一半！在课堂教学的过程中，尤老师始终做到"眼中有文，更要眼中有人"，不断从学生的课堂反应和回馈中适时调整变化。当学生在课堂上提出疑问："这篇文章写的景物本来都挺美的，可是这一自然段最后却有一句'峭楞楞如鬼一般'，好像和全文的感情基调不相符，作者为什么要这样写？"尤老师首先对这名学生进行了鼓励，并把自己高中时代学习的文章和现在统编版教材作了对比，一步一步引导学生关注"稀疏的倩影"和"峭楞楞如鬼一般"之间的对比衬托关系，进一步体会了"倩影"之美。这正是在鼓励学生独立思考和自由表达，正是在课堂预设基础上的生成过程。

二、着眼"高中语文核心素养"进行教学设计，以课堂为载体，不断摸索核心素养落地的门径，着力打造面向学生成长的生命课堂

尤老师的课堂教学艺术还体现在对《荷塘月色》审美性的把握上。毋庸

置疑，《荷塘月色》是一篇经典美文，但这个"美"是最容易被"标签化"和"固化"起来的，尤老师充分调动了学生们的生活体验，循循善诱，娓娓道来，在师生交互合作和探究的方式之下，散文之美一点一点地呈现在学生和教师面前，审美教育就这样在课堂上真实地发生。更为可贵的是尤老师摒弃了令人眼花缭乱的多媒体手段，切实回归了语文课堂教学的本质，却又不失时机地勾勒出一幅"荷叶图"的简笔画，虽说"领会精神"，实则跨越学科的边界和壁垒，在图文对照中，在师生默契的微笑中，在潜移默化中丰富了学生的审美体验，提升了学生的审美素养，确是"神来之笔"。在对文章的主题理解方面，尤老师给出了"家庭危机、家庭贫困、角色定位、个人性格、怀念家乡和政治原因"等多种不同的解读，留给了学生丰富广泛的思维空间，把思考和感悟的权利交还给了学生，鼓励学生根据自己的理解形成个性化的阅读体验，进而学会在景物的描写中思考人生，体会民族审美文化心理。这样就使得语言、思维、审美和文化方面的核心素养在课堂教学上真正落地，使语文课堂真正成为面向学生未来成长的生命课堂。

朱自清的散文《荷塘月色》是中国现代散文的经典作品，包含着极高的教学价值和审美价值，给予了一代代中国人丰富的精神滋养，先后多次入选中学语文教科书，也是统编版高中语文必修上册中第七单元的散文作品。但往往越是经典作品距离学生的生活情景就越是遥远，尤立增老师的课堂教学设计就是在学生和文本之间"架桥铺路"，通过问题导引和任务驱动的方式，引导学生一步一步跨越时光的阻隔，克服文本的障碍，真正品味和感悟经典散文名篇的审美意蕴和文化内涵。我们也仿佛穿越时光，回到了当年的清华园荷塘，细嗅那淡淡的荷香，经历那一场难忘的精神盛宴。

（李维民，河北省特级教师，北京师范大学教育硕士，语文高级教师。荣获河北省骨干教师、河北省先进德育工作者、河北省教育系统先进共产党员、河北省"三三三"第三层次人才、河北省创新应用专家等荣誉称号。先后在《语文建设》《语文教学通讯》《语文学习》等期刊发表论文近20篇。）

课例 7

情景交融中绽放的理性之花

——《赤壁赋》教学欣赏

（高中语文必修上册第 16 课）

教学设计

跨越千年和古人对话

——《赤壁赋》教学设计

一、教学理念

本单元属于写景抒情类散文单元。单元学习任务指出：本单元的写景抒情散文，都表现了作者眼中的自然美，表达了他们对生命的感悟与思考。这也就是说，本单元的写景抒情类散文，往往包含着抒情和说理的成分。这个单元的作品内涵是人与自然的关系。所以，应该引导学生在文本审美的基础

169

上欣赏自然，感悟自然，思考人与自然的关系。

　　学生是语文学习的主人，学生已有的知识结构和认知水平，是教师的授课点和出发点。《赤壁赋》在上册第七单元第三课，教师教授的对象是高一年级学生，他们有一定的概括理解能力，对情感类散文能引起一定共鸣，同时他们已经学过情景交融的文言文，对文言常识有所积累，所以，理解《赤壁赋》的字词应该不是很难。但是就课文的内容理解层面，让十几岁的高中生去理解一位经历了人生大起大落与诸多磨难的大文豪的思想，估计会有一些难度。

　　在上课之前的自习课上，我秉承一贯的风格，给学生们布置了预习作业。从预习作业来看，学生的问题和我所预估的差不多，提问都集中在对文章内容的理解上。这就给我的备课指明了方向。什么是尊重学生？尊重学生就是以他们的问题为出发点，尽自己最大的努力，让学生理解文本，实打实地解决他们提出的问题。

　　基于这种学情，我觉得这篇文章应该侧重引导学生理解苏轼如何将纯理念的对社会人生的抽象认识通过欣赏风月、凭吊古人的方式来完成。引导学生把握如何由自然景物引发的人生感慨，如本文在描绘自然风景的同时，倾诉了自己怀才不遇的愤懑，但也表现了乐观旷达的精神。由于这些情感的表达并不是明显的、直接的，由学生自己来鉴赏这样一篇文章，显然是很难的。学情如此，在这篇文章的处理上，就需要教师多做引导，甚至举一些通俗易懂的例子，帮助学生理解，师生共同努力，挖掘出文中作者想表达的思想内涵。所以，我觉得在对《赤壁赋》教学过程中应紧紧抓住"鉴赏"二字，以学生为核心，致力于培养学生的欣赏水平，这也体现了新课标中要求的"要致力于学生语文素养和整体能力的提高，重视积累、感悟和熏陶，重视语文运用能力和语感的培养"。

二、教学目标

1.解读文本蕴含的人生哲理，鉴赏辞赋中主客问答的艺术手法。

2.品味苏轼借儒、释、道三家思想宽慰内心，试图忘怀得失的达观心态。

3.对基本的文言文实词、虚词进行积累。

三、教学过程

（一）了解背景，知人论世

（略）

（二）夜游赤壁：赏秋江月夜之美景——乐

1.整合学生预习作业"质疑问难"板块的问题如下：

（1）这是"赋"正文前一段简短的叙事，可分几层？

（2）本段展示了怎样的境界？感情色彩如何？

2.教师备答：

（1）可分三层：①第一句，点明时间、人物、地点。这是写赋的正规笔墨，如一篇长诗前的小序。②第二、三句，前句写景，后句叙事，为月出之前的情况。③第四、五、六、七句，亦为先写景后叙事，为月出之后的情况。

（2）本段展示了一种与友人相聚，泛舟江上，畅饮美酒、咏诗诵文、迎风赏月的舒畅飘逸、超然物外的境界。本段的感情色彩以"乐"为主。

（三）主歌客和：听箫歌相和之哀声——由乐转悲

1.整合学生预习作业"质疑问难"板块的问题如下：

（1）本段可分几层？营造了怎样的意境？

（2）本段的"乐"从何体现，与上段的"乐"有何不同？

（3）歌词中的"美人"指代什么？歌词表达了主人怎样的情怀？

（4）本段的"悲"从何体现？作者是怎样描写箫声之悲的？

（5）本段在全文结构中起了怎样的作用？

2.教师备答：

（1）可分两层：①写作者的歌声；②写客人的箫声。本段营造了一种主客之间箫歌互答，悲喜交集的境界。

（2）本段的"乐"由主人"饮酒乐甚，扣舷而歌之"看出。本段的"乐"比上段更甚，这样写可为下层转入"悲"做铺垫，以形成更大的反差。

（3）"美人"指所倾心的对象，代表一种理想的追求。它表现了作者的政治感慨，是作者在遭受贬谪之后，仍然坚持对生活的执着态度，坚持对朝廷政事关切而不甘沉沦的情怀。

（4）本段"悲"从客人悲凉的箫声体现。作者借助夸张、想象，运用精细的刻画和生动的比喻化抽象为具体，把洞箫那种悲咽低回的哀音表现得十分形象真切。

（5）转折过渡。

（四）怀古伤时：叹吾生须臾之悲情——悲

1.整合学生预习作业"质疑问难"板块的问题如下：

（1）本段主要写了什么？感情色彩发生怎样的变化？

（2）"客"是如何阐发当时的情怀的？

（3）本段是怎样将情、景、理结合在一起的？

2.教师备答：

（1）本段写"客"的回答，阐发了怀古伤时之情，感情色彩由喜转为甚为悲伤。

（2）"客"之所以"悲"，在于触景伤怀，有感于人生短暂。眼前之景，很容易让人联想到曹操的诗句，进而联想到曹操兵败赤壁的惨状。这么个"一世之雄"尚且随着"大江东去"，而销声匿迹，有为者尚且如此，更何况我们生命短暂、有志而无为者，羡慕长江永恒，哀叹人生短暂，表现出一种消极的人生观和虚无主义思想。对于封建社会的文人士大夫来说，他们在政治失意或生活遇到挫折的时候，往往就陷入这样的苦闷与迷茫之中。虽为客语，实际反映了作者本人思想中的消极面。

（3）通过"客曰"，由眼前的"江水""明月"想到曹操、周瑜两个英雄人物，是写景；再由他们的"而今安在哉"，揭示人生短促之"悲"，是议论；引出曾、周两人，更见己身之渺小，自然生出"哀吾生之须臾，羡长江之无穷"的感慨，是抒情。

写曹操不是为了说明他是英雄，重心在"而今安在哉"这句上，为了突出像他这样的又是诗人又是英雄的人物最终同归于"空虚"的忧思悲绪上；还有这一段的对比是为了写"悲"，不是为了写人生短暂。

一般的人，在忧患于人生短促和虚空时，他会怎么做？

喝酒，及时行乐。像曹操《短歌行》中说的："何以解忧？唯有杜康！"

这是古人解救自我的好方法。李白在感叹"夫天地者，万物之逆旅；光阴者，百代之过客"以后，不是接着说："浮生如梦，为欢几何？古人秉烛夜游，良有以也"；另一位唐代诗人韦庄也说过："须愁春漏短，莫诉金杯满。遇酒且呵呵，人生能几何！"但苏轼不用此法。他认为举杯消愁只有愁更愁，俗话说"心病还要心药医"，欲求精神苦闷的真正解脱，只有求之于自身在哲学上的"解脱"，所以虽然他借客之口表达了自己的悲情，但醉翁之意并不在宣扬这种悲观的论调，而是沿用赋家"抑客伸主"的方法，力求阐明万物变与不变的道理，超脱于无益的悲观，凭仗哲学武器，他的精神世界也就随之而转出了一个更新的境界。因此文中的"悲"与豪放风格并不矛盾。

（五）人生感悟：悟变与不变之妙理——旷达

1.整合学生预习作业"质疑问难"板块的问题如下：

（1）本段主要写什么内容？感情色彩如何？

（2）作者是如何阐发自己的人生感悟的？

（3）作者的观点到底是悲伤还是旷达？

（4）作者为什么说不必羡慕宇宙的无穷？

2.教师备答：

（1）本段的感情变为喜悦。主要写苏子批评客的观点，阐发了自己的人生感悟。

（2）苏子的回答照应文章开头的写景和客的笑话，以明月、江水作比，说明世上万物和人生，都既有变的一面，又有不变的一面。从变的角度看，天地万物就连一眨眼的工夫都不能保持不变；而从不变的角度看，万物和人类都是永久存在的，用不着羡慕长江的无穷和明月的永不增减，也用不着哀叹人生的短促。应该轻物质而重精神，执着于自己的不朽事业，保持平静超然的心态和乐观旷达的情怀。

（3）作者的某些语言容易被误解为及时行乐，但这种思想并未从文章中直接反映出来，作者表明的观点是希望一个人不要发无病之呻吟，不要去追求那种看似超脱尘世其实并不现实的幻想境界；而应适应现实，在目前这种宁静恬适的环境中不妨陶醉于大自然的怀抱。作者的这种观点包含一定的合理性，因为作者不同意看问题绝对化，注意到事物相反相成的辩证关系。但这种观点并非科学，因为作者沿袭了庄子的相对主义观点，否认衡量事物的客观标准，抹杀事物质与量的实际界限。总之，在当时的背景下，作者的观点还是积极的。

（4）从变的角度说，天地宇宙也是瞬息万变的，就如水和月亮一样，江水日夜不停地流、月从亏到盈不断地变化；从不变的角度，我和万物都是永恒的。以水和月为喻的一段议论，可以看出佛教禅宗对苏轼的影响。他认为作为个体的人，生命是短促的，但他参与了整个人类的生命活动，而作为整个人类，又同宇宙一样是永恒存在的。这种"物我一致"的观点说明了苏轼对生命的肯定和对生活的热爱。大自然是个无穷宝藏，可以作为人们的精神寄托，所以苏轼认为人对自然万物，不该取的不取，该取的就取。不必因"吾生之须臾"而羡慕其"无穷"，而要使无穷的自然万物为"吾生"所享用，从中得到乐趣。这样议论最后又回到了"乐"上来。

（六）参透人生：喜主客合一之通达——乐

1.整合学生预习作业"质疑问难"板块的问题如下：

（1）本段感情色彩如何？主要写了哪些内容？

（2）这样结尾有什么深刻含义？

（3）结合全文，应如何认识文中的"主"与"客"？

2.教师备答：

（1）本段感情色彩为"乐"，照应了开头超然欲仙的快乐，主要写客人听了苏子的话，身心释然，主客开怀畅饮，兴尽酣睡。

（2）这样结尾是向政敌的一种暗示：我虽然遭受迫害，贬谪黄州，但我的日子过得并不错，既不寂寞也不苦恼。这实际上是一种抗议。

（3）"主""客"实为一体，分别反映了作者内心的积极和消极的心态。

（七）总结概括

课文描写了月夜的美好景色和泛舟大江饮酒赋诗的舒畅心情，然后通过客人的洞箫吹奏极其幽怨的声调，引起主客之间的一场问答，转移到关于人生态度问题的论辩上，写出历史人物的兴亡和现实苦闷的"悲"，阐明变与不变的道理，以求解脱，最后归于豁达乐观。表现出作者"乐—悲—乐"的感情变化。这也是课文的感情线索。文章合而不露，意在言外，深沉的感情融于景物描写之中，满腔的悲愤寄寓在旷达的风貌之下。

1.写景、抒情、议论紧密结合。

全文不论抒情还是议论，始终不离江上风光和赤壁故事。这就创造出一种情、景、理的融合，充满诗情画意而又蕴含着人生哲理的艺术境界。第一段重在写景，与作者超然旷达的心境相映成趣，也为下文的抒情、议论奠定了基础。第四段虽然重在说理，却借追溯历史陈迹、抒怀历史人物而显示人生与天地"变"与"不变"的哲理。

2."以文为赋"的体裁形式。

本文既保留了传统赋体那种诗的特质和情韵，同时又吸收了散文的笔调和手法，打破了赋在句式、声韵和对偶等方面的束缚，更多的是散文的成分，使文章兼具诗歌的深致情韵，又有散文的透辟理意。散文的笔势笔调，使全篇文情勃郁顿挫，如万斛泉源，喷薄而出。与赋的讲究整齐对偶不同，它的书写更为自由。如开头一段"壬戌之秋，七月既望，苏子与客泛舟游于赤壁之下"，全是散句，参差疏落之中却有整饬之致；以下直至将末，虽都押韵，但换韵较快，而且换韵处往往就是文义的一个段落，这就使本文特别利于诵读，极富声韵之美，体现出韵文文学的长处。

3.形象优美、善于取智的语言特色。

如描写箫声的幽咽哀婉："其声呜呜然，如怨如慕，如泣如诉，余音袅袅，不绝如缕。舞幽壑之潜蛟，泣孤舟之嫠妇。"将抽象而不易捉摸的声、情，写得具体可感，诉诸读者的视觉和听觉。

情景交融中绽放的理性之花

——《赤壁赋》课堂实录

一、文体介绍与作者简介

师：今天我们讲苏轼的《赤壁赋》。看了大家的预习作业，我发现这篇文章大家在字词方面问题不是很多，问题主要集中在对文章内容的理解上。

今天，我们针对大家的问题，一步步地来探究这篇文章。首先我们来看题目《赤壁赋》，看到题目，我们知道这是一篇赋，那么对于"赋"大家了解多少呢？

生：赋，始于两汉魏晋。刘勰在《文心雕龙》中就总结了赋的特点：赋者，铺也，铺采摛文，体物写志也。也就是您经常说的：铺陈。

生：好像老师说过，赋的内容多为悲士不遇，接近散文，语句上以四六句为主。

生：著名的赋有司马相如的《子虚赋》，贾谊的《鹏鸟赋》，张衡的《两京赋》等。

师：大家说得很好。"赋"是一种文体，一种介于诗和散文之间的文体。它比诗歌要自由一些，随意一点，比散文要求更严谨一些，讲究辞藻和用典。（师板书：辞藻　用典）今天这篇《赤壁赋》，也是"赋"中的名篇，而且它还有自己的特点，最显著的是它摆脱了魏晋时期铺陈浮华、罗列辞藻的文风，紧紧围绕着自己的"志"，追求真情实景。一般的赋在结构上，采用主客问答，抑客扬主。事实上，这篇文章比较特殊，它里面的"主"是苏轼，"客"也是苏轼，这是自己和自己的一种问答。

生：可是老师，我们在预习的过程中发现客和主的观点并不一样啊，两人还对答呢，不可能是一个人吧？

师：是一个人。客和主的观点并不一样，恰恰说明苏轼自己内心的矛盾冲突斗争。

生（齐）：如何理解？

师：很好理解。举个例子吧，比如考试时你看到一道题不会，你知道答案就在书上。这时，你脑海里出现两种声音：一个说，看看吧，反正老师也没注意；另一个声音说，不行，你忘了咱们校训当中有慎独自励吗？（众生大笑）表面上看这两个观点是矛盾的，实际上恰恰折射出你内心的矛盾。我们可以把这种思想移植到课内的主、客问答上，主和客，就相当于苏轼脑海中的两个声音，这回明白了吗？

生（齐）：明白了。

师：好，明白了这篇赋的特点，我们再来看题目中的"赤壁"。这个赤壁，大家看课下注释1发现，这不是当年孙刘联军和曹操作战的地方。那么，苏轼知道吗？

生：知道。

师（笑问）：你怎么知道他知道？

（众生笑）

生：《念奴娇·赤壁怀古》里面就有：故垒西边，人道是，三国周郎赤壁。翻译为：人们都说是周郎在那里打败的曹操。说明作者不是很确定。

师：看样子这位同学背诵的诗歌挺多。以后这篇《念奴娇·赤壁怀古》我们会在必修四里面讲，也属于千古名篇。

生：既然不是赤壁之战的赤壁战场，作者为什么还写它，还想到了曹操，想到了周瑜？

师：这就是文学和历史的区别。历史讲究考证，用大量的文献资料和文物来考证这是不是当年的赤壁，而文学的魅力在于：它是不是赤壁不要紧，更重要的是我借助这个地方来表达我自己的情怀。这就是所谓的"诗言志"。具体到这篇文章，他言的是什么志呢？我们先来看一下它的背景：1080年，苏轼被贬黄州。在这里，他经常来赤壁矶头游览眺望，或泛舟江中。1082年，苏轼又来到赤壁。这时他已年近半百，站在矶头，望着滚滚东去的江水，想起自己建功立业的抱负也付之东流，不禁俯仰古今，浮想联翩，写下了名作《念奴娇·赤壁怀古》。这年七月十六日和十月十五日，苏轼又两次舟游赤壁之下的长江，写下了著名的《前赤壁赋》《后赤壁赋》。前后《赤壁赋》在我国文学艺术史上有着深远的影响。它为以后的戏曲、绘画、雕塑等提供了创作的题材。宋代画家李公麟、明代画家唐寅都画过苏轼舟游赤壁的画。苏轼在赤壁的创作活动，给赤壁增添了光彩，清人就干脆把黄州赤壁命名为"东坡赤壁"，并镌刻在建筑物的门额上，由此名满天下。直到今天，在黄冈东坡赤壁，仍有"二赋堂""酹江亭""坡仙亭"等名胜。

二、理解字词，疏通文意

师：我们现在回到文章，一共有五段，大家都预习了，先看看在字词方面有什么问题。我们一段一段地说。我们先看第一段，大家看有没有不理解的句子和词？

生："白露横江"，"白露"怎么理解？"纵一苇之所如"的"纵"和"所如"怎么理解？"少焉"的"焉"怎么理解？是衬字吗？"泛舟游于赤壁之上"的"泛舟"怎么理解？

生：她把第一段我们要问的问题快问完了。

（众生笑）

师（笑）：既然大家的问题都差不多，咱们就集中来解释一下。谁能回答她的问题？

生：白露，氤氲在水面的雾气。纵，任凭。所如，所字结构，理解为所到的地方。"少焉"的"焉"，形容词词尾，不翻译，类似的有"久之""顷之"的"之"，也就是个衬字。泛舟，不划船，让船自由自在地漂在水上。

师：非常好，继续。

生：第二段中"扣舷而歌之"的"而"和"倚歌而和之"的"而"一样吗？"客有吹洞箫者"是什么句式？

师：一样，他们都表修饰。"客有吹洞箫者"翻译成现代汉语是"有吹洞箫的客人"所以是——

生（齐）：定语后置。

生：第三段中"挟飞仙以遨游，抱明月而长终"，"挟"和"抱"怎么理解？"侣鱼虾而友麋鹿"，"侣"和"友"是什么用法？

师：谁来回答？

生：挟，带着。抱，本义怀抱，这里指陪伴。"侣"和"友"应该是意动用法吧？

师：对，是意动用法。解释为：以鱼虾为侣，以麋鹿为友。还有吗？

生：暂时没有了。

三、把握情感，鉴赏分析

师：疏通了文意，我们来鉴赏这篇文章。大家读完能够整体感知本文作者的感情变化吗？或者说，你能在文中找出表达作者喜怒哀乐等情感变化的词语吗？

生：第二段第一行的"于是饮酒乐甚"，其中的"乐"字。

生：第三段最后的"托遗响于悲风"，其中的"悲"字。

生：第三段第一行的"苏子愀然"的"愀"字，表示容色改变，也是情绪变化的标志。

生：最后一段的"客喜而笑"的"喜""笑"，表示高兴。

生：第一段"举酒属客，诵明月之诗，歌窈窕之章"也算乐吧？

师：算，只是它是间接的。同学们找的都很正确，把这几个同学的答案综合起来就是全文的情感变化的过程，全文的感情变化就是"乐—悲—乐"的过程。（师板书：乐—悲—乐）

（一）鉴赏第一段：夜游赤壁：赏秋江月夜之美景——乐

下面我们就进入第一段，它是说"乐"，我们来看看苏轼乐什么。谁来读第一段？

（一生读第一段）

师：刚才有三个字没读准，谁听出来了？

生："属"同"嘱"，读"zhǔ"；"少焉"的"少"读"shǎo"；"冯"同"凭"读"píng"。

师：好，解决了读音问题，大家看看文章内容有什么不理解的地方？

生："诵明月之诗，歌窈窕之章"怎么理解？

师：这是互文。意思是吟诵的是明月诗当中的窈窕章。指《诗经·陈风·月出》诗的第一章："月出皎兮，佼人僚兮。舒窈纠兮，劳心悄兮。"意思是：月光出来多么皎洁，美人啊不知道在哪里？你的身材窈窕啊，我追寻你却追寻不到。

生：为什么苏轼在船中诵读"明月之诗"里的"窈窕之章"？还说"美人"？（众生笑）

师（笑）：对啊，为什么他诵读这个？有谁能说说自己的看法吗？

生：七月既望，正好是七月十六日，月圆之夜，诵明月之诗为了引出月亮，而月亮也似乎听到苏子的呼唤声："少焉，月出于东山之上"，一轮明月

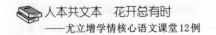
冉冉升起了。

生：照应后面第四段：苏子在回答的时候就有：客亦知夫水与月乎？水指长江，月指七月既望。

生：还有第三段的"月"："月明星稀，乌鹊南飞"，和对历史的追溯有关。

生：《月出》诗写出了在明亮月光下美人的姣好容貌和窈窕的体态，引起感情上爱慕和追寻不到的烦闷不安。这与下文的"扣舷而歌"的内容是有联系的，所以吟此诗也有引出下文作者自歌"望美人"的作用。

师：对，这又涉及后面的内容。从"扣舷而歌"的歌词看，显然是从《月出》诗里生发出来。"流光"指江面上浮动的月光，不就是"月出佼兮"吗？"美人"即心上漂亮的人儿，不正是"佼人僚兮，舒窈纠兮"吗？"渺渺兮予怀"表现临风怅惘，思绪黯然，不就是"劳心悄兮"吗？这么一看，像是民间情歌。那么，这歌词与单纯的民间情歌一样吗？

生：不一样吧？

师：为什么？可以说说吗？

生：我感觉苏轼在这里说的"美人"应该是一种政治理想吧？您看，他那么有才，却被贬到黄州，无法实现他的政治理想。

师：确实是。这里的"美人"代表一种理想的追求，表现的是政治的感慨。结合写诗的背景我们知道，作者遭受贬谪后非常苦闷，看到江水之阔，面对宇宙之大，难免产生知音何处之慨，发出天各一方之叹。在游赏之"乐"中，已包含淡淡的哀愁了，这"乐"本就属于苦中作乐，借山水而暂时排遣其内心的郁闷。所以从"望美人兮天一方"的失望心情中进一步引出后面的忧患和整个人生的哀思来。这样，大家可以发现，苏轼不是随意写水与月，而是为后面的抒情和议论做铺垫。还有问题吗？

生：没有了。

师：好，没有问题了我们来总结下第一段，同学们先放开声音自己读一下第一段，思考第一段都写了哪些内容。

（生读第一段）

生：有时间、地点、人物和事件，分别是"壬戌之秋，七月既望"和"苏子与客泛舟游于赤壁之下""举酒属客，诵明月之诗，歌窈窕之章"。

生：有美丽的景色，"清风徐来，水波不兴""白露横江，水光接天。纵一苇之所如，凌万顷之茫然"。

生：还有"浩浩乎如冯虚御风，而不知其所止；飘飘乎如遗世独立，羽化而登仙"这样非常美妙的感觉。

师：同学们回答得非常好，概括得很全面了，简单来说就是这样三个方面，良辰、美景和美感。大家可以试想一下：作者"与客泛舟游于赤壁之下"，投入大自然怀抱之中，尽情领略其间的清风、白露、高山、流水、月色、天光之美。兴之所至，信口吟诵《诗经·月出》首章"月出皎兮，佼人僚兮。舒窈纠兮，劳心悄兮"。在皎洁的月光照耀下，白茫茫的雾气笼罩江面，天光、水色连成一片，正所谓"秋水共长天一色"。游人这时心胸开阔、舒畅、无拘无束，因而"纵一苇之所如，凌万顷之茫然"，乘着一叶扁舟，在水波不兴、浩瀚无涯的江面上，随波漂荡，就好像在太空中乘风飞行，悠悠忽忽地离开人世，超然独立；又像长了翅膀飞升入仙境一样。浩瀚的江水与洒脱的胸怀，在作者的笔下腾跃而出，泛舟而游之乐，溢于言表。这是本文正面描写"泛舟"游赏景物的一段，以景抒情，融情入景，情景俱佳。现在我们一起读一下第一段，体会一下作者的感情。

（生齐读第一段）

（二）鉴赏第二段：主歌客和：听箫歌相和之哀声——由乐转悲

师：我们刚讲了，第一段主要写了良辰、美景和美感。在这如诗如画的美景之中，苏子和客人各自做了什么事情呢？

生（齐）：苏子在"饮酒""扣舷而歌之"，客人在"吹洞箫"。

生：这位客人似乎不太解风情，为什么要用悲凉的箫声来配苏轼的歌？

师：这就涉及苏轼唱的歌了。我们一起看一下，苏子吟诵的歌有什么特点？或者，他为什么要吟诵这首歌？

生：里面有"兮"，这是不是楚地的歌呢？

师：从外在语言风格来讲，是楚地的歌。

生：苏子为什么唱楚地的歌呢？有没有什么深刻的含义呢？

师：如果大家对《楚辞·离骚》比较了解的话，你们会发现它经常用香草美人来起兴作比，尤其是屈原的诗中经常极力铺陈自己的穿着打扮是多么好，坐的车是多么不同凡响，预示着自己卓尔不群和品德高尚。那么我们看这句"桂棹兮兰桨，击空明兮溯流光"，我用桂树作棹，木兰作桨，划破月光下的清波啊，在月光浮动的水面上逆流而上。我的思绪多么悠远，美人却在天的那一边。作者是在思美人吗？不是，就像我们前面说的，他思的是自己美好的理想，希望实现自己的政治抱负。可是，实现了吗？

生：没有，还被贬了。

师：所以，我们理解了苏轼唱歌的心境，我们就知道为什么客会吹洞箫来"和之"了。找个同学读一下课文对洞箫声音的描述。

生（有感情地读）："其声呜呜然，如怨如慕，如泣如诉，余音袅袅，不绝如缕。舞幽壑之潜蛟，泣孤舟之嫠妇"。

师：什么是"潜蛟"？

生：潜伏在水底的蛟龙。

生：老师，这个"舞"是翩翩起舞的意思吗？如果是，好像和这段的基调不搭配啊？

师：不是，这个"舞"实际上就是"动"。"潜蛟"它本来是静止的，在水底沉着的，现在听到箫的悲凉之声，连蛟龙都受到震动，动了起来。所以不能说翩翩起舞。

生：那为什么要写"潜蛟"？

师：龙什么时候最有威力？潜龙腾渊，鳞爪飞扬。潜龙出水最厉害了。现在这条龙在哪里？被压抑在水下。所以"舞幽壑之潜蛟"。苏轼立刻想到的是蛟龙，而且是潜在水底的蛟龙，这与苏轼本人有何联系？

生：苏轼本人也是郁郁不得志，他的理想和志向也压抑在心中，无法实现，跟潜蛟很像。

师：所以箫声、歌声融在了一块。我们再看"泣孤舟之嫠妇"。

生：老师，《孔雀东南飞》里面有"寡妇起彷徨"。好像写压抑的时候特别爱写这些人？

师：确实是。因为她们的身世很苦。她们平时可能感受不到自己的悲苦，但是因为箫声太悲凉了，触动了她们的心灵。寡妇还不够，再配上一条孤零零的小船，还不够，加上一个泣字，使小船上的寡妇也为之黯然神伤。所以在这里，客人吹这样的洞箫声，并不是不解风情，恰恰相反，他其实是听出了苏轼内心的孤苦和悲凉。所以，箫声表现出客什么样的情绪？

生：伤感，悲伤，凄楚，哀怨。

师：这一歌一箫，两者珠联璧合。那么真有人用箫声和他吗？不一定。这是表达苏轼的悲情。我们带着这样的情感，再把第二段朗读一遍。

（生读第二段）

（三）鉴赏第三段：怀古伤时：叹吾生须臾之悲情——悲

师：我们说赋常采用主客问答的形式，开始是"扣舷而歌之"，说明他内心是喜悦的，而后来，变成了"苏子愀然"，面容发生了改变，说明他也受到箫声的影响，变得悲凉。我们来看第三段，看看客人都诉说了哪些"悲"？

（师范读第三段）

师：现在请同学们想想，你看到的客人之"悲"有哪些？

生：为历史人物的不在而悲。写曹操"固一世之雄也，而今安在哉"。

师：课文中的曹操，是什么样的英雄？用哪些词来表现的？

生（齐）："方其破荆州，下江陵，顺流而东也，舳舻千里，旌旗蔽空，酾酒临江，横槊赋诗，固一世之雄也"。

师：想当年曹操的气势，真是一代豪杰，作者用了这么多词，极力铺陈曹操建立的功业，可是现在曹操呢？没了！确实是悲。那么为什么举例曹操呢？

生：因为游赤壁，想到曹操。就近举例。

师：对。还有"悲"吗？

生：为自己的渺小而悲。文中"寄蜉蝣于天地，渺沧海之一粟"表现这个意思。

师：怎么翻译这句话？

生：寄托自己像蜉蝣一样短暂的生命于天地间，渺小得就像沧海中的一粒米。一个写人生短暂，一个写人渺小到微不足道的程度。

师：人的生命和永恒的宇宙相比这么短暂、渺小，这么一想，确实挺悲。

生：老师，也不能这么想。相对于整个历史、整个宇宙而言，人的生命的确是很短暂的，但是，人生的意义应该是在短暂的生命中做自己应该做的事。相对于那些伟大的人物而言，我们的确很渺小，很平凡。但是，如果在这种所谓的渺小，所谓的平凡中，做自己应该做的事，那么，我们的生命是不是也是有意义的？人们常说：天空中有若干星星，它们或明亮，或黯淡，但是每颗星星，都有自己的位置。只要它们在发亮，就在点缀着璀璨的星空。

（众生鼓掌）

师（笑）：已经开始探索人生的意义了，非常好。那么，我们把这个道理移植到生活中，是不是可以得出这样的结论：有人可能拥居高位，有人可能非常平凡，就像天空中的星星，有明亮的，有黯淡的，但是不管明亮还是黯淡，只要我们有自己的位置，在自己的位置上发光，为社会做出贡献，我们的人生就是有意义的？而文中这两句话强调的是人生短暂，人过于渺小。暗含的意义就是人生的意义微不足道。这是一种虚无主义的态度。还有"悲"吗？

生：还有为自己的生命短暂而悲。课文"哀吾生之须臾，羡长江之无穷"说明了生命短暂也是悲哀的。

生：在历史人物和自己的对比中，为自己还没有建功立业而悲。"况吾与子渔樵于江渚之上，侣鱼虾而友麋鹿"，曹操和周瑜都已经功业盖世，我却一事无成。

师：大家说得都挺好。你们仔细研究可以发现，这些"悲"里面是有逻辑关系的。曹操一世英雄，他现在在哪儿呢？早没了，连墓都被挖了！（众生笑）刘备呢？那些帝王呢？是不是都是一抔黄土啊？更何况我们这些平凡的百姓呢？我们的生命更渺小，更短暂。我们羡慕神仙，想和日月同辉，我们想"挟飞仙以遨游，抱明月而长终"，但是，这些东西是得不到的，这些仅仅是想象而已。所以，想达到生命的长久永恒，是根本无法做到的。正因为无法做到，所以他在感叹生命的短暂，悲从中来。所以，箫声才显出如此悲凉。这里，他思想的基调是消极的，是生命虚无主义的态度。

生：老师，您说客是另一个自我，那么怎么理解苏轼的思想？

师：我们结合背景来看。我本来是想建功立业的，我渴望做官，我渴望做成一番事业，可是，我在朝中，总被奸佞小人陷害，把我抓了。家里人把我救出来，我被贬到了这样一个荒凉的地方。大家可以结合《念奴娇·赤壁怀古》中"多情应笑我，早生华发"来理解。我年过半百，可是一事无成，能不使我产生人生如梦一般的感慨吗？表面看似虚无，看似消极，恰恰是作者内心世界的反映。这是以客的口吻写自己内心之悲。有这么多悲情，所以，箫声"如怨如慕，如泣如诉"。理解了这层意思，我们再读第三段，用心体会作者的悲情。

（生读第三段）

（四）鉴赏第四段：人生感悟：悟变与不变之妙理——旷达

师：面对"客"的如此"悲情"，苏子是否也受到感染了呢？我们来看第四段。苏子说了一段关于"水"和"月"的话。苏子说这些话的目的何在？

生：劝慰"客"，或者说劝自己。

师：苏子用来劝慰的"水"和"月"都有什么特点？

生：水，逝者如斯，而未尝往也。

生：月，盈虚者如彼，而卒莫消长也。

生：老师，这里用"水"和"月"劝慰，想要说明什么？

师：结合第三段的理解，谁来说说这个问题？

生：不必羡慕宇宙的无穷。从变的角度来说，天地宇宙也是瞬息万变的，就如水和月亮一样，江水日夜不停地流，月从亏到盈不断变化；从不变的角度，我和万物都是永恒的，所以不必"羡长江之无穷"。

师：没错，从变化的角度来审视万物，天地万物只不过是短暂的一瞬，因此我们不必为生命的短暂而悲哀。从不变的角度来审视万物，天地和我都是永恒的，因此我们不必为生命的渺小而感到悲哀。好了，三个悲哀化解掉了两个，还有什么悲哀？

生：功业未就的悲哀。

师：苏子是怎么劝的？

生："且夫天地之间，物各有主。苟非吾之所有，虽一毫而莫取。惟江上之清风，与山间之明月，耳得之而为声，目遇之而成色，取之无禁，用之不竭，是造物者之无尽藏也，而吾与子之所共适"。

师：大自然是个无穷宝藏，可以作为人们的精神寄托，所以苏轼认为人对自然万物，不该取的不取，该取的就取。不必因"吾生之须臾"而"羡长江之无穷"，而要使无穷的自然万物为"吾生"所享用，从中得到乐趣。这样，最后一个"悲"也解决了。

生：江上秋风，山间明月，这是造物主给我们的，我们可以尽情享受。这是一种怎样的情怀？是及时行乐吗？

师：这是参透人生的一种旷达。不属于我的，我不去争，不去抢。属于我的，我就享受它。

在历史长河中，人的生命是短暂的。但是就个人生命而言，我和天地永恒。在有限的生命中，我们进取，我们活出自己的价值，我们的人生价值和天地永恒。我虽然被贬到这里，但是大自然给我的明月清风，我不妨尽情享受。参透了这一点，客喜而笑，洗盏更酌。所以，苏轼的主旋律，还是积极的、乐观的。我们一起来读这一段。

（生齐读第四段）

（五）鉴赏第五段：参透人生：喜主客合一之通达——乐

师：我们一起来看最后一段。这段以酒后一片狼藉，"相与枕藉乎舟中"的景象作结，表达了作者怎样的情怀和人生态度？

生：呼应开头，如"舟中"呼应"泛舟"；"东方之既白"呼应"月出东山"。结构浑然一体。

生：刚才老师说参透了人生，情感转悲为喜，所以"相与枕藉乎舟中"。

师：对啊，但这时已经不是开头那种单纯的山水之乐了，客喜而笑，"笑"说明什么？

生：是分外欣慰和轻松，苏轼通过自我调节达到了精神上的满足。

师：那后面的写法有什么作用？

生：反衬，用"杯盘狼藉"的杂乱形象来反衬内心世界的坦然、安宁。

生：最后还是喝酒啦！

师：对啊，喝酒了。但是，这时的酒是借酒浇愁吗？

生：不是。这时是精神达到"自由"和"解放"以后的轻松愉悦。你看，酒足饭饱之后，放枕便睡，竟到了一觉醒来，"不知东方之既白"。而我们读者好像也在清风明月的照拂之下，跟随他进入一个酣甜如梦、忘忧驱愁的文学和哲学境界中去了。

师：好，到这里，这篇赋我们就学习完了，下面我们一起来读第四、第五段，体会作者的思想感情。

（全班齐读）

师：好，学习了这篇文章，我们可以看到儒、道、佛三种文化在苏轼心中的碰撞和杂糅。特别是儒和道的思想。苏轼在写这篇文章的时候正处于人生的低谷，正处在内心极度矛盾挣扎的时候。读了《赤壁赋》，我们可以领略一颗伟大的灵魂心灵上的矛盾与挣扎，内心的痛苦与旷达的交织。从这个意义上来讲，我们应该感谢那些昏庸的封建帝王，为什么？中国历史上可能少了一个官员，但是却多出了一个伟大的文学家。就我个人的喜好来看，我认为苏轼创作的最高峰，恰恰是他被贬为黄州团练副使以后的一些诗文。那么，我们就明白了中国文化中一个很有名的现象，叫作"文章憎命达"，就是当人在仕途当中走入穷途末路的时候，往往就是他的诗文达到艺术高峰的时候。现在，让我们来通读《赤壁赋》，再次感受一个伟大的灵魂对人生的参悟吧。

教学反思

与古代圣贤对话

——《赤壁赋》教学反思

苏轼的《赤壁赋》是千古名篇。这类文章是对人生困惑的解答，这些经典文章是年轻时读过老了还要重读的文章，内容极为丰富和浩瀚，需要相应的人生阅历和经验的支撑。作为十几岁的高一年级的学生，把文章读通读顺，难度不大，但是如何全面理解《赤壁赋》的内涵，并且在理解内涵的基础上，能赏读《赤壁赋》，这个难度就比较大了。

由于事先布置了预习作业，了解了学生在字词上问题不是很多，所以，我把全文的字词方面的理解放在了一起，让学生根据段落提问，集中解决字词的问题。从课堂学生问的问题来看，字词方面的问题存在共性，都集中在："'扣舷而歌之'的'而'和'倚歌而和之'的'而'一样吗？""'客有吹洞箫者'是什么句式？'挟'和'抱'怎么理解？""侣鱼虾而友麋鹿""侣"和"友"是什么用法？这些问题上。这些问题在备课时基本上我都考虑到了，而且这些字词确实也是本课字词中的重点。这就充分说明，只要教师凭借学科本质特征和以往的教学经验先对学情做出合理的判断，放手让学生自己发现问题，许多问题学生自己完全可以发现，甚至有些问题他们自己就可以解答出来，教师的作用只是一名引导者，引导学生通过努力，自己把"树上的果子"摘下来。正如叶圣陶所说："教师之教，不在于全部讲授，而在于相机诱导。"教师一定要给自己定准位，牢记在课堂上，学生是学习的主人，是发展主体；教师是学生学习、发展的帮助者、促进者，起主导作用。

疏通文意之后，就剩下"老大难"——理解鉴赏文本了。由于时代久远，更主要是经验和人生阅历的问题，学生对文本很难理解。所以这节课我把最大的精力、最长的时间，用在了对文本的解读和鉴赏上。在这个课例中，我秉持一贯的风格，和学生进行对话式的交流，尽量打破原来课堂中老师问、学生答的模式，努力做一个学生和古代圣贤的沟通者。凭借自己多年的经验，还原苏轼本来的面目，在学生和古代圣贤之间架起一座桥梁。在讲课时，我尽量用学生熟悉的事物来给他们解释，如在理解主客不一样的思想都是苏轼自己问答的时候，学生就难以理解。我就举了他们熟悉的考试时候的矛盾的心理来给解释，学生一下就笑了，并且理解了。这就为接下来的理解文本奠定了基础，好多问题也就迎刃而解了。

我们常说：教师的角色，就是方向的引导者，探究的合作者，情感的激发者，方法的指导者。其实我觉得归根结底就是一句话：要给学生一杯水，教师要有一桶水。教师自己备课充分了，在讲课时就游刃有余。我在教学设计中，准备了很多关于苏轼的资料，一方面，可以拓展学生知识面，另一方面更有助于引导学生理解苏轼思想，理解文本，尽最大可能让学生理解苏轼这个人，披文入情。尤其是到了第四、五段的时候，这些资料就可以升华学生思想，明显可以看出，学生已经理解了，并且自己就可以把文章解读得很到位了。

从学生的课堂表现来看，他们提问的积极性很高，很多时候我想问的问题他们自己就提出来了，还有一些我没有想到的问题，学生也提出来了，给了我很多惊喜。这种师生互动，正是以"学情为核心"的阅读教学，这就要求教师做到"心中有数，目中有人，手下有招"。

课后自我反思，最大的问题在于和教师互动的学生不是很多，可能有的学生因为文学积淀不是很深厚，所以理解起来有点困难，只能在一旁认真听。如何调动这些学生的积极性，是我今后要思考的问题。还有就是虽然这篇文章理解起来有一定的难度，我在课堂上是否回答得有点多，有些问题如果我再启发引导一下，学生是不是能说出来？当他们有了独特的见解，我应该及时反馈和鼓励，使他们的心态保持开放，这样才能让学生敞开心扉，实现平等、民主的对话，让他们摘到更多的"果子"。

神思隽永深深味

——尤立增老师《赤壁赋》课评

河北省廊坊市大厂回民中学 夏金良

好的诗文，如醴酒佳酿，亦如墨尺刀笔，镌刻山水，也雕刻灵魂。东坡先生的千古佳篇《赤壁赋》，读之欲醉，品之隽永、回味无穷；正如宋代罗大经在《鹤林玉露》中所评："苏东坡《赤壁赋》，文章绝唱也。"因其思想文学艺术成就卓绝，该文成为高中语文教学重点篇目；同时，如何引领学生解读该文，也成为很多一线教师的教学难点。

面对这一困境，尤立增老师给出了他的执教方案——《跨越千年和古人对话——〈赤壁赋〉教学设计》，为一线教师树立了执教典范。

一、尊重学情，深挖学生心中的研习困惑

尤老师指出，学生是语文学习的主人，学生已有的知识结构和认知水平，是教师的授课点和出发点。教师只有真正尊重学情，深挖学生心中点滴困惑，才能科学地完成教学任务，引领学生提升语文学科核心素养。尤老师分析到，《赤壁赋》在上册第七单元第三课，教师所面对的执教对象是高一年级学生；高一年级的学生有一定的概括理解能力，对情感类散文能引起一定共鸣，同时已经学过情景交融的文言文，对文言常识有所积累，所以，理解《赤壁赋》的字词应该不是很难；但是就课文的内容理解层面，让一群十几岁的高中生去理解一位经历了人生大起大落与诸多磨难的大文豪的思想，估计会有一些难度。因此，在上课之前的自习课上，尤老师秉承一贯的风格，首先给学生们布置了《赤壁赋》预习作业。在完成预习作业后，学生之间组内交流，互相解答问题；学生个人能解决的问题就让学生自己解决，学生解决不了的问题，学生合作解决，学生合作解决不了的问题，师生合作解决。尤老师指出，从预习作业来看，学生的问题和他预估的差不多，提问都集中在对文章内容的理解上。这样的预习作业可以深挖学情，给教师备课指明了方向。什么是尊重学情？尤老师的课堂真正做到了。尊重学情就是以他们的问题为出发点，尽自己最大的努力，让学生理解文本，实打实地解决他们提出的问题；将教师变成一个学习的引导者，让学生的角色回归到他真正的身份——学习者和学习的主体。

二、尊重作者，深探作者创作的时空背景

正如孟子所言："颂其诗，读其书，不知其人可乎?是以论其世也。"尤老师在引领学生解读文本之前，首先让学生深入挖掘作者的背景资料和《赤壁赋》的写作背景资料；然后，尤老师在《跨越千年和古人对话——〈赤壁赋〉教学设计》中又系统地梳理了作者背景和写作背景，总共两千多字，其文字量远远超过一般教学设计"知人论世"等教学环节的文字量（一般五百

字左右）。由此可见，尤老师在执教《赤壁赋》时，对作者背景和写作背景是相当重视的。这和当下运用较广的西方现代文本解读策略有很大的不同之处，现代文本批评更多关注文本自身，作者多处于"缺席"状态，一般不需要通过了解作者来解读作品，只需要从作品本身出发即可。通过观摩尤老师的执教过程，我们可以发现，从某种意义上讲，学生对文学作品的作者及作品创造背景挖掘有多深入，学生对文学作品思想神韵的理解就有多透彻；作品中所蕴含的思想、情理越深刻，这个道理也就越明显。借助文字和课堂的力量，苏东坡跨越千古走进了学生的心里，学生回望千年走进了文本创作时代，一场时空穿越就这样在课堂上发生了！在这节课上，作者将人生感悟、哲理神思融入诗文，师生深入探究作者创作的时空背景；借助文本，作者、学生、教师三者之间跨越时空得以神思相遇！而尤老师就是灵魂的摆渡人。

三、尊重文本，深品课堂生成的文辞趣理

刘勰在《文心雕龙》中曾言："缀文者情动而辞发，观文者披文以入情，沿波讨源，虽幽必显。"在执教《赤壁赋》时，尤老师设计了一系列的探究活动，引导学生深究文本，"披文入情"，感悟自然，思考人与自然的关系；"沿波讨源"，不断发现问题，合作探究问题，进而把握文脉与主旨。如本文在描绘自然风景的同时，也倾诉了自己怀才不遇的愤懑，但也表现了乐观旷达的精神。这些情感的表达并不是明显的、直接的，可谓神思隽永幽微。由学生自己来鉴赏这样一篇文章，显然是很难的。尤老师运用自己提出的"语文转化教学论"巧妙地解决了这一教学难点。转化教学论认为：语文教学的核心重在"转化"，"转化率"是指语文知识、语文能力、与语文相关的人文素养转化为学生自己的语文素质的比率，这是提高语文教学质量、全面提高学生语文素质的核心。从整体教学过程看，尤老师始终引领学生深入探究文本，致力于培养学生的欣赏水平，致力于从思想道德、世界观及方法论等多角度展开核心价值观念引领。同时，尤老师把探究消化的权利交给学生，组织指导学生尽可能地自我完成理解消化过程：小组交流切磋，取长补短，尽量达成共识；全班自由交流、辩难，进而答疑解惑。带着问题听课，必然能提高课堂效率；在解答问题时不断生成新问题，这样的课堂一定能引领学生

深入理解文本；只有如此，方能引领学生深味其中的文辞理趣。

一堂好课，就是一场生命之旅，就是一个生命浸染另一生命，一个灵魂唤醒另一个灵魂的过程。我们寻找中国好课堂，就是在寻找像尤老师这样的高中语文课堂上最优秀的教师及其执教方案；这样的课堂尊重学生、尊重文本，尊重教学的规律，深入浅出，寓教于理与趣，塑造生命，雕刻灵魂；只有这样的课堂，才能勇担立德树人的时代家国重任，才能培养出德才兼备的龙的传人！

（夏金良，中学高级教师。现任教于河北省廊坊市大厂回民中学，系廊坊市高中语文兼职教研员、廊坊市高中语文名师工作室主持人。）

课例 8

舌灿莲花定乾坤

——《烛之武退秦师》教学欣赏

（高中语文必修下册第 2 课）

教学设计

从文字到文化

——《烛之武退秦师》教学设计

一、教学理念

在语文教学中，我们努力地学习着教学理论，转变教学理念，深入钻研教材，不断研究学生个性特点，争取把语文教学工作做好，但经过那么多年的探讨，我们对语文课本仍有诸多困惑，如学生的思辨思维如何才能得到较好的发展。

其实，学生与生俱来就有简单的思辨思维的能力，我们要善于保护并不断培养他们的这种能力。鼓励是帮助学生获得自信的最好方法。不断地鼓励学生大胆地推理、论证、获取真知，学生就会信心十足，就会喜欢上思辨思维。而思辨思维又能给他们带来更多的收获，更多的快乐，他们便会更加乐此不疲。

语文课堂就是培养学生思辨思维的广阔舞台。思辨思维是建立在特定思维过程上的说理方式。思辨思维为达到真知，为克敌制胜，必须运用多种思维方式和技巧，融常规性思维和创造性思维于一身。语文课上，学生的情感应该是愉悦的，思维应该是活跃的。对于　个问题，学生只要遵守必要的保证思维合理性的规范，运用符合思维规范的逻辑方法和程序，就能达到追求真实和真知的目的。

《烛之武退秦师》是高中语文统编教材必修下册中的第二篇课文，这是学生继《劝学》《师说》之后第二次与思辨性文言文相碰撞。不可否认，学生的思辨思维在理解课文时可能还会出现一些漏洞，这是在所难免的。我们不能因为害怕错误而限制学生的进步，更不能因此剥夺了学生锻炼自己的机会。我们要鼓励学生以公正客观的标准明辨事理，给予足够的指导，肯定合理之处，同时指出不足之处，让学生感受到教师对他们的期望、信任、尊重。久而久之，学生不会因为害怕错误而不敢发言，不会因为害怕指责而逃避。在老师一次次的尊重、信任、鼓励、期望中，学生的思辨思维一定能绽放出绚丽美妙的花朵。

二、教学目标

1.帮助学生掌握文章中出现的文言文基础知识。

2.引导学生赏析人物形象，把握塑造人物形象的技巧。

3.帮助学生学习烛之武精彩的论辩技巧。

4.欣赏本文波澜起伏、详略得当的叙事艺术。

三、教学过程

（一）初读

1.新课导入。

鲁迅先生说，中华民族自古以来就有埋头苦干的人，就有拼命硬干的人，就有舍身求法的人，就有为民请命的人，他们是中国的脊梁。今天就让我们走近《烛之武退秦师》，认识一位拥有这样高贵品质的人。

2.对照注释，初读正音，整理文言基础知识。

在疏通大意的同时，学生需要学习重要的实词、虚词、特殊句式的用法和意义，并归纳出词类活用、古今异义、通假字以及倒装句。

词类活用："军、王、鄙、厚、薄、封、东"等词；

古今异义："今、行李、东道主、乏困、夫人、去"等词；

通假字："共、厌、说、知"等；

倒装句："以其无礼于晋""佚之狐言于郑伯""何厌之有"等。

虚词还需要注意"以""其""之"等词有着不同含义和词性。这样更有利于学生理解和记忆。

3.初解文意，复述故事梗概。

教师范读，要求学生注意停顿和语气；由学生概括故事梗概。

这是一篇记述外交斗争的散文。郑国被晋、秦两个大国的军队包围，国家危在旦夕，烛之武奉郑君之命，去说退秦军。他善于利用矛盾，采取分化瓦解的办法，一番说辞，便说服了秦君撤出围郑的军队，并且派兵帮助郑国防守，最后晋军也不得已而撤退，从而解除了郑国的危机。

（二）赏读

1.整合"质疑问难"环节的共性问题，可以分为两类：一是词句理解类；二是文章关涉的人物、故事、手法等内容理解赏析类。其中第二类问题整合如下：

（1）秦、晋两国为什么围攻郑国？

教师备答：秦、晋围郑发生在公元前630年（鲁僖公三十年）。在这之前，郑国有两件事得罪了晋国：一是晋文公当年逃亡路过郑国时，郑国没有以礼相待；二是在公元前632年（鲁僖公二十八年）的晋、楚城濮之战中，郑国曾出兵帮助楚国（《左传·僖公二十八年》："役之三月，郑伯如楚致其师"），结果，城濮之战以楚国失败而告终。郑国感到形势不妙，马上派人出使晋国，与晋结好。甚至在公元前632年5月，"晋侯及郑伯盟于衡雍"。但是，最终也没能感化晋国。

晋文公为了争夺霸权的需要，还是在两年后发动了这次战争。晋国为什么要联合秦国围攻郑国呢？这是因为，秦国当时也要争夺霸权，也需要向外扩张。发生在公元前632年的城濮之战，事实上是两大军事集团之间的战争。一方是晋文公率晋、宋、齐、秦四国联军，另一方则是以楚国为主的楚、陈、蔡、郑四国联军（郑国名义上没有参战，实际上已提前派军队到楚国）。

（2）文中是如何交代秦晋围郑的形势的？这与整个故事发展有何关系？

教师备答：第一段用"晋军函陵，秦军氾南"说明攻方的态势，暗示郑国已经危在旦夕。这就点明了烛之武游说秦伯的背景，为下文的故事发展做了铺垫。第一，秦晋围郑的两个原因"无礼于晋"及"贰于楚"都直接关系到晋国，而与秦国无关，这就为烛之武说服秦伯提供了可能性，为故事的发展埋下了伏笔。第二，秦、晋两军，一在函陵（今河南新郑北），一在氾南（今河南中牟南），两军分驻南北两边，互不接触。这为烛之武说服秦伯的秘密活动增加了有利条件。

（3）烛之武说"臣之壮也，犹不如人；今老矣，无能为也已"，这句话的弦外之音是什么？

教师备答：这句话表面上是谦虚，实际上是指责郑伯一直不任用他，埋没了他的才能。烛之武，考城人，是三朝老臣，但始终得不到升官，在郑国一直担任"圉正"（养马的长官）。被举荐使秦时，已年近七十，须发皆白，身子伛偻，步履蹒跚。（指导读这句话时，要将他的抱怨意味倾诉出来，使烛之武更具有人情味，要将那种抱怨而又无奈的语气读出来，使得烛之武更鲜活）

（4）郑伯在情急之下，诚恳地认错道歉，又说"然郑亡，子亦有不利焉"。怎样评价郑伯的这些言行？

教师备答：作为一国之君，郑伯这时候敢于向烛之武表明自己的过错并自责，所以语气需要谦和、诚恳，体现明君风范。而后，他又一针见血指出亡郑于烛之武也是不利的，可以说是软硬兼施，迫使烛之武答应退秦。这样，一位勇于认错，善于言辞又在意自身利益的君主形象就跃然纸上。

（5）文章写烛之武在使命面前，先"辞"后"受"，有什么作用？

教师备答：这段文字看似闲笔，却有重要作用：一是交代了烛之武的境况，是一个不被重用的老臣；二是委婉地批评郑伯不能用人，但在关键时刻，作为国君尚能接受规谏，诚恳负责；三是点明烛之武深明大义，以解国难为重。这一内容粗线条地勾勒出烛之武的形象，为下文写他奔赴国难的义勇精神做了必要的铺垫。

（6）文中"朝济而夕设版焉"，这里的"朝""夕"是否实指？

教师备答："朝济而夕设版焉"的"朝""夕"并不是实指，而是用夸张的手法突出了事态变化之速。类似的有"朝闻道，夕死可矣""朝令夕改"等。但也有实指的，如何区别，要视具体语言环境而定。

（7）烛之武为什么能说服秦伯？

教师备答：既然秦国是为"利"而来，那么，烛之武便迎合其心理，从为秦国利益着想的角度，力劝秦国退兵，点醒了利令智昏的秦国国君。烛之武是就地理位置、历史事实和逻辑推理诸角度，从四个层面进行"利害"关系的劝说的。

第一层，"亡郑"于秦无利可图；第二层，"舍郑"于秦可得实惠；第三层，晋君不可信；第四层，损秦利晋不可为。

（8）秦伯为何还会派秦国大夫守卫郑国？

教师备答：春秋无义战。烛之武在"利"字上做足了文章，既瓦解了秦晋联盟，说退秦师，又保全了郑国的利益。在一个没有权威、各自为利益纷争的时代，利益原则便是行动的最高原则。当秦伯知道亡郑只能对晋有利，对秦不仅毫无好处反而有害的时候，他就会一改过去的所为，反过来帮助郑国，以防出现有利于晋，特别是有害于秦的状况。

（9）在烛之武退秦师整个事件中，郑国处于一种被侵略的地位，烛之武游说秦穆公，能否看作一种爱国行为？

教师备答：烛之武说退秦师的行为可以从两个角度去理解：角度一，顺向思维，肯定其是爱国的行为。从当时国家的概念，政权的体制上看，君主与国家是同一体，大臣忠君、忠于自己的政府，即可看成"爱国"；角度二，反向思维，否定其是爱国行为，从广义的"国家"版图角度上看，只是忠君的一种表现而已。

（10）晋文公最后以"不仁""不知""不武"三条理由退兵，怎样看待晋文公的退兵理由？

教师备答：晋文公退兵的三个理由中，其实，"不仁"是一个冠冕堂皇的借口，如果真讲"仁义"，当初就不会发兵攻郑。"不知"才是实质。"知"通"智"，这个"智"，是理智，就是对现实情况的客观分析，对动武后果的冷静判断。"以乱易整，不武"，胜负之数，难以意料。晋的退兵，说到底，也是一个"利"字起作用。

（11）秦、晋两个大国，历史上世代通婚，但这两个大国又经常兵戎相见。怎样看待这一历史现象？

教师备答："秦晋之好"和"兵戎相见"的交替存在并不难理解，可以从矛盾缓解的暂时性与争夺霸权的实质性两个方面进行辩证思考。

（12）烛之武这一人物形象有何特征？本文是如何塑造烛之武形象的？

教师备答：烛之武的人物形象可以从三个角度来看：一是他将近70岁时才被重用，并未过多地与郑伯计较，而是"许之"，一位深明大义的爱国志士呈现在我们面前；二是秦、晋两军兵临城下，形势危急，却"夜缒而出"，冒着生命危险，只身前往秦营地，可见他是一个知难而上，义无反顾的勇士；三是在秦伯面前，用简短的125个字说服了秦伯，解除了郑国的危机，他又是一位巧言善辩的辩士。这样一个"义、勇、智"的形象就跃然纸上了。

塑造烛之武的人物形象时，既有侧面烘托又有正面描写。通过佚之狐的引荐，读者才见到这个传奇人物的真面目。这就采用了"未见其人，先闻其声"的艺术手法，从侧面烘托了烛之武的才能。在烛之武与郑伯的对话中，其语言的生动真实，让烛之武虽有委屈但在国家危难之际临危受命的深明大义光辉形象更加活灵活现。烛之武智退秦师的说辞仅125个字，却不卑不亢，步步深入主题，句句打动对方，从而正面彰显了烛之武机智的外交才能。晋国乘兴而来，被烛之武一番离间，败兴而归，让一代霸主颜面扫地而又束手无策，侧面烘托了烛之武的聪明智慧。

（13）叙写战争是《左传》所长，而应对辞令也是《左传》中富有文学意味的一部分。本文"说辞"有什么特点？

教师备答：春秋时期，诸侯国往来频繁，使臣是否善于辞令，不但关系到个人的荣辱，而且关系到国家安危。本篇课文是记述、表现辞令的名篇，全部说辞仅125字，文章却从四个不同角度，纵横捭阖，将利害得失剖析得淋漓尽致。烛之武紧紧抓住秦穆公对晋人的戒备心理，从"亡郑以陪邻"，层层推进，一直说到"阙秦以利晋"，始终围绕着秦、晋两国间的利害冲突展开攻心战。虽是竭尽挑拨离间之能事，却句句在理，字字动心，绝无故弄玄虚、危言耸听之嫌。

（14）课文虽短，但在叙述故事时，却能够处处注意伏笔与照应。文中的哪些内容是伏笔和照应？

教师备答：文章注意伏笔与照应的地方较多，如在交代秦晋围郑的原因时，说是"以其无礼于晋，且贰于楚也"，说明秦、郑并没有多大的矛盾冲突，这就为下文烛之武说退秦师埋下了伏笔。又如"夜缒而出"，照应了开头的"秦晋围郑""国危矣"的有关内容。再如"许君焦、瑕，朝济而夕设版焉"和"微夫人之力不及此"又照应了上文秦、晋虽是联合行动，但貌合神离，既没有驻扎在一起，彼此的行动也不需要通知对方，这就为秦、郑联盟提供了条件。文章预后瞻前，巧施伏笔，简练而不失谨严，自然而耐人玩味。

（15）本文叙事波澜起伏，这样写具有怎样的艺术效果？

教师备答：文章开头写大军压境，郑国危在旦夕，不禁让人捏着一把汗；而佚之狐的推荐，使郑伯看到了一线希望。读者以为烛之武会顺利出使敌营，挽狂澜于既倒，谁知他却因长期得不到重用而"辞曰"，打起了退堂鼓，使郑国的希望由此渺茫。而郑伯的自责，又使故事有了转机，增添了戏剧性。再如，秦国退兵后，子犯建议攻打秦军，秦晋关系顿时又紧张起来。晋文公讲了一番"仁""知""武"的大道理，才平息了一场虚惊。课文就是这样有张有弛，曲折有致，生动活泼，颇具感染力。

2.总结全文：这是一篇记述行人辞令的散文。郑国被晋、秦两个大国的军队包围，国家危在旦夕，烛之武奉郑君之命，去说退秦军。他善于利用矛盾，采取分化瓦解的办法，一番说辞，便说服了秦君，撤出围郑的军队，并且派兵帮助郑国防守，最后晋军也不得已而撤退，从而解除了郑国的危机。这篇文章，赞扬了烛之武能够临危受命，不避险阻，只身去说服秦君，维护了国家安全的爱国主义精神，同时也反映了春秋时代各诸侯国之间斗争的复杂性。文章具有组织严密、前后照应、起伏跌宕、生动活泼、说理透辟、善于辞令的特点。

（三）美读

1.自己读。

学生在了解背景、理解文章的基础上，披文入情，细细品读。

2.分角色读。

还可以让学生分角色品读，这样更具有角色代入感，更能把握人物的心理、感情、精神，更能体会外交风云、口舌之功，也更能感受到思辨思维的严谨和力量。

（四）布置作业

运用所学知识，欣赏《陈情表》的说理艺术。（《陈情表》文略）

教师备答：《陈情表》是我国古代散文中的一篇"奇文"。字字生情，句句在理，《陈情》之理，贵在含"情"。苏轼曾赞颂说："读《陈情表》不下泪者，其人必为不孝。"

说实情。文章开篇陈述的是作者不幸的命运：孩提时代，慈父见背，舅夺母志，失怙失恃；成长时代，体弱多病，零丁孤苦；成人之后，无亲无戚，晚有儿息；如今现实，祖母卧病，侍药难离。"茕茕子立，形影相吊"一句话浓缩了李密祖孙二人凄苦相依的命运，也表露了他历经坎坷之后的凄凉无奈。苦情动心，真诚感人。

诉衷情。首先是进退两难。一方面国恩难报，君情难违。另一方面养恩难忘，亲情难舍。其次是强人所难。在辞不赴命，辞不就职之后，作者等来的是诏书的责备、郡县的逼迫、州司的催追。在申诉不被允许的情况下，"臣之进退，实为狼狈"。无奈的话语中，含蓄地表达了对"圣朝"统治者强人所难的不满之情。

消疑情。"少仕伪朝"，屡召不应，难免让晋朝统治者产生怀疑。是贪恋旧朝，"忠臣不事二君"，还是疑虑"圣朝"，顾虑重重？无论两种想法的哪一种得到证实，都可能给李密带来杀身之祸。旧朝时，"本图宦达，不矜名节"，新朝时，"过蒙拔擢，宠命优渥"。对比中，表明了李密的立场，流露了李密的感恩之心，更消除了晋朝统治者心中的郁结。接下来，祖孙二人"更相为命"的苦情的再次强调，既顺应了晋朝以孝治天下的治国纲领，又委婉地告诉了晋武帝侍奉祖母是他"不仕"的唯一原因。

表忠情。先有"非臣陨首所能上报"的感触，后有先尽孝后尽忠的承诺，终有"生当陨首，死当结草"的誓言。忠君之情，溢于言表；感君之恩，动人心魄。

一篇抗旨的表，让作者写得几多可怜、几多恭敬、几多谦卑，逐字逐句无不细细推敲研磨，一言一语无不含情在理。《陈情表》说事、说理、说志、说体，文字漂亮，情理兼备，也就难怪晋武帝会做出"停诏，允其不仕"的决定。

舌灿莲花定乾坤

——《烛之武退秦师》课堂实录

一、导入——数说风流

师：外交，是一个国家在国际关系上的活动，其目的在于建立能够满足彼此需求的关系，如互派使节、进行谈判、会谈。一般来说外交是国家之间通过外交官就和平、文化、经济、贸易或战争等问题进行协商的过程体系。在我国春秋时期优秀散文著作《左传》中，就记录了烛之武这样一位外交官。

二、背景——知史明理

师：我们已经预习过了，哪位同学可以给大家介绍一下《左传》？

生：《左传》是我国第一部以叙事为主的编年体著作，记叙了春秋时期240年间的史实，包括政治、外交等方面。

生：作者是春秋的鲁国史官左丘明。"传"字不能理解成"传记"，而应该理解成"解释经书的文字"。

师：有所谓"春秋三传"，是什么？

生：《春秋左氏传》《春秋公羊传》《春秋谷梁传》。

生：《左传》善于描写战争和记述行人辞令，记事条理清楚，叙述精确，详略合宜；塑造人物形象栩栩如生；既是历史作品，又是文学作品。

师：同学们说得很好。老师再补充一点。《左传》在战争描写中，注重描述战争的来龙去脉，揭示战争胜负的内外因素。作者不仅仅把战争看作刀光剑影的搏斗，更是将它视为一种复杂的社会现象加以全面叙述，因而着重描写战争的起因，展示双方的战前准备、战略战术的运用、将帅的个人素质，突出战争的发展过程，揭示出战争胜败的原因，并带有明显的思想倾向性，特别是注重交代与战争有关的政治、外交等活动。大家知道，和平时期杰出的外交可以促进国家与国家之间的和谐相处，而战争时期出色的外交辞令能够达到或不战而屈人之兵或力挽狂澜、解民于倒悬的奇效。今天我们就来看看，烛之武是怎样通过外交让势如危卵的郑国全身而退的。

（师板书课题：烛之武退秦师）

三、初读——细说文言

师：课前老师布置了预习作业，让大家结合课下注释标注读音，疏通文意。首先，我们初读课文，整体感知一下文章写了一个什么样的故事。好，哪位同学能给大家读一下课文？

（生读课文）

师：哪位同学做一下点评，说说优点和不足？

生：我觉得读得非常好，读音都对了，比我做得好，没有看出不足。

（生笑）

师：表达了自己真实的想法，非常好。但是，读文言文只求音准，标准较低，我们还应该做到什么？来，你来说一下。

生：还要做到断句准确，能表情达意。

师：非常好，那你评价一下刚刚那位同学读得怎么样？

生：读音没有问题，但是有一处断句，我觉得不是很准确。我觉得应该是"晋／军函陵，秦／军氾南"，不是"晋军／函陵，秦军／氾南"。

师：为什么呢？

生：因为"军"在这里做动词，表"驻扎"的意思，如果读成"晋军／函陵，秦军／氾南"，两个名词并列，句子不成立。

师：这位同学说得很好。文言文断句，首先要把握文意。连在一起不符合整体意思表达和语法要求的，就要考虑断开，反之亦然。还有吗？

生：还有。"若使／烛之武见秦军"，应该是"若／使／烛之武见秦军"。我这么认为，有两点理由：一是，"若使"连读，现代汉语表假设，如果断开，就可以翻译成"如果派遣"；二是，结合语境，这是佚之狐举荐烛之武时说的话，断开读更能表现佚之狐对烛之武才能的肯定，对烛之武的人物形象起到侧面烘托的作用。

（生鼓掌）

师：预习作业做得非常好。现代汉语以双音节词为主，而古代汉语以单音节词为主。阅读时，要一个字一个字地去理解，培养逐字审视的习惯。另外，这位同学还从表情达意的角度去理解，去断句，能更准确地把握文章内容，非常好。其实，读文言文时，如果断句没问题，就说明你已理解了大半。下面同学们拿出"预习作业"，分组讨论"质疑问难"中字词理解层面的问题。

（生分组讨论，师巡视，不时参与讨论）

师：同学们讨论得很热烈。词句理解方面的问题解决了多少？还有问题吗？

生：大部分解决了，但还有问题。

师：老师给大家读一遍文章，你们看看还有没有词句方面的疑惑。

（师范读）

生：我想问"且君尝为晋军赐矣"中"为"字为什么读二声？

生（抢答）：因为在这里是动词"给予"的意思。

生：我还有一个问题，"朝济而夕设版焉"中"朝、夕"怎么理解？

师：这里的"朝""夕"并不是实指，而是用夸张的手法突出了事态变化之速。类似的有"朝闻道，夕死可矣""朝令夕改"等。但也是有实指的。如何区别，要视具体语言环境而定。

生：就像"白发三千丈""朝如青丝暮成雪"。

师：对，能做到举一反三了，非常好。谁还有问题？

生：这篇文章当中有一句话"夫晋，何厌之有"，这里的"夫"应读二声。"夫"读二声的时候是句首发语词，《曹刿论战》中"夫战，勇气也"和它是一样的，那么"微夫人之力"的"夫"未放句首又读二声，它是什么意思？

生：代词，那，那个。

生："邻之厚，君之薄也"的"厚"和"薄"怎么理解？

师：要想读懂这个句子，我们可以看一看上面那个句子是怎么说的。请你给大家读读上面那句话。

生：越国以鄙远，君知其难也。焉用亡郑以陪邻？

师："焉用亡郑以陪邻"是什么意思？

生：为什么要灭亡郑国而加强邻国的实力？

师：你说得很对，增加邻国的实力就是增加邻国的土地，那么这里面他们谈论的是一个什么话题呢？

生：领土。

师："厚"和"薄"应该指什么？

生："厚"是指土地广阔，"薄"是指土地被……被削弱。

师：那你再给大家来翻译一下这句话。

生：邻国的土地增加了，您国家的土地就被减少了。

师：大家说他这种翻译对不对啊？

生（齐）：对！

师：这位同学是自己解决了这个问题，而且还提示我们如果在翻译哪句话不懂的时候，可以想很好的办法，是什么办法？

生：联系上下文。

师：这是很好的办法！还有问题吗？

生："既东封郑，又欲肆其西封"，"东封"和"西封"里的"封"意思一样吗？

师：你的观点呢？

生："东封"的"封"应该是动词。"又欲肆其西封"中"肆"是动词，所以"封"应该不是动词。我不是很确定。

师：好，刚才这个同学抓住了一句话中出现了两次的词语，词性、意思是不一样的。

生："若舍郑以为东道主"中"舍"字不明白。

师：这一句你在理解时难点在哪里？

生："舍郑"的"舍"。我知道"舍"翻译成放弃，这个"放弃"怎么理解？感觉有点生硬。

师：生硬的原因往往是因为字字对照后，翻译的句子里缺少了某种东西，缺少了什么呢？翻译文言文除了需要字字对照之外，我们还需要注意什么？

生（齐）：联系上下文。

师：所以……

生：如果放弃攻打郑国，把郑国作为东方道路上招待过客的主人。

师：这位同学在翻译的时候，结合上下文把省略的成分给补出来了。我们自己疏通文言文时也应该注意这个问题。

我们在读文言文时常常会遇到一些理解上的问题，一方面要在平日加强积累，另一方面可以试着用结合上下语境、补充省略的成分等办法来帮助我们理解句子的意思，这样同学们就能够把课内的知识迁移到课外去，去解决更多的问题。现在没有同学提问了，看来咱们已经基本理解了文章的意思。哪位同学能用比较简洁的话来讲一下这个故事？要求起因、经过、结果齐全。谁来试试？

生：因为郑国以前没有以礼对待晋国的国君，晋国国君和秦国国君一起包围并准备攻打郑国。郑国国君在佚之狐的提议下请烛之武出山，希望烛之武去说服秦穆公退兵。于是，烛之武去见秦伯，对秦伯晓之以理，先告诉他灭亡郑国以后对秦国没有好处，然后说如果不灭亡郑国，以郑国为东方道路上的主人，可以给秦国带来一系列好处。同时对秦穆公说起以前晋国的失诺，结果秦穆公放弃了攻打郑国，退兵了，秦晋约败，继之晋国退兵。

师：概述得非常好。我发现刚才这位同学的概述中"退"这个词频繁出现，接下来我们就围绕"退"字，看看文章是怎样写的。

四、赏读——品味手法

师：我们疏通了文意，现在进入品读解难阶段。首先，大家拿出预习作业，分组讨论文章内容、人物、事件、艺术手法等方面的问题。

（生分组讨论）

师：交流之前，请同学们再读一遍课文，强化对文章的整体印象，然后我们再交流问题。

（生朗读）

师：好，哪位同学先提出你的问题？

生：这篇文章题目是"烛之武退秦师"，主要人物应该是烛之武，为什么第一个出场的是佚之狐呢？有什么用意吗？

师：想知道原因，一定要看看佚之狐说了什么。

生："国危矣，若使烛之武见秦君，师必退"，这是在举荐烛之武。

师：听出了什么弦外之音？

生：自信，对烛之武充满信心。

师：说明……

生：烛之武是有才能的，可堪重用的。我知道了，这是侧面烘托。

师：对，侧面烘托。以后我们学习的课文《廉颇蔺相如列传》，蔺相如的出场也是这样的，宦者令缪贤举荐的。

生：还有《红楼梦》中王熙凤的出场，未见其人，先闻其声；众人的敛声屏气，王熙凤的肆意放诞，也是侧面烘托。

师：好，对《红楼梦》也很有研究，还能融会贯通，非常好。

生：既然烛之武这么有才能，那么为什么他会说"臣之壮也，犹不如人"？是谦虚吗？

师：联系上下文，想知道烛之武的态度，一定要看在烛之武身上发生了什么。

生：应该从郑伯的话"吾不能早用子，今急而求子，是寡人之过也"可以看出来，烛之武这句话表面上是谦虚，实际上是指责郑伯一直不任用他，埋没了他的才能。这是怨言，在发牢骚。是不是有点小心眼？

生：我恰恰认为烛之武很真实！身怀治国安邦之才，却被闲置一旁，直至垂垂老矣，方被记起。郑伯颇有些"用人朝前，不用朝后"的嫌疑。发几句牢骚不是人之常情嘛！

师（笑）：有道理。烛之武，考城人，是三朝老臣，但始终得不到升官，在郑国一直担任"圉正"，大概相当于《西游记》里所说的"弼马温"吧。被举荐使秦时，已年近七十，须发皆白，身子伛偻，步履蹒跚。烛之武毕竟是一个有才华又受了委屈的人，发牢骚让他更显真实。而郑伯也非常明智，赶紧动之以情，晓之以理，放低姿态，请求烛之武退敌。

生：郑伯除了赔礼道歉，还说了一句"然郑亡，子亦有不利焉"，有什么用意？

师：这就是"晓之以理"，什么道理呢？翻译一下。

生：然而郑国灭亡了，您也没有什么好处呀！

师：用一个熟语概括。

生：覆巢之下，焉有完卵。

师：刚才提出问题的同学，你从"然郑亡，子亦有不利焉"中读出了什么？

生：读出了威胁。我不用你是个人恩怨，我已经道歉了。现在郑国有难，作为郑国人，你有能力却不救国，是对国家不忠，对百姓不义，况且，郑国灭亡，你就是亡国之臣，也不会有什么好下场。

师：我要表达一下我对你的赞美之情——优秀。郑伯三言两语，就将烛之武放在了国家命运、道德高度的火炉上炙烤，看来，即便委屈也必须接受使命，做这退师之人了。

生：为什么郑伯宁愿放下身段也要请求烛之武出山呢？

生：我觉得应该是形势逼人，他别无选择。

师：你说"形势逼人"，有依据吗？

生：国危矣。

师：还有吗？

生：晋侯、秦伯围郑。

师：两个诸侯国中任意一个都可以单独灭掉郑国，何况是强强联手相逼，看来郑国确实很危险了。

生：郑国只是得罪了晋国，既然秦、晋任何一个都可以单独灭郑国，晋为什么要拉秦国一起围郑？

师：秦国卷入战争的意图非常明确，就是为了……

生：利！

师：秦伯就是想从中分一杯羹。

生：那晋国的国君是不是太傻了，明明可以独吞利益却偏要分享？

师：会吗？

（生思索）

师：有一段历史，大家必须了解一下。

（师播放课件）

时周襄王十二年，晋兵休息岁余。文公一日坐朝，谓群臣曰："郑人不礼之仇未报，今又背晋款楚。吾欲合诸侯问罪何如？秦君临行有约，必与同事。"先轸对曰："郑为中国咽喉，今若使秦共伐，秦必争之，不如独用本国之兵。"文公曰："郑邻晋而远于秦，秦何利焉？"乃使人以兵期告秦，约于九月上旬，同集郑境。

师：郑的地理位置非常重要，是中原咽喉之地。"今若使秦共伐，秦必争之，不如独用本国之兵"，意思就是如果和秦合作的话，秦会分一杯羹，我们要自己打，不要和秦一起。然后文公说："郑邻晋而远于秦，秦何利焉?"大家觉得这句话熟悉吗,后来谁也说过的?

生:烛之武。

师:"乃使人以兵期告秦",于是就把晋国出兵的日期告诉给了秦国,"同集郑境"。那么,秦为什么参战?

生:秦参战,是想分利。现实情况决定,即便战胜郑国,秦也没办法获得利益。所以,晋君老谋深算,是在诓骗秦君,为的是降低战争给自己国家带来的伤害。

师:非常正确,可见,秦晋之好也是建立在"利"的基础之上的。

生:盟友之间并非真心实意、坦诚相待,这也为烛之武的说退秦军埋下伏笔。

师:是的,这就是烛之武能说退秦军的重要原因。

师:清人林云铭这样评述:"(烛之武)说秦之词,句句悚动,有回天之力,其中无限层折,犹短兵接战,转斗无前,不虑秦伯不落其彀中也。"大家讨论一下,看看烛之武是如何做到弱国亦有外交的。

(生热烈讨论)

师:怎么样,有结果了吗?谁先来?

生:先说秦、晋围郑,郑国必亡。烛之武好像置身于郑国之外,站在秦国的立场上说话,这应该会引起秦伯的好感,愿意听他把话说完,从而为进一步打动秦伯提供了可能。

师:欲扬先抑,以退为进。"郑既知亡矣",坦言知亡,避其锐气。

生:亡郑只对晋国有利,对秦国有害无益。烛之武指出,秦、郑相隔遥远,晋、郑却是近邻,因此亡郑只能对晋国有利,对秦国不但没有利益可言,反而因"邻之厚"而显得"君之薄"。

师:显得"君之薄",措辞非常严谨。对手的土地增加了,自己没有变化,相对来说,就是减少。运用了辩证看问题的方法,非常好。烛之武的措辞是委婉而谨慎,巧妙地点明秦、晋毕竟是两国这一事实。这既符合实际,又从根本上动摇了秦、晋联盟的基础,这不能不让秦伯动心,秦国当然不会帮助晋国成就霸业而使自己的国力相对削弱。阐明利害,动摇秦君。"邻之厚，君之薄也"，亡郑只对晋有利。

生：说明保存郑国，对秦只有好处。如果说上一层是分析危害动摇秦伯的话，这一层则是以利益引诱秦伯了。

生：秦伯既是为利而来，晋给不了，我郑国可以给，前提是和郑结盟。

师：替秦着想，以利相诱。"君亦无所害"。舍郑会对秦有益。

生：揭露晋侯的言而无信，从而让秦穆公重温历史，即晋侯是不可以相信的人，合作的后果很严重，进而达到瓦解秦晋盟约，使秦国主动退兵的目的。劝秦伯不要剃头挑子——一头热。

生：不对，过河拆桥的是惠公，现在和秦结盟的是晋文公，不是一个人。

师：你很细心，发现了问题。你说这事烛之武知道吗？他会弄错吗？

生：他应该不会弄错，那他是故意的？

生：那么，秦伯想到烛之武为什么这么说了吗？

师（笑）：未必不知呀！攻打郑国于秦无利，这是事实。"晋君"一词尽显烛之武的外交智慧，混淆视听只是想告诉秦伯，晋国从来如此凉薄。事实也让秦伯冷静了许多，无论是晋惠公还是晋文公维护的都是晋国利益。

生：看来是"利"字当头呀。

生：秦国又何尝不是如此呢！作为国君，自然要考虑自己国家利益最大化，不必怀疑人生，纠结于秦晋之好只是"塑料"情谊。

（众生笑）

师：引史为例，挑拨秦晋。"君之所知也"。烛之武太优秀了。

生：老师，我觉得烛之武还有一步棋呢。从历史说到现实，烛之武又进一步分析了晋国的贪得无厌，灭郑之后必然要进犯秦国。这样一发挥，秦国意识到自己的危险，不仅与郑国订立了盟约，还反过来帮助郑国。

师：对，推测未来，劝秦谨慎。"唯君图之"。

生：好一个烛之武，郑伯不用烛之武可惜了。

（众生笑）

师：烛之武智退秦师的说辞仅125个字，却不卑不亢，步步深入主题，句句打动对方，层层推理，采用先破后立的方法将秦郑的利害关系紧密地联系在一起，充分论述了三国之间的利害关系，准确而又独到，不得不令人信服，从而彰显了烛之武机智的外交才能。佚之狐确有识人之明呀。

师： 好，咱们看一下烛之武的战果有哪些。

生： 秦军退。

师： 仅仅如此吗？有点小看烛之武了。

生： 和秦结盟，受到保护。

师： 晋国怎么样，有什么反应？

生： 亦去之。

师： 感觉晋君有些不甘心呀！

生： 晋君退军的理由是"不仁""不知""不武"，理由很是明事理，讲情义。

师： 实际上呢，根据国家间利益的排他性？

生： 不得已而为之，实属无奈。

师： 怎么讲？

生： 本来可以独自吞掉郑国，现在郑国却有了秦国的保护；本来和秦结盟，现在被秦君识破自己的小算盘；失去盟友，缔结新仇，实在是技不如人，很没面子。

师： 厉害！所以"仁义道德"均是借口，利益才是核心。烛之武的说退秦师过程太吸引人了，这也说明咱们这篇散文充满艺术魅力。

生： 层层铺垫，一波三折。

生： 面面俱到，步步深入。

生： 语言简洁，含蓄生动。

生： 说理透辟，善于辞令。

（生鼓掌）

师： 非常好，同学们分别从结构特点、行文技巧、语言特色、人物形象四个角度赏析了这篇文言文，颇有大家风范，看来大家是真的喜欢这篇文章，也是真的读懂了。

五、美读——微言大义

师：带着你对文章进一步的理解，再读课文，看看你对文章还有没有不同的见解。

（生放声朗诵）

生：我觉得烛之武很委屈，有如此才能，然而一直等到今天国难当头，他已经垂垂老矣，已经"无能为也已"，郑伯才想起来找他，烛之武竟然答应了，我们应该怎样看待烛之武的这种行为呢？

师：老师认为，这是一个很有价值的问题，下面我们采用小组合作探究的形式解决这个问题。

（生分组讨论，师巡视并参与讨论）

师：好，哪个组发表一下你们的意见？

生：我们觉得烛之武是不是被郑伯的软硬兼施吓到了，并没有辩驳就"许之"。

师：烛之武胆子很小？

生：不小，胆小的话就不会当君王面抱怨了，虽然语气委婉，但任谁都能听出弦外之音。

生：如果胆子小，怎么会孤身赴秦，力退秦军？

生：那打动烛之武的是不是那句"然郑亡，子亦有不利者"，是想保全自己？

生：铁打的百姓流水的君王，烛之武只是百姓，光脚的不怕穿鞋的！我觉得不全面。

师：话虽然糙了些，但道理是对的。《赤壁之战》中，唯鲁肃力排众议，劝孙权与曹操决战。当时他向孙权分析不能投降的原因时说："今肃可迎操耳，如将军，不可也。何以言之？今肃迎操，操当以肃还付乡党，品其名位，犹不失下曹从事，乘犊车，从吏卒，交游士林，累官故不失州郡也。将军迎操，欲安所归？"意思就是如果我鲁肃投降凭实力、凭名望最起码还有个小官做做，慢慢地混也能混到个郡守、州牧什么的，将军你投降了能怎么样呢？曹操还会留您性命吗？

生：所以肯定不是为了保全自己。烛之武这点觉悟还是有的。

生：我觉得烛之武这是出于爱国，毕竟"学得文武艺，货卖帝王家"。

生：不能算是爱国吧，只是忠君而已，只是诸侯国。

生：我同意是爱国行为。从当时国家的概念、政权的体制看，君主与国家是同一体，大臣忠君、忠于自己的政府，即可看成"爱国"。

师：两个角度都对，但总觉得理由不是那么充分。回到课本再看看还有吗？

生："然郑亡，子亦有不利焉"，总感觉"子"不仅是对烛之武的尊称那么简单。

生：应该还指百姓，"覆巢之下，焉有完卵"也是在说百姓。郑伯非常清楚，烛之武有骨气，且已经七十岁，死亡根本威胁不了烛之武，能打动他的只能是责任、大义。

生：因为他是君子！孔子说"君子喻于义，小人喻于利"，他是一个明白大义的君子！

师：是呀，面对大义，君子什么都可以放弃，包括自己的生命，何况自己那点不得志呢。这是一种让我们多么敬仰的精神。历史长河中，这样的君子多吗？

生（齐）：多！

师：都知道哪些？

生：林则徐，"苟利国家生死以，岂因祸福趋避之"。

生：杜甫，"安得广厦千万间，大庇天下寒士俱欢颜！风雨不动安如山。呜呼！何时眼前突兀见此屋，吾庐独破受冻死亦足"。

生：文天祥，"人生自古谁无死，留取丹心照汗青"。

生：于谦，"但愿苍生俱饱暖，不辞辛苦出山林"。

师：非常好，这种精神如阳光普照中国。就像那句话说的"哪有什么岁月静好，只是有人在替我们负重前行"，我们有理由向在民族大义面前义无反顾前行的君子们致敬，这种精神也必将传承下来，在我们及子孙后代的血液中流淌。学习烛之武，涵养一种精神。

师：好了，这篇课文我们就学到这里。布置一下作业，课下阅读另一篇极具劝说艺术的文章——李密《陈情表》，看一看李密是怎样用言语打动晋武帝并让自己走出困境的，并写一段赏析文字。好，下课。

学生赏析反馈

首先，自叙境遇，示弱乞怜。主要体现在两个方面：一是诉说自己成长过程的不幸，自幼孤苦，祖母抚养，今刘氏年老病重，为后文请留埋下伏笔；二是降低自己的身份，自称亡国贱俘，至微至陋。

其次，解释原因，忠孝两难。解释过往屡诏不就的原因是自己处境不允许，消除帝王的怒火。另外，解释本身就是一种示弱，即便是帝王，面对这种两难境地也不好强人所难。然后，承认皇权，表明心迹。李密明白皇帝雷霆之怒的根本原因，让蜀汉旧臣到晋朝任职是想将他们树立为追随晋朝的表率，以此笼络人心，强化统治。晋朝不是缺少人才，是缺少人才承认其统治的态度。于是，李密以"臣"自称，以"圣朝"呼之，以此给予晋帝极大的尊重，消除新帝的猜忌。并且表明自己"本图宦达，不矜名节"，如果条件允许定会出仕为官，最好飞黄腾达。这也再次强调了不仕原因：非不为也，实不能也。

最后，自相矛盾，来日方长。李密提及"伏惟圣朝，以孝治天下"有两个目的：一是承认统治，二是以子之矛，攻子之盾。这样就将难题丢给晋帝：如果再强迫李密赴任，就表明自己治理天下的理念是虚伪的。同时，为了不让晋帝难堪，李密还开了一张"来日方长"的空头支票。可谓是软硬兼施，晋帝即便不满却也无奈。

至此，李密用无懈可击的说理一步步将自己从困境当中解脱出来。晋武帝也只得借坡下驴，赞扬他说："士之有名，不虚然哉！"不但停诏，而且赐奴婢二人，让郡县供其祖母奉膳。由此可见，《陈情表》的说理极具艺术价值。

从因文得意到关注学情

——《烛之武退秦师》教学反思

这节课的生成依据有两点：一是遵循阅读的本质规律，二是把握学生真实的学情。阅读的本质是一个因文得意的过程。文，指的是文字、语言，延及篇章结构、表达方法或技巧等；意，指的是知识、思想、观点、情感等。所以这节课重点解决这两方面的问题，这是宏观把握。除此之外，还必须在内容方面进行微观推敲，这就要求高度重视学生的预习作业，通过预习作业整体把握学情，在此基础上设计教学，确定教学目标，规划课堂流程，思考交流方式。只有这样，课堂才能变得细致、高效。

结合已经掌握的学情，我将本课教学设计成"课堂导入，作品简介""初读识文，整体感知""品读解难，微观推敲""赏读知深，拓展探究""读写结合，知识迁移"五部分，从不同角度贯彻落实阅读本质的特点，以学生为主体，解决预习作业中的疑难问题。

课堂导入，作品简介。鉴于学生初中学习过《曹刿论战》，对《左传》相关知识相对了解，所以我采取提问及相互补充方式，帮助学生回忆并夯实基础，这一环节较简略。

初读课文，整体感知。在这一环节，我强化"读"，并针对"读"提出要求。学生就读音、句读、文义等自己不能独立解决的问题进行提问，其他学生踊跃发言，帮其解决问题。我作为"辅助人员"，补充了文言文的阅读习惯、断句技巧、文义推断等方面的相关理论知识。这种角色定位，大大激发了学生学习的积极性，课堂效果良好。

品读解难，微观推敲。通过品读细节，分组讨论，争相发言，解决文章中各种"疑难杂症"。针对一些开放性的题目，如对烛之武发了两句牢骚这一细节的看法，我们只讲角度，只谈深浅，不论对错。这样，学生更愿意参与其中，努力思考，发表自己的见解，进而对文章主旨、思想情感进行探

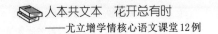
微，并学习其写作技巧。

赏读知深，拓展探究。学生在课堂上提出了很有探讨价值的问题，我抓住这一契机，让学生充分讨论，各抒己见，层层剥笋，逐步让学生看清问题的实质。烛之武之所以答应郑伯说退秦师，不是胆怯，不是追名逐利，不只是忠君爱国，更多的应该是知识分子的道义责任。在多方贯通中努力生长，既完成了延伸阅读，又涵养了学生的精神境界。

读写结合，知识迁移。"学而不思则罔，思而不学则殆"。"学"与"践"是关键，"思"与"悟"是重点。善于学习并且学以致用才是做学问的大道，也是检验教学成果的很好的方式方法。鉴于此，我拿出了同属说理性文章但难度略大的《陈情表》让学生赏析，学生竟然分析得头头是道，很有点行家的意思，效果可喜。

从整个教学过程来看，真正体现了学生自主、合作、探究的学习方式。课文的朗读和分析基本上都是由学生完成的，教师只是做了相应的一点点拨，充分地锻炼了学生的能力。针对开放性题目，学生众说纷纭，我并没有作过多的否定，而是给了较充分的肯定和自己的理解，重点是激发其阅读兴趣，培养思考习惯。课堂有秩序地进行着，每个同学都极力表现自己的水平，也都能寻找充分的论据说服别人，真正做到了"心中有数、眼中有人、手下有招"。

给你一束光，让万花筒流转折射七彩斑斓

——从《烛之武退秦师》课例品尤老师文言文教学艺术

河北省沧州市第一中学　呼　君

品读尤老师的《烛之武退秦师》课例，我忽然想到一个儿时常见的光学玩具——万花筒：三棱镜里各色平淡普通的玻璃碎片，在光线作用下随着筒身转动，流转折射成七彩斑斓的神奇图案，让孩子们深深迷醉。

　　文言文作为我们民族的文化瑰宝，恰如一支美丽的万花筒；而同学们需要掌握的形音认读、词义理解、词法掌握、句法分析、翻译训练，以及文学文化常识、篇章结构、表达技巧，就是一粒粒剔透的玻璃碎；玻璃碎怎样才能化作斑斓图案，为学生怡情启智提升素养呢？关键是那束光造成的"折射"——老师的文言文教学艺术促成的"转化"——起到了决定性的作用。

　　在《烛之武退秦师》的教与学中，尤老师就给了学生这样一束神奇的三原色光。

　　尤老师是一贯主张"学情核心"的，他用一束纯净理性和安详的蓝色光开启了学生的自主预习。正如尤老师所说，预习的目的是"提高学生自学文言文的能力""培养学生独立思考，解决问题的能力"和"便于教师了解学生掌握课文的情况"。而这篇课文在教材中的位置已从人教版必修一中学生进入高中接触的第一篇文言文转到统编语文必修下册。学完《劝学》《师说》之后，学生有了一定的文言学习基础，经过充分预习，文学常识，重要的实词、虚词、特殊句式的用法和意义，词类活用、古今异义、一词多义、通假字、特殊句式、典句翻译等语言现象都可以独立得到较好的解决；在课堂上的"初读——细说文言"部分，老师通过典型问题以读代讲、以问带讲，让学生在丰富的语言实践中主动积累、梳理和整合，便可事半功倍地完成语言建构与运用能力的转化。

　　完成"转化"的关键，正如尤老师所言，是还原出文言文的醇香厚味，"让学生从知识的层面升华到文化的层面""让悠远的历史和璀璨的文化像一股潺潺的溪流""从历史的深处流淌而出，注入每个学生的心间"，尤老师的教学设计和随着课堂自然生成所做的点拨引导，恰似一束绿色光，清新自然、宁静舒适，却又蕴藏着生机，促成思维发展和青春成长。大家可以细细玩味"赏读——品味手法"部分，尤老师在遵循阅读规律和把握真实学情的基础上，先让学生再读课文，强化整体印象，然后自愿发言，民主交流；老师不忙表态，抽丝剥茧，搭桥树梯，悄展主线，学生兴趣浓厚，积极思考，乐于表达，对文章主旨、思想情感、写作技巧的认识和阐发生成自然且极有质量；这一部分，自主、合作、探究的课堂特点最为突出，学生思维的深刻性、敏捷性、灵活性、批判性和独创性等品质得到了全面的提升。

在课堂的第五部分"美读——微言大义"部分，尤老师以力排众议、坚决拒降的鲁肃为火花，点燃了一束充满火热豪放、激情澎湃、轰轰烈烈的红色光，激发了课堂的高潮，学生由自发到自觉，联想起林则徐、杜甫、文天祥、于谦等人的如阳光普照中国的爱国主义精神；在深深的共鸣中，尤老师充满深情地引导学生向在民族大义面前义无反顾前行的君子致敬，借助课堂传承了民族的精神，让以身许国的基因深入青年的血液。这种在语文学习中通过审美体验、评价等活动构建起来审美意识、审美情趣与审美品位，在语文学习中继承中华优秀传统文化、培养文化自觉意识，不正是审美鉴赏与创造、文化传承与理解等语文核心素养的最好落实吗？

就像彩色玻璃碎片经过光的折射，变成七彩斑斓的图案，尤老师的文言文学习课，"文""言"兼顾，自然融合；学生在尤老师给出的三原色光的照耀和指引下，付出时间，付出精力，付出情感，发现、摘取、研讨、消化、应用、创造、获得语文知识，养成语文能力，唤醒人文素养；最终把一粒粒晶莹的玻璃碎，转化为跟随自己一生的语文素质。

（呼君，河北省沧州市第一中学语文教师，特级教师，正高级教师。河北省首届教书育人楷模，河北省首届中小学学科名师，河北省模范班主任，河北省省级名师呼君工作室主持人，河北师范大学语文教育研究中心特聘研究员，河北民族师范学院客座教授。）

课例 9

"木"中窥境，"叶"里传情

——《说"木叶"》教学欣赏

（高中语文必修下册第9课）

教学设计

循林观树，点面相谐

——《说"木叶"》教学设计

一、教学理念

人类在不断探索发现中推动着文明的进步，人文社会科学领域的探索与自然科学领域一样同步推进，甚至细小到一种文学现象、一个诗词意象。体验学术研究的独特魅力，从一个小的概念入手，抽丝剥茧，审慎缜密，步步为营，其中饱含着朴素的好奇心与想象力推动下的创新与挑战。那些热爱阅读与思考的学生会在这里得到点化与启发，打开思路，探索审美，涉足评论，尝试论说，把自己的阅读与思考向纵深再进一步，这对于学生调动自己的阅读体验，深入思考阅读感受，细致描摹审美意趣，学习领悟知识性读物是大有裨益的。

《说"木叶"》是北大教授林庚先生的一篇艺术随笔，先生对于盛唐诗歌卓有研究，最让人心神为之震动的是他对于盛唐诗歌概括了两个极富于生命力的词语："盛唐气象"与"少年精神"。这篇课文只是先生对中国古代诗歌研究的一隅，但就是一隅，也已经可窥见全豹风采。他对于诗歌意象的细腻体会和准确把握让人叹为观止，更带动人真正走进诗歌的王国，体会诗歌意象不同寻常的生命力与表现力。这是一个独立的系统，不是想当然的，是需要开发和点拨的，而这篇文章就是一把金灿灿的钥匙，开启了学生面前中国古典诗歌意象的大门。

我们要善于通过一个知识的点带出一个能力的面从而构建起一个文化的网络，"木叶"是一个知识的点，能够感受"木叶"之所以为"木叶"以及诗歌形象的暗示性是一个能力的面，而中国古诗词独特的凝练表达与丰富内蕴就是一个文化的网络，有着非中国人不可深透意会的文化触感。

二、教学目标

1.继续巩固"预习作业"方式的自主发现能力，体会思维碰撞之美。

2.能够自主辨析"木叶"与"树叶""落叶"等概念的异同，理解诗歌语言暗示性的特点。

3.理解作者说理的层次逻辑，体会文中所举诗句的意蕴。

4.学习研究文学现象的论文如何从材料的梳理与考证中发现问题并解决。

5.能够用既尊重文本又独立思考的阅读精神看待文本观点，能够适当举一反三。

三、教学过程

（一）一见森林，宏观把握

1.新课导入。

我们从小学习古典诗歌，诗歌的语言极为凝练，诗人在创作诗歌的时候会反复斟酌和推敲；即便是同一个意象，有时也会有不同的表达方式，如"落英"和"落红"。今天我们来感受一下林庚先生对诗歌当中"木叶"这个意象用字的思考。同学们打开书，准备好预习作业。

2.预习作业显示，学生对林庚的情况感到陌生。

3.了解作者。

林庚教授的研究主要涉及唐诗、楚辞、文学史等方面，显示出诗人学者的独有特色。他将创作新诗和研究唐诗完美地统一起来。在唐诗研究方面，他提出的最著名的论点是"盛唐气象"。

与"盛唐气象"紧相联接的，是他对盛唐诗歌的另一艺术概括——"少年精神"，其研究成果汇集在《唐诗综论》里。林庚教授的楚辞研究和他的唐诗研究可称为双璧，《诗人屈原及其作品研究》是他多年研究楚辞的一部论文集，其中大多数是关于屈原生平及其作品中文字、地理等方面问题的考释，也有一些论述屈原的人格、艺术成就和作品特色的文章。林庚教授对明清小说也很关注，并提出了颇多精辟的创见。

4.关注思维导图，宏观把握文章结构思路。

引导学生整理预习作业的思维导图部分，厘清文章的脉络思路。

（1）学生默读课文，结合预习作业的成图思考细化，让思维导图最后成型。

此处课堂是静态的，教师需要理念上理解并认同课堂静态的意义和价值，尤其是这篇文章，《说"木叶"》不是热热闹闹能够领悟深透的文章，所以，课堂应该存在静态过程。

（2）教师引领学生在初读基础上以自然段为单位，思考探索段与段之间的内在逻辑关系，感受学术研究小论文内在的思维严谨与层级推进。

教师强调思维导图必须落实到笔端，不可停留于思考。

（3）请学生代表到黑板上展示个人的思维导图，其他同学思考分析。

（4）教师带领全体同学分别点评分析学生的思维导图，从而梳理文章的思路结构，最终完成阅读的宏观把握。

教师备答：本文共分为7个自然段，各段的主要信息如下：

第1自然段，说明从屈原《九歌》开始，"木叶"成为诗人们笔下钟爱的形象。文章举了谢庄《月赋》、陆厥《临江王节士歌》、王褒《渡河北》为例。

第2自然段，说明"木叶"就是"树叶"，但是古代诗歌中有用"树"的，有用"叶"的，就是用"树叶"的十分少见。大量的是用"木叶"，又发展到用"落木"。

第3自然段，说明"木叶""落木"与"树叶""落叶"的不同，关键在于"木"字上。在诗歌中，概念相同的词语，也有可能在形象上大有区别。

第4自然段，说明"木"的第一个艺术特征：含有落叶的因素。从"木"所用的场合可以看出，自屈原开始把"木"用在秋风叶落的季节之后，后代诗人都以此在秋天的情景中取得鲜明的形象效果。作者把曹植诗中的"树"的形象与吴均诗中"木"的形象做比较，"树"没有落叶的形象，而"木"显然是落叶的景况。

第5自然段，说明"木"为什么有这个特征。因为诗歌语言在概念的背后，还躲着暗示性，它仿佛是概念的影子。"木"作为"树"的概念的同时，还具有一般"木头""木料""木板"等的影子。这潜在的形象让我们想起树干，而不大想到叶子，"叶"因此常被排斥在"木"的形象之外，这排斥暗示着落叶。而"树"与"叶"的形象之间是十分一致的。作者以周邦彦的词为例加以说明。

第6自然段，说明"木"的第二个艺术特征：有落叶的微黄与干燥之感，带来疏朗的秋天气息。正因为有这个特征，所以《九歌》中的"木叶"才如此生动。而曹植《美女篇》中的"落叶"，是饱含水分的繁密的叶子；司空曙《喜外弟卢纶见宿》中的"黄叶"，是在蒙蒙细雨中湿润的叶子，没有干燥之感，因此都与"木叶"的形象不同。至于"落木"，比"木叶"更显得空阔。"木叶"的"叶"，有缠绵的一面，"木叶"是疏朗与绵密的交织，而"落木"就连"叶"这个字所保留下的一点绵密之意也洗净了。

第7自然段，说明"木叶"与"树叶"在概念上相差无几，在艺术形象上的差别几乎是一字千里。

综上所述，全文大致可以分为三个部分。第1~3自然段为第一部分，列举我国古代诗歌史上的一个现象，就是"木叶"成为诗人笔下钟爱的形象。而"木叶"形象的关键在一个"木"字。第4~6自然段为第二部分，说明了"木"的两个艺术特征，以及为什么有这些特征。第7自然段是小结。

这篇文章的作者是学者，也是诗人。他以深厚的学养与丰富的联想力，对"树"与"木"，"树叶"与"木叶"，"木叶"与"落叶"，"木叶"与"落木"所造成的诗的意境的差别，做出了极为精细的美学辨析，使我们对古诗词中艺术的精微之处有了更深的体察，值得我们借鉴。

（二）二见树木，微观推敲

1.微观推敲，学情总括。

课文基本概念与预习作业质疑问难的汇总：

（1）诗歌的语言富于暗示性，那些微妙的意味往往寄诸言外。鉴赏诗歌，不仅要品尝言内的意思，而且要品尝言外的滋味。从课文看，"木"与"树"的意味有什么异同？

教师备答：按照字面的解释，"木"就是"树"，木本植物的统称。而"木"作为"树"的概念的同时，却具有一般"木头""木料""木板"等的影子，会让人更多地想起树干，把"叶"排斥到"木"的疏朗的形象以外去，这样，"木"也就给人以落叶之感。而"树"呢，它是具有繁茂的枝叶的，它与"叶"都能给人以密密层层浓荫的联想。

（2）课文说诗歌语言的暗示性仿佛是概念的影子，成为语言形象的潜在力量，这些潜在力量与概念中的意义交织结合起来，就成为丰富多彩一言难尽的言说。文中说到的"树叶"与"木叶"、"木叶"与"落叶"有怎样不同的意味？

教师备答："树叶"中"树"与"叶"的形象之间不但不相排斥，而且是十分一致的，都给人枝繁叶茂、浓荫匝地的感觉；而"木叶"就自然而然有了落叶的微黄与干燥之感，它带来了整个疏朗的清秋的气息，甚至还让人仿佛听见了离人的叹息，想起了游子的漂泊。"木叶"是属于风而不是属于雨的，属于爽朗的晴空而不是属于沉沉的阴天，一个典型的清秋的性格。"木叶"是"木"与"叶"的统一，疏朗与绵密的交织，一个迢远而情深的美丽的形象。

而"落木"，则比"木叶"还更显得空阔，它连"叶"这一字所保留下来的一点绵密之意也洗净了。

（3）第4、5、6自然段是课文的中心段，文中阐释了"木"在形象上具有哪些艺术特征？

教师备答："木"在形象上有两个艺术特征：其一，"木"比"树"更显得单纯，它仿佛本身就含有一个落叶的因素；其二，"木"不但让我们容易想起树干，而且还会带来"木"所暗示的颜色，它可能是透着黄色，而且在触觉上它是干燥的而不是湿润的。

（4）课文所阐释的是诗歌语言的暗示性问题，而标题却拟为"说'木叶'"，若改为"谈谈诗歌语言的暗示性"呢？

教师备答：标题若拟为"谈谈诗歌语言的暗示性"，整个文章的行文思路就要改变，它可能就要从理论的角度来论述，恐怕会写成一篇理论性较强的学术论文。标题拟为"说'木叶'"，文章选取古诗中的"木叶"意象作为论题，在结构安排上由引古诗探意蕴：先排除古诗考虑文字洗练的因素；再从它用于秋天的情景中探寻其含有落叶等因素；最后才触及诗歌语言的暗示性的问题并加以阐释。这样，把深奥的文学理论附丽并渗透于有关"木叶"诗句的品读玩味中，并逐层深入，探幽发微，既体现了作者的科学态度，也契合读者的阅读心理。"说'木叶'"的拟题应该是本文的一个亮点。

（5）课文作者既是一位深谙诗歌妙道的学者，也是一位畅游诗歌海洋的高手，文中大量援引古诗中关于"木叶"的诗句，请问这对于阐发道理起了怎样的作用。

教师备答：其作用主要体现在三个方面：一是引子，可以援引出议论话题；二是例证，可以使得对道理的分析有根有据；三是增强文气，增添了文章的文化内涵与审美意蕴。

（6）"像'无边落木萧萧下'这样大胆地发挥创造性"，为什么说杜甫在这里大胆地发挥创造性，前人不是已经用过"落木"了吗？

教师备答：引导学生放入语境中去探寻，字不离词，词不离句，句不离篇，古诗意象的韵味要在诗歌情境中理解。关键在于"落木"与"萧萧下"的组合所带来的效果是大胆地发挥创造，作者后面也提到："难道不怕死心眼的人会误以为是木头自天而降吗？"

（7）《橘颂》"后皇嘉树，橘徕服兮"两句话是什么意思？

教师备答：橘啊，你这天地间的嘉美之树，生下来就适应这一方水土。

（8）使用"木叶"的诗句有一些共同点，比如好多都有"洞庭"，还有"秋风""秋月""秋云""十月""寒砧"什么的，这里面是不是有一些套板反应？

教师备答：回归课本，引导学生体会语言没有孰优孰劣，孰高孰下，只有合适与否，只有语言与情感的完美统一才是最美好的，这也是朱光潜《咬文嚼字》的观点。所以如果恰合情景与情感，即使一用百用，也不是所谓"套板反应"。

（9）学情反馈，文中引用的古诗词都不明白情境与情感，感觉知识储备不够，只能理解最表面的意思。

教师备答：引用是为作者想要表达的观点服务的，不是节外生枝的。所以，不必过度担忧引用出处的理解层级，而是要回归课本上下文，感受作者使用引用表达的妙处。尤其是在理解辨析"树"与"木"，"树叶"与"木叶"，"木叶"与"落木"，"木叶""落叶""黄叶"这些诗歌意象的时候。

（10）文章重心在说"木"的艺术特征，那前三自然段的铺垫是不是太长了啊？

教师备答：作者循循善诱，带领读者登堂入室，循序渐进。关于"木叶"在艺术领域里的微妙神奇之处不是一下子就能够领会的，林庚先生真的很有耐心，尤其是那些仿似对话一样的问语："可是为什么单单'树叶'就不常见了呢？""这道理究竟是为什么呢？"读来感觉被学者温煦的风度吹拂，为作者的耐心所感动。

2.微观推敲，教师备用。

在学生质疑问难的环节，教师需要对文章引用的古诗词中意象及其情境比较熟悉了解，并引导学生回归课本语境去理解梳理所引用的诗句。

教师备答：《九歌》。第一处引用是"木叶"意象的源头，可见"木叶"是属于落叶的，属于风的，属于微黄颜色的。《月赋》，作者点明受启发于屈原的《九歌》，月亮升起于洞庭湖刚开始兴起波浪，湖边秋树也乍见落叶的时候。

（其他引用诗句略）

涉及引用的相关问题时，教师引导学生回归文本，细读上下文，追本溯源，找到引用例证服务的观点，从而体会作者渊博的知识储备和恰切严谨的研究态度。

（三）回见森林，拓展鉴赏

1. 引领学生回顾全篇，第7自然段重申"概念"与"艺术形象"的差别，由"木"与"树"的一字之差，深入体味艺术形象的语言暗示性特点。

2. 拓展鉴赏——古典诗歌的意象。

我国古代的诗歌可谓是汪洋恣肆，仪态万方。其中，有许多意象由于具有相对稳定的感情色彩，诗人们往往用它们表现相似或相通的感情。如"杨柳""鸿雁""蟋蟀"等表示赠别的意象常可见于赠别类诗歌中，再如文中的"木叶"所具有的艺术特征。但也有时候，诗人把它组织在不同的意象体系中，使之表现不同甚至相反的感情。如"月"这一意象，用在赠别诗中是一番韵味，在边塞诗中则是另一道景致。前者如杜甫的"露从今夜白，月是故乡明"（《月夜忆舍弟》）、张九龄的"海上生明月，天涯共此时"（《望月怀远》）；后者如陈子昂的"亭上谁家子，哀哀明月楼"[《感遇（其三十四）》]、王昌龄的"秦时明月汉时关，万里长征人未还"（《出塞》）。我们应该像林庚先生，勤于钻研，探究诗歌创作与鉴赏的玄机，同时，我们也应该学习林庚先生那样，不故意摆出理论的面孔来吓唬读者，而是将深奥的文学理论附丽并渗透于古诗"木叶"意象的捕捉和阐释中。这样，才能使我们不知不觉地参悟蕴藏在其中的道理，走进诗歌的殿堂。

"木"中窥境，"叶"里传情
——《说"木叶"》课堂实录

一、导入——知人论世

师：我们从小学习古典诗歌，诗歌的语言极为凝练。同学们想必都知道"推敲"的故事吧？

生：知道。

师：来，哪位同学给大家讲讲这个故事，我们不妨也思考一下"推"与"敲"到底有何区别？

生：好像是韩愈听见贾岛吟两句诗"鸟宿池边树，僧推月下门"，韩愈劝他把"推"字改为"敲"字，这是炼字的例子，后人就用"推敲"来代指炼字了。至于具体发生情境我记不清了，有说是大路上遇见，有说是月夜里听见，我记不清了。

师：感谢感谢，那同学们思考这俩字有啥不同啊？

生："敲"有声音，打破了寂静的夜。

生："敲"表示门里有人，这个敲门人是外来的。

生："推"好像熟门熟路，一个人出行。

生：老师，我怎么觉得"推"也挺好的，挺寂静，也孤单，别有一种感觉。

师：同学们想的都很好，很细腻。在诗歌的世界里，一字之差，推敲之间，感觉诗的意境就不同了。我们一起来读一读朱光潜《咬文嚼字》里面怎么说的吧。

（PPT展示《咬文嚼字》相关片段）

姑举一个人人皆知的实例，韩愈在月夜里听见贾岛吟诗，有"鸟宿池边树，僧推月下门"两句，劝他把"推"字改为"敲"字。这段文字因缘古今传为美谈，于今人要把咬文嚼字的意思说得好听一点，都说"推敲"。古今人也都赞赏"敲"字比"推"字下得好，其实这不仅是文字上的分别同时也是意境上的分别。"推"固然显得鲁莽一点，但是它表示孤僧步月归寺门原来是他自己掩的，于今他推。他须自掩自推，足见寺里只有他孤零零的一个和尚。在这冷寂的场合，他有兴致出来步月，兴尽而返，独往独来，自在无碍。他也自有一副胸襟气度。"敲"就显得他拘礼些，也就显得寺里有人应门。他仿佛是乘月夜访友，他自己不甘寂寞，那寺里假如不是热闹场合，至少也有一些温暖的人情。比较起来，"敲"的空气没有"推"的那么冷寂。就上句"鸟宿池边树"看来，"推"似乎比"敲"要调和些。"推"可以无声，"敲"就不免剥啄有声。惊起了宿鸟，打破了岑寂，也似乎平添了搅扰。所以我很怀疑韩愈的修改是否真如古今所称赏的那么妥当。究竟哪一种意境是贾岛当时在心里玩索而要表现的，只有他自己知道。如果他想到"推"而下"敲"字，或是想到"敲"而下"推"字，我认为那是不可能的事。所以问题不在"推"字和"敲"字哪一个比较恰当，而在哪一种境界是他当时所要说的而且与全诗调和的。在文字上"推敲"，骨子里实在是在思想情感上"推敲"。

师：那我们今天就在预习作业基础上一起交流学习一下林庚先生的"推敲"故事吧。预习作业显示，同学们对林庚先生非常感兴趣，还特别想看看他长什么样儿。

（生大笑）

师：有好几个学生在预习作业中表示，屠呦呦有一张照片呢，梁思成大家都比较熟悉，很想看看林庚的样子。为什么写这么细腻的文学随笔不配张作者帅照呢？

（生继续大笑）

师：林庚本人非常低调，老师可以提供一些介绍。

（PPT逐步展示相关内容）

师：林庚的生卒年月是1910年到2006年，97岁高龄逝世。老先生是北大教授。父亲林志均是清华研究院的导师，被称为"哲学巨擘"。1928年林庚18周岁从北京师范大学附属中学毕业考取了清华的物理系。

（生发出惊叹声）

师：林庚一直钟爱阅读，大二时为丰子恺的作品吸引，那些题画的小诗"几人相忆在江楼""斜晖脉脉水悠悠"让他着迷，他觉得这些美好的诗词怎么可以那么瞬间就是永恒，他再也放不下了。于是，1930年转入中文系，1933年留校，给朱自清当助教，给闻一多判作业，这一年发表了自己的第一本诗集《夜》。

（生继续惊叹）

师：我们评价他为现代诗人，古代文学学者，文学史家。他也有许多学术著作，例如我们这篇《说"木叶"》选自的《唐诗综论》，都是他自己的论文集。《唐诗综论》分为"唐诗高潮""唐诗远音""谈诗稿"三部分。《说"木叶"》选自第二部分"唐诗远音"，追溯了"木叶"这个意象的源头和发展，所以，课文中不都谈的是唐诗，更有唐代以前的诗篇。他是大学教授，教天下英才，我们原来人教版教材主编袁行霈先生，也是北大教授，就是林庚的学生。

（生继续惊叹）

师：袁行霈先生就曾说，诗歌语言，语言有尽，暗示无穷，并且说过"作诗最忌太直、太露，读诗最忌太滞、太凿，一览无余的作品算不上真正的艺术，拘守章句的读者也不是真正的鉴赏家"（师板书滞、凿二字）。本课谈到了语言的暗示性问题，朱光潜先生说过有如"月外圆晕，晕外霞光"，钱钟书先生也说过"怀孕的静默"，这是我们中国传统语言的特点与意蕴。

二、梳理文意，思维构图

师：《说"木叶"》这篇课文总共七个自然段，思维导图我觉得可以当堂生成，因为我判预习作业时发现大部分同学已经基本生成了。现在同学们在预习作业的基础上梳理一下，看看是否有需要更正的地方。

（生审读预习作业）

师：在思维导图生成过程中，我们点赞两种行为，一能够合并同类项，有段落基础上的层次划分意识，思路越清晰越好；二能够抽取文中关键词进行概括，最大限度地体现作者原意，阅读越尊重越好。大家现在继续审读，细化定型一下自己的思维导图，形成自己认为最好的方案。一会儿我们还是需要两名同学到黑板上画出自己的图，其他同学在自我认知的基础上鉴赏分析。给大家一点时间准备。

（生准备中）

师：好了，谁来黑板上写？

（生举手，师点出两位同学上黑板书写）

师：他们是大家的代表，好的地方一起欣赏，不妥的地方一起修改，而且也没有什么对错，可能只有恰当与更恰当的区别。

（生在黑板上分别书写自己的思维导图）

同学一：

开头　{
　　1."木叶"突出地成为诗人们笔下钟爱的形象。（发现现象，引出研究对象）
　　2.为什么钟爱"木叶"？
　　3."木叶"的关键在"木"字上。

主体　{
　　4.用"木"字的场合"木"与"树"的差异。（"木"的第一个艺术特征）
　　5."木"字有潜在形象。
　　6."木"所暗示的颜色性。（"木"的第二个艺术特征）

收束：　7.艺术领域，一字千金。

同学二：

开头：（1～3）诗人们钟爱"木叶"，"木"字很关键。

主体　{
　　（4～5）"木"的第一个艺术特征：有落叶。
　　（6）"木"的第二个艺术特征：微黄、干燥。
　　（7）总结

师：我们看，两位同学在层次划分上面没有分歧，都认为开头部分是第1～3自然段，主体部分是第4～6自然段，第7自然段是收束。这一点大家都同意吗？

生（齐）：同意。

师：好，看同学一，她非常细致地概括了开头部分三个自然段分别写了什么，第1自然段是发现现象，引出对象，也就是引出了这篇文章论说的话题，大家认同否？

生：认同。

师：所以，有的同学在预习作业中说第1自然段提出观点，对吗？

生：不对，"木叶"说的是作者研究的对象。

师：非常正确，显然文章并不是要向我们论述"木叶成为诗人们笔下钟爱的形象"这个观点的。第2自然段，同学一写的是为何钟爱"木叶"，为何呢？首先是"树叶"与"木叶"的比较，它们两个概念上是相同的。你们看，作者总是在说概念上怎么样，艺术特征上怎么样，就好比作者本人先是学物理的，后是学中文的。

（生笑）

师：概念相同，但"树叶"少见，而"木叶"多见，二者"叶"没有差别，差别在前面二字，从而阐明了"木叶"格外受诗人青睐的原因，关键在"木"字上，这就到了第3自然段开头中心句。"木"字带来了什么呢？"木"字带来了它这个字的联想义，从而开始论述"木"字的艺术特征。第4～5自然段，同学二认为是讨论了"木"的第一个艺术特征，这一点大家认同吗？

（生思考中）

师：同学一写的第4自然段是用"木"字的场合"木"和"树"的差异，"木"的第一个艺术特征，第5自然段写的是"木"字有潜在形象。也就是说，同学一认为第4、5自然段是有区别的，并不都是在写"木"的第一个艺术特征，同学二认为都在说"木"的第一个艺术特征。怎么办，两位同学此处有差异，谁的更准确呢？

师：来，同意同学一的请举手。

（生举手）

师：咦，怎么同学二也举了手？

（生大笑）

师：同学二怎么临阵倒戈了？老师正准备给你摆开擂台呀，你怎么主动降了呀？

（生继续笑）

师：来，你说说自己的理由吧。咱们都认真听听所为何来。

生：我也感觉作者确实还说了语言形象中潜在的力量这方面的内容。

师：哦，你也感觉确实不只说"木"的第一个艺术特征这一个问题。同学一对第5自然段的概括是"木"字有潜在形象，其他同学觉得还有其他的说法来形容第5自然段内容吗？

生：诗歌语言暗示性问题。

师：哪个诗歌语言？

生："木"这个字的暗示性。

师：那么这个字的暗示性都包括哪些方面啊？

生：不仅暗示了树干，即含有落叶的因素，还有颜色性的问题，就是微黄、干燥。

师：哦，那么"木"字的暗示性与"木"字的艺术特征之间是什么关系呢？

（生思考，有一生大胆说）

生：我觉得是因果关系。

师（追问）：为什么？

生：因为第5自然段第一句话就是"要说明'木'字何以会有这个特征，就不能不触及诗歌语言中暗示性的问题"，我觉得"何以……就不能不"，这不是因果关系吗？

师：为这位同学点赞。大家发现没，由文本产生的问题答案就在文本中，这位同学回归文本的意识特别好。是的。语言的暗示性为因，而艺术特征是果。这就扣到了第5自然段开头一句"'木'字何以会有这个特征"这句话上，也就是说，作者在谈"木"字两个艺术特征的中间，说了有这两个艺术特征的原因。

师：好，这样的话，同学一的思维导图可以写得更清楚，把"潜在形象"写出是艺术特征的原因，而同学二的需要分开表述。不过，同学二的思维导图相比同学一更清楚的一点是他把艺术特征用特别简洁的语言概括出来了，第一个是有落叶，第二个是微黄、干燥，怎么样？

（生点头称是）

师：两位同学正好互补了，同学一层次比较好，艺术特征没有写明；同学二层次比较粗放，但艺术特征概括很准确。最后收束，同学二就两字"总结"，同学一是"艺术领域，一字千金"，二位风格不同啊，一个数学课代表，一个语文课代表，这到底是数学与语文的不同，还是男人与女人的不同？

（生大笑）

师：有同学问了，既然已经说了"木"的艺术特征了，就总结一下这个就可以了，为什么结尾又说到了"'木叶'之于'树叶'，不过是一字之差"？

生：文章开头……

师：对，文章就是从这个区别写开去的，这就是从哪里来，回到哪里去，是一个呼应，首尾圆合。林庚这篇文章短小精悍，非常丰满，也很精致。好，对这篇文章的整体把握我们就到这里。

三、合作学习，纵深探究

师：集思广益，合作谈论，探讨一下从这么短的一篇文章中你的疑与得，说说自己百思不得其解之处和受启发的地方。

（生分小组讨论）

师：时间比较充分了，我们总结一下，准备发言。黑板上两个思维导图，文章结构把握一致，第1～3自然段数学课代表不如语文课代表的全面，第4～6自然段语文课代表不如数学课代表的简洁（众生齐说"简洁"），二位正好互补。

师：首先我们来看一下第1～3自然段的部分哪里有疑问，因为疑问解决了才好赏，才有得。哪个小组涉及，来说一下。

生：第3自然段说"像'无边落木萧萧下'这样大胆地发挥创造性"，

我们不太理解为什么说杜甫在这里大胆地发挥创造性，前人不是也已经用了很多这个"木"字了吗？

师： 好，有没有小组在讨论中涉及这个问题？

（生思考）

师： 这个问题，预习作业中也有提及，面对理解关键句子的问题，我们还是要还原文字的土壤，把问题中截取的词汇或者句子放回到它原来的句子或者段落里面。我们不妨回到第2自然段末尾到第3自然段开头仔细读一读。

（生读课文）

师： 前面确实已经举过庾信《哀江南赋》中的"辞洞庭兮落木，去涔阳兮极浦"，已经使用了"落木"这个意象。怎么杜甫再次使用，变成了大胆地发挥创造性呢？仔细读读上下文。

生： 这两句话不一样。

师： 咦，有什么不一样，不都是"落木"吗？

生： 庾信的是"辞洞庭兮落木"，辞别落木，是好理解的，但杜甫是"落木萧萧下"。

师： 哦，辞别一片树林，辞别这样一片已经深秋的落叶的树林，还是好理解的是吧？

生： 是。

师： 而杜甫使用的"落木"后面有"萧萧下"，作者说"这样大胆地发挥创造性"中的"这样"是指怎么样？

生（恍然大悟状，齐答）："落木"掉下来。

师： 这回明白了吧，二人都用了"落木"意象，可是二人用的语境不同。本着词不离句、句不离段、段不离篇的原则，回到语境中去解决问题。从语境中，我们可以看到，庾信的"落木"还真的不如杜甫这个使用得大胆。所以说，"无边落木萧萧下"这句话是大胆地发挥了创造性。

生： 嗯，明白了。

师： 前三段还有疑问吗？

生： 老师，《橘颂》"后皇嘉树，橘徕服兮"两句话什么意思？

师：好，我们解释一下。《橘颂》顾名思义，是一首咏物诗，选自屈原的《九章》，显然用"橘"来托物言志，表达对美好情操的坚守。这两句话意思是：橘啊，你这天地之间的美好树木，自从来到了这里就适应了这片土壤。

生：哦。

师：来，继续，还有什么问题？

生：我们小组总结了一下使用"木叶"的诗句的共同点，好多都有"洞庭"，还有就是"秋风""秋月""秋云""十月""寒砧"什么的，这里面是不是有一些套板反应？

师：哦，你们简单做了一个分析，我感觉分两个方面，一个说"木叶"和水的关系，一个说"木叶"和秋的关系。"木叶"来自屈原的《九歌》，它是地道的楚地民歌，后面沿用"木叶"与"洞庭"意象的谢庄与陆厥都是南朝诗人，而王褒是北朝诗人，就不是实写"洞庭"了，而是"秋风吹木叶，还似洞庭波"，是好像洞庭波了。这说明"洞庭"的高频出现，与他写诗所在的情境是有关系的。这些诗人所处之地都在南方，即使深秋时节，也有水波，水边也会有落叶。第二个关于秋，是"木叶"的季节归属问题，用作者的话说就是"疏朗的清秋的气息"。

同学们，关于第1～3自然段的内容还有要发言的小组吗？

（生摇头）

师：那我们往后看一下吧。继续！

生：老师，我们小组用课本63页第4、5两自然段三句诗的例子探讨了一下诗歌语言的暗示性问题。感觉诗歌语言背后的暗示性要比语言概念本身要丰富。例如"高树"的饱满，"高木"的空阔，"午阴嘉树"的繁密，其实后面还有"雨中黄叶"的湿润，等等。

师：这个恰恰是民族语言的魅力，一个词语，一幅画面，擅画的丹青妙手可以生成一幅景致。

生：我们觉得作者不光是在谈言语，也传递出了他的热爱与思考，启迪我们在高高兴兴地读文章的时候，那些真纯的相关思考也是有价值的，而且可能是更加纵深的思考，这篇文章就是对"木"字艺术特征背后原因的探索。

师：是啊，善于思考，勤于思考可能并不轻松，但，是真正的快乐。

生：我们讨论了第6自然段的最后，"木叶"与湘夫人的形象是怎样契合的呢？其实"木"的暗示性与"叶"的暗示性是相反的，而湘夫人的形象是既迢远又情深的，我们觉得有些看似相反的特征，结合在一起，却是向着和谐和完美迈进的。

（生全体鼓掌）

师：你们组是以文本为起点来探讨的，结论已经有些脱离文本内容了。不过很可贵，"木"是疏朗的，"叶"是绵密的，湘夫人这个女神的形象既是不食人间烟火"迢远"的，又是食人间烟火"情深"的，这才是完美的女神形象是吗？

生（笑，齐答）：是。

师：学有心得啊，"木"与"叶"兼得。

生：我们结合全文仔细揣摩，觉得"袅袅兮秋风，洞庭波兮木叶下"是一个极美的深秋情境，但是作者使用这些诗句，并不是为了褒"木叶"贬"树叶"，而是在谈二者在诗歌领域的差别。

（生全体鼓掌）

师：非常棒，已经触摸到了作者的高度。作者在这里没有偏好，只是客观地在谈诗歌中关于意象使用的一个现象。"树"用好了，恰合情境，也同样能够产生曼妙的诗句，例如"上有黄鹂深树鸣"，如果树叶不饱满，怎么能够表现黄鹂深藏于浓密的树叶中传出来的叫声？也就是说，语言没有孰优孰劣，孰高孰下，只有合适与否，只有语言与情感的完美统一才是最美好的，这也是朱光潜《咬文嚼字》的观点。那么，就产生了一个问题，既然都是非常美好的诗歌意象，那么为什么"木叶"使用得格外多呢？

生：用"木"来修饰"叶"有一种很审美的感受，比"树叶"产生的暗示性与审美效果更好。

师：郁达夫《故都的秋》中有一个"秋士"的形象，郁达夫愿意把自己生命的三分之二折去，留一个三分之一的零头，为了留住故都的秋。这是一个"秋士"的钟爱。"木叶"那么为诗人钟爱，想必与诗人及其人生有很大的关系啊。如果一个年轻人像花蝴蝶一样不断地采摘和索取，他怎么能有驻足于一片落叶的闲情呢？那时候，他的生命是高树，而不是高木，等到有一天，他的生命变成了高木，他看到落叶满地，自然会慨叹人生能有几度秋啊！所以，"木叶"为什么为诗人所钟爱，是因为那背后是一个人历经沧桑的半生啊。

（生鼓掌）

师（大笑）：我也被同学们激发，不知不觉就说了这么多。来，还是咱们同学们来吧，还有哪个小组要发言？

生：老师，我们组有两个结论，一个是前三自然段由一个文学现象细致地分析到一个字上，特别有方向感；一个是只有作者咬文嚼字，深刻领会了"木叶"的意象，才能够真正运用并体会它的美。

师：第一个是关于本文的论述风格，第二个是思与学的关系。

有同学在预习作业也说，文章重心在说"木"的艺术特征，那前三自然段的铺垫是不是太长了啊。不客气地说，有这种感受的同学，说明前三自然段没有读进去，我认为，那不叫铺垫，叫曲径通幽，是你到达美丽的街心花园必经的小路。尤其是第2自然段，你在读文章时一直跟着老先生的问题走，特别循循善诱，尽管是学者文章，已经很俯下身子说话了。要理解"木"的关键，不可能一步登天，只能登堂入室。这前三自然段就是一段阅读思索的路，等到你豁然开朗，就可以享受思考的果实了。你们组第二个结论其实是建立在懂得"艺术领域，一字千金"效果的基础上的。

生：我觉得第6自然段的论述既特别精确，又特别有韵味，读着读着我都想家了，想家乡干燥的树叶、微黄的深秋时节。

（生笑）

师：精确是不是跟他从前学物理有关系呢？

生（笑）：看来有些关系。

师：林庚在论述中非常精密，能够准确地表达一种艺术鉴赏的感受，是一种感性与理性的结合。

生：初读是一个意象，又觉得这种探究可以辐射到好多意象，比如柳，就有一种缠绵的感觉，所以"此夜曲中闻折柳"，"杨柳岸晓风残月"，也可以有说"柳"、说"雁"、说"月"等。

师：这是一篇很有针对性的文章，诗歌语言的暗示性是很有覆盖面的问题，也就是有一个以点带面的效果，当然可以推而广之。

生：我觉得现在人们一用到古人用过的词汇，就被评价为套板反应，这是不是一种新的套板反应？

师：这是太有价值的思考了，套板反应只是因为词汇的重复使用吗？

生：是不假思索的抄袭使用。

师：对，古人用过的词汇未必不适合于我们现在的情感表达，也许恰恰合适，套板反应最关键不在于词汇的重复，而在于那种不管与情感契合与否就妄加使用的思维方式。

（生点头）

四、总结归纳，以点带面

师：好了，感谢我们每一个小组的发言，其实这篇文章读到最后，我们发现它是很简单的，因为它对象很小，作用很显著。

师：回头我们看一下这篇文章的题目《说"木叶"》，这个题目与《中国建筑的特征》有什么区别？

生："中国建筑的特征"就是论述内容。

师："说'木叶'"呢？

生：是提到论述对象。

师：对，"木叶"是论述对象，是一个切口，也是一个以点带面，所以，不能一碰到议论文，一开头就说提出论点，要具体文章具体分析。"木叶"也是一个载体，是一条船，承载了诗歌语言暗示性这个大话题。我们看一下单元学习任务的第三题，说到了诗歌语言暗示性，还举了几个例子"梅""柳""草""月""鸿雁"。大家试着说说这几个意象吧。

生："宝剑锋从磨砺出，梅花香自苦寒来"，说到梅花的苦寒，也就是苦难的价值。

生："遥知不是雪，为有暗香来"，"暗香"梅花的暗香代表着一种美好的节操。

生："驿外断桥边，寂寞开无主"，我觉得谈到了对于孤独的坚守。

师：高洁、傲岸、坚守，就是梅花的暗示性。柳呢？

生："红酥手，黄縢酒，满城春色宫墙柳"，我觉得他是舍不得。

生："月上柳梢头，人约黄昏后"，很是旖旎。

师：柳的婆娑、旖旎、柔情、缠绵就是柳的暗示性。就是现代诗歌也是"那河畔的金柳，是夕阳中的新娘"，也是这样的感觉。草呢？

生："离离原上草，一岁一枯荣"，生生不息。

生："长亭外，古道边，芳草碧连天"，送别。

师：表达生命力，表达春日的离别。还有别的意象吗？

生：月，表达相思或者思乡。

（生鼓掌）

生：还有雁，北雁南归，人何以堪，表达思乡之情。

生：还有蝉，表达餐风饮露的高洁。

师："木叶"所传递的艺术的情境是独特的、情深的、丰富的。虽然数量上只是两个字，概念上只是"树叶"而已。

师：今天非常好，我们走进一篇文章，打开了一扇窗，就看见了一个无垠的世界。从此以后，我们会更理解领悟诗歌语言的暗示性问题，也就更能够体味诗歌的意境，更具备一种艺术鉴赏力。这就是《说"木叶"》这篇文艺随笔不尽的意义。

（教）（学）（反）（思）

多听精说，静待花开

——《说"木叶"》教学反思

这篇文章引用诸多古诗词，乍读起来，感觉到学者文章的旁征博引，这种知识积淀上面的距离，容易让学生畏难。当引领学生们深入领会了观点与例证的关系，学生再读这篇文章，对于在众多古诗词中提炼出作者的观点，也是很有帮助的。

我教这篇文章，在预习作业环节就要求学生整体把握文章思路，先宏观再微观。所以，学生在上课之前已经反复阅读文本，对课文脉络有了基本认识，而且由于我任教的班级是同年级的重点班，学生自学的主动性与能力都比较强，所以开课之后对于字面理解的问题基本已经扫清了。鉴于本单元前面知识性学术文章打下的基础，我就从文章整体思路的梳理入手。

学生展示的思维导图有这样那样的差异，这没有关系，关键是找出他们的相同点，取得共识。关于文章大层次，学生们没有分歧，细小的概括层面有一些差异，正好借助这个不同进一步辨析明了文章的思路，尤其是第5自然段的作用。在实际操作中，学生跟从度很好，对于第5自然段原因的理解也比较自然，效果很好。

在得与疑的交流环节，有的小组讨论成果文本扣合度不够，这一方面是因为他们已经理解了文章字面的意思，有兴趣向纵深处挖掘；另一方面是因为我所任教的班级是文科重点班，同学们比较关注诗歌语言的暗示性问题，在这方面学生容易形成联系思维。在课堂预设环节，本来我感觉如果有了那些从文本生发开去的问题，应该引导学生们回到文本中来，但在实际操作中，我发现学生们的讨论虽不太扣合文本，倒也不失为一种独辟蹊径、鉴赏阅读的个性收获，所以我没有给予否定，尤其是有一个小组说到"相反的特征结合在一起，恰是向着和谐与完美迈进"，我当时就非常激动于这个思考，学生们当时就给予了热烈的掌声。

整体下来，自我感觉课堂因为预习比较到位，还是上出来了一些文学味道。美中不足的是我的语言比较密，也比较形象，学生的发言还不够充分，尽管他们已经有许多机会表达自己的思考，可是我讲的很多东西还不够循循善诱。如果有机会，我想要自己更有耐心一些，自己精说，引导学生深入理解，引领学生多去表达。"三分教育，七分等待"，希望自己能够更有耐心"静待花开"。

专家点评

窥一"叶"而见学情之"森林"

——从尤立增老师执教的《说"木叶"》谈起

河北省沧州市献县中学　郭常青

1978年吕叔湘先生批评中小学语文教学普遍存在着"少、慢、差、费"的现象。四十三年间，一代又一代的语文人，心怀理想，执着于高效语文课堂的改革与创新，在教育思想和教学实践方面取得了丰硕的成果。众多成果当中，当代语文教育家尤立增先生在三十年教学实践的基础上，潜心研究各流派教育理念，创立了独具特色的"学情核心"教育思想。该教育思想，面对高中语文新课程改革，立足学情实际，着眼核心素养，积极进行理论创新和实践探索，对从根本上改变语文课堂"少、慢、差、费"的沉疴积弊，有着切实的指导作用。

且以尤立增老师执教的《说"木叶"》为例，探微"学情核心"教育思想，希望能引起不仅仅是语文人在内的所有教育工作者的关注与思考。

一、"学情核心"教育思想，始终把课前预习放在首位，使教育教学向着有意、有效、自觉的方向发展

"学情核心"教育思想把学生的具体学习情况放在了核心位置，充分体现了尤老师"以学定教"的教育理念，极大提高了课堂教学的针对性，从而使教师的"教"与学生的"学"最大限度地产生共鸣。

为了更好地提前把控学情，尤老师一改教学领域里课后布置作业的多年惯例，大胆创新，科学设计"预习作业"，为新课学习做准备，做铺垫，做引导。

以《说"木叶"》为例，我们可以窥见尤老师"预习作业"的设计思路。《说"木叶"》是北大教授林庚先生的一篇艺术随笔，此种文体对于学生来说，阅读难度较大。为了给学生留出充足的预习时间，尤老师提前一周给学生下发"预习作业"纸。作业内容包括"作家作品""思维导图""预习所得""质疑问难"四个板块。

本课"作家作品""思维导图"两个板块的预习作业，相对来说较为基础，学生通过查阅资料和合作探究，再辅以老师课上指导，一般都能解决。

四项预习作业中，尤老师把"预习所得"和"质疑问难"两个板块作为安排教学设计的重要参考依据。比如在批改《说"木叶"》的"预习所得"和"质疑问难"相关作业时，尤老师发现学生不理解"为什么将杜甫使用'落木'这一意象称为大胆地发挥创造性"；有的学生甚至认为与"木叶"相关的诗句，多有"洞庭""秋风""秋月""秋云""十月""寒砧"等词语，可能会形成套板反应等。

尤老师通过以上"预习作业"紧扣"问题"开展教学，充分体现了"学情核心"的教育思想，使课堂的针对性和有效性获得了大幅提升。

二、"学情核心"教育思想，始终以掌控课堂上的动态学情作为中心，不断推动教育教学向着纵深发展

通过"预习作业"反映出来的学情是静态的，可预见的，它为教师授课指明了方向。同时，教师在授课过程中临时捕捉到的学情则是动态的、不可预见的；然而，动态学情恰恰是教师因势利导，把教学推向深入的具体抓手。

把握动态学情，教师要有极其敏锐的洞察力。学生的思维表现非常活跃，有时是灵光一闪，稍纵即逝。这就要求教师在课堂教学时，不要放过每一个激发学生思维，将教育教学向纵深挖掘的机会。例如，当学生总结了"木"字丰富的暗示性内容后，尤老师意识到此时学生的思维已经充分调动起来，顺势追问"木"字的暗示性与"木"字的艺术特征之间是什么关系。在学生答出因果关系后，尤老师继续追问，从哪里可以看出？学生回答，从句式"何以……就不能不"可以看出。本课是文艺随笔，是论述文的一种，而论述文又是高考试题中的第一个阅读文本，同时"因果逻辑关系"试题正是论述文本经常选用的设题方式。尤老师依据其敏锐的洞察力，及时启发引导，在寻求"思维发展与提升"和提升高考备考能力之间达到双赢，这也正

是"学情核心"教育思想的生命力所在。

把握动态学情，教师要从课堂"掌控者"变成学生学习的"平等参与者"。为此，要求教师以平等的身份和学生一起学习探究，而不是随意干涉。例如：在学生讨论"木叶"与湘夫人的形象是怎样契合在一起这一问题时，尤老师发现讨论成果与文本扣合度不高。他考虑到文科重点班学生在理解字面意思的基础上，有兴趣向纵深挖掘，容易形成联系思维这一动态的学情；于是尤老师打破预设，放手鼓励他们畅谈鉴赏阅读的个性收获，于是有了学生"相反的特征结合在一起，恰是向着和谐与完美迈进"的深层发现。此刻，隔着文本，我们仿佛听到学生现场爆发出的热烈掌声。

通过《说"木叶"》这片"叶子"，我们有幸发现了尤立增"学情核心"教育思想这片蓊蓊郁郁的"森林"。该教育思想立足新课程改革，紧扣核心素养，以"学情"为核心，解决了语文教学"少慢差费"的问题，实现了高效课堂的新突破；有效避免了教师的"先入为主"这一沉年积弊，最终回归"学生才是学习的主人"这一教育的"原点"。

（郭常青，河北省沧州市语文学科带头人，河北省优质课一等奖获得者，河北省骨干教师。代表作有《记叙文创作漫谈》《高中议论文序列化写作学案》《情境默写句句通》等。）

握着"手术刀"的人道主义者

——《祝福》教学欣赏

（高中语文必修下册第 12 课）

尤立增

教学设计

打破"厚障壁"的心灵对话

——《祝福》教学设计

一、教学理念

《祝福》选自高中语文统编教材必修下册的小说单元。本单元的学习任务中明确了单元教学目标："要注意知人论世，在人物与社会环境共生、互动的关系中认识人物性格的形成和发展，关注作品的社会批判性。要了解作者如何运用多种艺术手法实现创作意图，品味小说在形象、情节、语言等方面的独特魅力，欣赏小说不同的风格类型；学习用读书提要或读书笔记记录自己的阅读感受和见解，借鉴小说技法进行创作。"文学教育对唤醒审美体验、发展想象力、培养高尚的审美情趣有重要意义。我认为在教学中，应指导学生能够把握作品的文体特征，能认识到文学作品的丰富性、复杂性，学习有创意性的阅读，逐步培养文学素养。

我们经常有句玩笑话，说高中生有三怕：一怕文言文，二怕写作文，三怕周树人。鲁迅先生以文学为启蒙的工具，其作品一直贯穿着"改造国民性"的主题，具有非凡的思想性和深刻性，再加上先生以笔为投枪、为匕首，语言深邃，内涵丰富，犀利且透彻地展现了时代风貌，揭示时代弊端。可以预见读懂《祝福》对一个高一的学生而言是一个不小的挑战。既然如此，学生们还喜欢读《祝福》吗？能理解到什么层次？鉴赏文本应达到怎样一个深度？想要解决这一系列的问题，必须以学情为核心，从学生的预习作业中寻找答案。

通过分析学生的预习作业，我发现真实的学情和我之前作出的预判有很大出入。第一，同学们已经深入学习了《从百草园到三味书屋》《社戏》《故乡》《藤野先生》《孔乙己》等文章，还有部分同学自主阅读了《狂人日记》《药》《阿Q正传》《朝花夕拾》等，对鲁迅先生作品的风格和主题都有了较为细致的了解，已然从学过的篇章中感受到先生的思想魅力和艺术魅力。所以面对《祝福》，学生们表现得兴味盎然，乐于探究文章主旨，体悟分析作者的情感态度。第二，展现出良好的阅读习惯，能够通过细读文本，初步鉴赏人物形象；热衷品味语言，探寻背后的深层含义，但同时也真实地反映出一些理解上存在着较大的障碍。第三，学生能够提出有价值的问题，根据统计，一个班的学生共提出 53 个有价值的问题，其中相对集中的问题有 23 个。学生能够结合文本尝试寻求解决问题的途径，但是对很多问题的理解存在偏差。第四，学生具有较强烈的比较阅读意识。将《祝福》与曾经学过的或自主阅读的鲁迅先生的其他作品进行比较阅读，寻找共性问题。综上所述，预习作业反映出学生们对作品的解读已经具备一定的深度，但是由于时代、环境、风俗、思想文化上的差异，学生和作者之间还存在"厚障壁"。如何拉近学生与文本的距离，如何理解一个真实的鲁迅，如何走进作家深邃的思想情感，都是我备课考虑的重点。

其实不仅是学生有畏难的情绪，对于我们老师而言，讲好鲁迅也是一个不小的挑战。在以往的教学实践中，稍有不慎就会将文学作品肢解为充满意识形态的政治对话，文学失掉了文学美，作品失掉了人文性，鲁迅失掉了人情味，所以在教学中我注重突破既有的评论"套子"，多角度创设情境，鼓励学生带着真实的感受去体会文本，还原一个有血有泪的带着"人"味儿的鲁迅。

二、教学目标

1. 厘清小说的情节脉络，掌握记叙方法。

2. 掌握人物塑造的方法，学会借助肖像、语言、动作、心理分析人物性格的多样性和丰富性。

3. 品味小说语言，透过细节描写，发掘语言背后的深意。

4. 探究祥林嫂悲剧命运的根源，结合背景，体会小说主旨。

5. 分析环境描写在小说中的作用。

教学策略是创设情境，披文入情；建立人物鉴赏坐标系，多角度鉴赏形象；圈点批注，品味语言，深入情感；比较阅读，丰富认知维度。

三、教学过程

（一）初读

1. 新课导入。

（展示鲁迅的画像）我们已经学习过不少鲁迅先生的作品，从预习学案中可以看出，同学们俨然已成为研究鲁迅的小专家。现在我们做一个游戏，请你从学过的作品中选出一句给你印象最深刻的名句，谈一谈你对鲁迅的认识。我们采用这样的句式："鲁迅是一位＿＿＿＿＿，你看，（名句）彰显出（精神）"。

新课导入旨在唤醒学生的记忆，在对多篇学过的课文的复习中，拉近学生与鲁迅的距离：原来我们已经很了解鲁迅了，原来鲁迅的作品呈现出这么多维的角度，原来鲁迅的精神如此丰富……激发学生们期待。今天这节课，我们又将读到一个怎样的鲁迅呢？我们又会有什么新的收获呢？这样就实现了课前的积趣，为课堂深入做铺垫。

2.补充背景，解读题目。

（1）背景介绍。

（略）

（2）题目解读。

来自学生的问题：小说题目为什么不是《祥林嫂》，而是《祝福》？

教师备答：以《祝福》为题有以下几个原因：

① "祝福"是故事发生的背景，是鲁镇的一种封建习俗，充满了"男尊女卑"等封建礼教色彩。祝福之时是封建思想对人们影响和制约最深的时候，是人们对祥林嫂歧视和迫害最甚的时候。以此为题突出了主题。

② "祝福"与人物的性格和命运息息相关，是人物命运转变的契机和背景。小说起于祝福，结于祝福，中间一再写祝福，情节的发展与祝福有着密切的关系，在情节结构上起线索作用。

③ 封建势力通过"祝福"杀害了祥林嫂，她又死于鲁镇的千家万户的祝福声中，可见"祝福并不能带来幸福"，有反讽的意味。题目一语双关，增加了祥林嫂遭遇的悲剧性，深化了小说的主题。

题目是文眼之所在，对题目的解读可以一定程度上反映学生对文本理解的情况，便于教师掌握学情。作者以"祝福"为题，寄寓颇深。学生可能无法一下子就将背后的内涵阐释清楚全面，所以这一问题可以作为一个探究问题，通过逐步深入阅读寻找答案。教师应依据真实的学情，及时做出调整，而不是一股脑地将答案灌输给学生。

3.梳理情节脉络，整体感知。

从全文的整体结构上看，作者运用了"三层式"的构思手法，即引出故事—描叙故事—议论抒情。文章用自然空行的方式进行间隔，极为清晰地显现出故事的篇章结构。

情节	内容	顺序
序幕	祝福景象与鲁四老爷	
结局	祥林嫂凄然死去	
开端	祥林嫂初到鲁镇	
发展	祥林嫂被迫改嫁	倒叙
高潮	祥林嫂再到鲁镇	
尾声	祝福景象和"我"的感受	

（1）倒叙有什么作用？

① 从情节安排看，把祥林嫂悲剧的结局放在前面，巧妙地为读者设置了一个悬念，使读者急于追根溯源，探求事情的原委，有一定吸引力。

② 从小说的矛盾关系看，小说开头写祥林嫂在富人们的一片祝福声中凄然死去，而且引起鲁四老爷的震怒，突出了祥林嫂与鲁四老爷之间的尖锐矛盾。

（2）本文的结构线索是什么？

从文章的内容看，作者是以"我"的所见、所闻、所感为线索，以深刻的笔触展现了旧中国一个劳动妇女祥林嫂生存的社会环境及其悲剧的一生。

小说借助情节塑造人物形象，厘清情节脉络，有助于更清晰地认识人物命运的走向，性格的发展和情感的变化。

（二）赏读

质疑问难，深入文本。

《祝福》篇幅较长，寄寓遥深。学生理解起来有一定困难，故而利用两节学科自习完成预习作业。通过研判学情，可以知晓学生的问题涉及人物性格、思想动因、悲剧根源、环境描写、语言表达、情节设置等诸多方面。解决问题时按照情节发展脉络逐层处理。在此选择相对集中的部分问题进行整合。

1.阅读课文的第一部分（第1～33自然段），合作交流，质疑问难。

（1）文章第1、2自然段，在写鲁四老爷和鲁镇人们的时候，都说了一句："比先前并没有什么大改变，单是老了些。"有什么深意？

教师备答：鲁四老爷的身份是一个讲理学的老监生，从"他比先前并没有什么大改变，单是老了些，但也还未留胡子"可以看出，他的年纪并不是很大，时光流逝，改变了岁数，却没有改变思想，依旧是陈腐的封建思想。他和"我"见面以后，先是寒暄，然后紧接着大骂其新党。这个时候大概是1927年，辛亥革命已经过去了15年，然而对于一个身处农村，读过书，年纪尚不很大的地主而言，思想何其守旧封建，可见辛亥革命的不彻底性。鲁镇的人们同样是这样，作者将鲁镇塑造成一个充斥着陈腐封建思想的典型环境。

（2）为什么要描写鲁四老爷书房的陈设？

教师备答：书房的陈设体现了鲁四老爷的性格特点和思想。对联"事理通达心气和平"宣扬了理学家自我修养的标准，待人接物能通情达理，心气平和。可是祥林嫂死了以后，鲁四老爷大骂她是"谬种"，一点儿都没有做到通情达理，心气平和，充满了讽刺意味。脱落的对联上写的是"品节详明德行坚定"，被遗弃在一边暗含着他既无品节也无德行。"一堆似乎未必完全的《康熙字典》"说明鲁四老爷并不是真正为了做学问，而是装点门面，体现了其好面子的性格特点。《近思录集注》和《四书衬》表明他是一个封建理学的卫道士。这些书籍都散发着封建的腐朽气息，为其思想深处根深蒂固的封建思想提供了依据。

（3）祥林嫂为什么要问地狱魂灵的事？

教师备答：祥林嫂临终前的追问恰恰是她内心矛盾和恐惧的折射。一方面如果死了以后有灵魂，自己就可以和亲人团聚了。另一方面，她受柳妈"阴司地狱"说法的影响，感到特别恐惧，因此迫切地想知道答案，这表明祥林嫂深受封建礼教的毒害；另一个层面人生末路的追问也可以理解为是她对一生所信奉东西的反抗，怀疑也是反抗的一种形式。

（4）祥林嫂问"我"魂灵有无的时候，"我"为什么回答"说不清"？

教师备答：首先"说不清"体现了"我"对祥林嫂的同情，祥林嫂面对魂灵有无时，既希望有，又希望无，"我"出于对她的同情，不想增加末路人的苦恼。其次"说不清"体现了"我"推卸责任的态度。"我"害怕自己的回答让她有了不好的预感，一句"说不清"，推卸了责任，真要发生什么事也和"我"无关。"说不清"揭示出"我"内心的矛盾争斗，体现了资产阶级小知识分子的软弱无能。

（5）第18自然段为什么要写到福兴楼吃鱼翅这件事？

教师备答：祥林嫂问我魂灵的有无，"我"用"说不清"来搪塞她。"倘有别的意思，又因此发生别的事，则我的答话委实该负若干的责任……"，进城去实则是"我"内心不安中做出的逃避选择。"福兴楼的清燉鱼翅，一元一大盘，价廉物美，现在不知增价了否"是挂着竹竿要饭的祥林嫂无法奢望的。暗含农村贫富差异，农民生活日益困窘的社会现实。辛亥革命虽然推翻了帝制，但是阶级压迫依然存在。"往日同游的朋友，虽然已经云散，然而鱼翅是不可不吃的，即使只有我一个……"这句话暗示着新文化运动阵营出现了分裂，鲁迅先生此时内心的孤独和彷徨。

（6）如何理解第32自然段"然而在现世，则无聊生者不生，即使厌见者不见，为人为己，也还都不错"这一句？

教师备答：这一自然段可以划分两层。第一层描写自然环境，第二层是"我"的议论。环境描写通过雪景渲染出一种沉寂无声、沉重压抑的气氛，引发了作者的议论。"百无聊赖"并非说无所事事，而是说丧夫丧子被赶出家门的祥林嫂无所依靠，像垃圾一样被人们随手抛弃，即便这样人们还要怪讶她为何存在，而现在"被无常打扫得干干净净"了。这句话表面的意思就是反正活着也没什么意思，不如死了算了。这是鲁迅先生愤激而沉痛的反语，是对吃人社会的批判。

学情小结：这一部分问题集中说明学生在对特定时代和文化进行解读时遇到了障碍。由于缺少对近代中国反帝反封建革命的系统认知，学生很难一下子走进作者创设的典型环境中。教师一方面可以适当补充介绍相关背景，一方面引导学生回忆在《故乡》《孔乙己》等学过作品中的阅读经验，帮助学生构建一个时代文化空间，进入具体的情境，很多问题就会迎刃而解。

2.阅读课文的第二部分（第34～53自然段），合作交流，质疑问难。

（7）如何理解在这一部分中鲁四老爷的几句话？省略号都省略了哪些内容？

教师备答：

"这不好。恐怕她是逃出来的。"

①祥林嫂不遵守封建礼教，不服从婆婆的安排，这不好。②收留祥林嫂这样伤风败俗之人，恐惹是非，有辱家门，这不好。

"既是她的婆婆要她回去，那有什么话可说呢。"

封建礼教讲究三从四德，鲁四老爷认为祥林嫂出嫁从夫，夫死听婆婆的话是天经地义之事，回去是理所当然的，丝毫没有考虑过祥林嫂回去会有怎样的境遇；展现了一个封建卫道士的形象。

"可恶！然而……"

"可恶"一是因为祥林嫂被劫走了，家里没人干活了，给自己家添了麻烦；二是因为婆婆抢人的行为给自己带来了麻烦，有损自己的尊严。"然而……"后面的省略号表明既然她是逃出来的，婆婆让她回去，也是合乎情理的。

"可恶！"

针对卫老婆子说的，对卫老婆子先荐祥林嫂来做工，后又合伙劫走她，闹得沸反盈天，有损鲁家颜面表示气愤。

"然而……"

此处的"然而"可以有三种不同的理解。①还能找到祥林嫂这样合适的人吗？②我们家的名誉也不是好开玩笑的呀！③这也不能全怪在你身上，她回去是婆婆的要求，天经地义的。结合上下文，鲁四老爷的表态"祥林嫂的事件便告终结"，怎样才是告了"终结"了呢？必须是道理摆平了，鲁四老爷怨气消散了，所以鲁四老爷宽容了卫老婆子，同时又认为婆婆的做法符合礼教，这件事才会宣告终结。因而第三种观点更能彰显鲁四老爷一以贯之的封建卫道思想。

（8）描写祥林嫂的肖像有什么作用？能看出她是一个什么样的人？

教师备答：祥林嫂的三幅画像可以说分别代表了她三种不同的人生状态。第一幅是一个以精神力量抗拒着人生灾难的、对生活充满着希望的青年妇女形象。她的生活是困苦的，"脸色青黄"，但精力是充沛的，两颊是红的，她的穿着反映了她具有生命的活力，也反映了她内心世界的明净。第二幅画像是一个精神受到挫伤、意志的支柱在生活的重压下已经动摇。脸色和眼光表明她已经失去充盈的精神力量。第三幅画像则是一个精神完全枯竭的妇女形象，不仅物质上一无所有，而且精神上毫无寄托，是一个从肉体到精神都垮掉了的妇女形象。

3.阅读课文的第三部分（第54～65自然段），合作交流，质疑问难。

（9）第57、59自然段中写四婶的话，有两处省略号该如何理解？

教师备答：结合语境，第57自然段是四婶在听到卫老婆子以蛮横的手段把祥林嫂卖到深山里时说的话，省略的内容大概是"啊呀，这样的婆婆！怎么能做出这样的事"，借四婶的话体现了婆婆的残酷。此外从卫老婆子的话中，可以得知，不能决定自己人生命运的又何止祥林嫂一个人。第59自然段的省略表现出婆婆卖掉祥林嫂是出于自己的私利，如此冷漠残酷，让旁人都无法接受，更别说祥林嫂了，她怎么会依从呢？依旧凸显了婆婆的凶恶，也展现了底层妇女受封建礼教迫害的悲惨命运。

（10）如何解读卫老婆子这个人物？

教师备答：卫老婆子是一个唯利是图，把钱看得高于一切的人。她是一个"中人"，通过给人介绍工作获取利益，不仅如此，她还直接参与了劫走祥林嫂的计划，甚至可能做了贩卖祥林嫂的"中人"，这并非说她不受封建思想的毒害，认同寡妇再嫁，而是她把钱看得高于一切，这和她的身份有关。

学情小结：在这一部分中学生的问题都集中在人物形象的鉴赏层面，能够从肖像、动作、语言、心理等层面展开分析。教师要帮助学生意识到人物性格是发展变化的，可以建立时间轴，标记人物成长的过程，从而更全面立体地认识人物。此外人物形象的解读要置于"身份"的语境下，突破身份差异、等级观念的"厚障壁"。

4.阅读课文的第四部分（第66～111自然段），合作交流，质疑问难。

（11）第79自然段应该如何理解？为什么说"这故事倒颇有效，男人听到这里，往往敛起笑容，没趣的走了开去；女人们却不独宽恕了她似的，脸上立刻改换了鄙薄的神气，还要陪出许多眼泪来"？

教师备答：钱理群先生说，这是《祝福》中最惊心动魄的场面。一个好的故事需要满足听众的欣赏趣味，供人品评。这里无疑是说祥林嫂的故事要被鲁镇的人们欣赏、评价。同是听故事的感受，作者写出了男人的冷漠，但把更多的笔触放在对女人的描述上。同是女性，同是妻子，同是母亲，同是处于家庭地位的最底层，本来她们应该互相体谅，没想到却隔膜至此。她们一面"看戏"，一面用"停在眼角的眼泪""叹息"来"演戏"，"满足""评论"说明她们对这样一出悲剧趣味不减，意犹未尽，表现出的麻木和冷酷触目惊心。鲁镇的人们过着无聊的人生，精神太过空虚寂寞，生活太过压抑，通过鉴赏别人的痛苦，来使自身的痛苦得到排遣、转移以至最后的遗忘。

（12）柳妈是善女人，吃素，不杀生的，可是为什么她却让祥林嫂"再一强，或者索性撞一个死"？

教师备答：柳妈也是当时普通民众的一个代表，她们把佛教的阴间地狱观念与封建的伦理道德结合起来，形成一套"阴间报应"思想，相信阎王会把再婚过的祥林嫂锯成两半。这是封建思想观念的另一种存在形式，说明当时社会封建礼教的天罗地网是多么严密，使可怜的祥林嫂无所遁形，并最终从精神上摧毁了她。

（13）如何理解"柳妈的打皱的脸也笑起来，使她蹙缩得像一个核桃；干枯的小眼睛一看祥林嫂的额角，又钉住她的眼"一句？

教师备答：柳妈是认定了祥林嫂是自愿同意再嫁的，未说一句话，但是一个笑，一个眼神，是对祥林嫂无声的拷问和嘲讽。所以才有"祥林嫂，你实在不合算"之语，认为祥林嫂一番表面挣扎，实则还是选择了顺从，她从心底里也同样认为祥林嫂是不贞洁的人，因此到了地狱是要受苦的。柳妈还带着看戏的心情把祥林嫂的遭遇转告给其他鲁镇人，鲁镇的男男女女们视祥林嫂额头的伤疤为耻辱的证明，挖苦讽刺，给予祥林嫂精神上的戕害，展现了看客们的冷酷麻木。

（14）祥林嫂人生的悲剧为什么总是发生在"春天"？

教师备答：祥林嫂是一个没有"春天"的女人。

第一次春天，祥林嫂失去了丈夫，成了一个未亡人。封建礼教讲究三从四德，在家从父，出嫁从夫，夫死从子。第一任丈夫死了，又没有儿子，祥林嫂只能听从婆婆的摆布。要谨遵着"从一而终"的信条，所以在这个春天，祥林嫂成了婆婆家里纯粹不用付钱，没有人身自由的奴隶。

第二次，婆婆以开春事务忙为理由，劫走祥林嫂，为了自己的儿子把她卖到贺家墺，祥林嫂像物品一样被买卖，失去了自由，同时也被迫失去了贞洁。这一点成为她在鲁镇饱受诟病和嫌弃的根源。

第三次，祥林嫂在春天失去了阿毛。孩子是未来的希望，祥林嫂失去了未来。

第四次，新年的"祝福"里，祥林嫂被迫害致死，失去了生命。

作者用"春天"让读者明白在封建礼教思想的压迫下，像祥林嫂这样的旧中国农村的劳动妇女生命中是没有"春天"可言的。

（15）为什么要重复讲阿毛的故事？

教师备答：站在祥林嫂的角度：阿毛之死让祥林嫂精神备受摧残，她以前不很爱说话，现在却不停地把故事讲给别人听，以期从中获得同情和安慰。

站在听故事的人们的角度：初听故事，四婶表现出些许同情。但是鲁镇的男男女女并不是因为同情她来听故事，而是出于一种猎奇的心态。到最后，这个故事大家都听过了，咀嚼尽了，没什么新意了，就只剩下厌烦和唾弃。鲁迅先生曾说："群众——尤其是中国的——永远是戏剧的看客"，他们将自身以外的任何痛苦和灾难都当成一种赏心悦目的对象和体验。一方面把他人的痛苦、不幸审美化，另一方面又通过鉴赏别人的痛苦，来使自身的痛苦得到排遣、转移以至最后的遗忘。

学情小结：这一部分学生的问题依旧集中在人物形象鉴赏层面，却展现出不同的角度。之前的分析更多集中在人物形象自身，而这部分问题更多关心他者对待祥林嫂的态度。这就涉及人物鉴赏的另一重要方法——将人物置于关系网中进行解读。教师可以和学生共同研讨，确定比较的角度，如性别、身份、地位、处境等，调动学生的生活经验，以意逆志，打破人情世故的"厚障壁"，从根源上揭示祥林嫂悲剧命运的原因。

5.阅读课文的第五部分（第112自然段），合作交流，质疑问难。

（16）"远处的爆竹声联绵不断，似乎合成一天音响的浓云，夹着团团飞舞的雪花，拥抱了全市镇"，为什么要写"雪花拥抱了全市镇"？

教师备答：描写雪的大而猛，这其实是寄托作者对亡灵的最沉重的哀悼，将其最大的哀痛显示于读者面前，这种感情与祝福时家家户户的欢乐喜庆如此格格不入，强烈的反差带给了读者强烈的艺术震撼。雪为全文抹上浓烈的悲剧色彩，也在读者心上投下沉重的悲剧阴影，从而大大深化了文章的悲剧主题。

（17）如何理解"我在这繁响的拥抱中，也懒散而且舒适，从白天以至初夜的疑虑，全给祝福的空气一扫而空了，只觉得天地圣众歆享了牲醴和香烟，都醉醺醺的在空中蹒跚，预备给鲁镇的人们以无限的幸福"这句话？

教师备答：这一句表现了作者"超脱的语气中带着热讽，懒散的口吻里透着冷峭"。在这看起来一片温馨祥和的庆祝中，有谁会想到，祥林嫂死在了这样凄惨的夜里，而凶手就是鲁镇中的每一个人，他们全然不知道，他们的冷漠和迫害导致了祥林嫂的死。在这虚假的幸福背后，隐藏着无尽的麻木，影射了当时社会表面上看起来一片和谐安定，实则腐朽不堪，波涛汹涌。天地圣众其实并不能给人们带来真的"幸福"，"祝福"不过是人们在封建礼教和迷信思想钳制下自欺欺人、自我麻痹的一种方式罢了。既然天地圣众已经享用了福礼，也预备给鲁镇的人们以无限的幸福，就连"我"的疑虑全给祝福的空气一扫而空了，又有谁还会记得祥林嫂的死呢？她被无常打扫得干干净净，一次"祝福"就会让人们彻底地将她遗忘。祥林嫂的悲剧故事将会在其他人的身上延续。

学情小结：这一部分学生的问题主要集中在环境描写的作用上，引导学生找到自然环境和社会环境的连接点，能够突破环境创设的厚障壁，对文本的氛围、情感、主旨有更进一步的解读。

6.补充问题。

（18）小说的环境描写有什么特点？

教师备答：环境描写分为自然环境和社会环境。

① 自然环境——文中关于雪的描写及其作用。

"天色愈阴暗了，下午竟下起雪来，雪花大的有梅花那么大，满天飞舞，夹着烟霭和忙碌的气色，将鲁镇乱成一团糟。"

为祥林嫂悲惨的死做环境烘托和气氛渲染。

"雪花落在积得厚厚的雪褥上面，听去似乎瑟瑟有声，使人更加感得沉寂。"

衬托当时我孤寂悲愤的心情。

"微雪点点的下来了。"

暗示下文柳妈的话即将带给祥林嫂巨大的心理阴影，起到暗示情节发展的作用。

"远处的爆竹声连绵不断，似乎合成一天音响的浓云，夹着团团飞舞的雪花，拥抱了全市镇。"

文末再次描写雪的大而猛，这其实是寄托作者对亡灵的最沉重的哀悼，将其最大的哀痛显示于读者面前，这种感情与祝福时家家户户的欢乐喜庆如此格格不入，强烈的反差带给了读者强烈的艺术震撼。

自然环境描写的作用；烘托渲染悲凉的气氛，暗示社会的冷漠；暗示衬托人物的心情；暗示情节的发展；深化了文章的悲剧主题。

② 社会环境——"祝福"景象描写。

"这是鲁镇年终的大典，致敬尽礼，……用心……女人……却只限于男人，……年年如此，家家如此……"

小说开头的"祝福"。让读者初步了解什么是"祝福",大典中的规矩、禁忌揭示了祥林嫂悲剧的社会根源,给下文情节做铺垫和映衬。

"最重大的事件是祭祀……败坏风俗的,用她帮忙还可以,祭祀时候可用不着她沾手……"

鲁四老爷家的"祝福"。鲁四老爷的反复告诫集中体现了反动的理学观念和封建卫道士的淫威,揭示了祥林嫂悲惨命运的思想根源。

"只觉得天地圣众歆享了牲醴和香烟,都醉醺醺的在空中蹒跚,预备给鲁镇的人们以无限的幸福。"

结尾写"祝福"的景象和作者的感受。将它与祥林嫂在祝福中死去的惨象形成鲜明对照,揭示了悲剧的社会根源,深化了主题。

通过三次"祝福"的环境描写,一个深受封建迷信的毒害、封建礼教的束缚、淡薄冷漠的鲁镇便展现在我们的面前,它和自然环境的描写相互交融,揭示出祥林嫂悲剧的社会根源,旧社会的杀人本质就在本文的环境描写中凸显出来。

(三)研读

1.探究研讨,体悟主旨。

研读探究问题:谁是杀害祥林嫂的凶手?

教师备答:

① 凶手之一——鲁四老爷

鲁四老爷是当时农村中地主阶级的代表人物,是资产阶级民主革命时期地主阶级知识分子的典型形象。他政治上迂腐、保守,顽固地维护旧有的封建制度,反对一切改革与革命。他思想上反动,尊崇理学和孔孟之道,自觉维护封建制度和封建礼教。他是造成祥林嫂悲剧的一个重要人物。

鲁镇的权威人物。他的书房摆设和与"我"的谈话,反映出他是顽固的封建遗老。他非常蔑视祥林嫂,坚信女人应该从一而终,不然就是"败坏风俗""不干不净"。之所以收留她,是因为她还有剥削价值。当祥林嫂失去这种价值时,他就毫不留情地把她赶了出去。对祥林嫂而言,这个残酷、虚伪、自私的鲁四老爷既是一个经济上的剥削者，又是一个精神上的迫害者。

②凶手之二——柳妈

柳妈和祥林嫂一样都是旧社会的受害者。她受封建迷信思想和封建礼教的毒害很深，相信地狱之类的迷信和"饿死事小，失节事大"的理学信条，所以她对祥林嫂改嫁时头上留下的伤疤，采取奚落的态度。至于她讲阴司故事给祥林嫂听，主观愿望还是想为祥林嫂寻求"赎罪"的办法，救她跳出苦海，并非要置祥林嫂于死地，只是结果适得其反。

她的主观愿望和客观效果的矛盾说明柳妈是以封建礼教和封建迷信思想为指导，来寻求解救祥林嫂的"药方"的，这不但不会产生"疗效"，反而造成了难以支持的精神重压，把祥林嫂推向更恐怖的深渊之中。

③凶手之三——鲁镇人们

第77自然段：镇上的人们音调和先前很不同，但笑容却冰冷冷的。第79自然段：男人、女人、老女人只把祥林嫂的故事作为谈资，"陪出许多眼泪来"，显示一下自己的同情心而已，其实是想满足一下自己的猎奇心理。第80自然段：全镇的人们对祥林嫂反复讲的故事感到厌烦得头痛。第87自然段："她未必知道她的悲哀经大家咀嚼赏鉴了许多天，早已成为渣滓，只觉得烦厌和唾弃；但从人们的笑影上，也仿佛觉得这又冷又尖，自己再没有开口的必要了。"鲁镇人们被封建思想支配，不觉悟；群众之间隔膜、冷漠，让祥林嫂陷入孤立无援的绝境，是害死她的帮凶。

④凶手之四——鲁四婶

鲁四婶是"大户人家的太太"，头一次留祥林嫂是看她能干，祥林嫂被婆家绑架走以后，她害怕给自己家惹麻烦。以后惦念祥林嫂不是因为关心她的命运，而是自己的用人没有祥林嫂那样可心。以后祥林嫂再来，她"起初还踌躇"，后来倒是真心怜悯祥林嫂，留下她。但是祥林嫂不像过去那样能干活了，四婶开始"不满"，进而"警告"，最后把祥林嫂赶出家门。可以说四婶只是把祥林嫂当成一件工具罢了，没有把她当人来看。

⑤凶手之五——婆婆、大伯等人

婆婆肆无忌惮地把祥林嫂卖掉，反映出当时的妇女没有独立的人身自由，只被当作家族的附属品，也正因为婆婆的逼迫，祥林嫂才被迫改嫁，成了众人眼中不贞洁、伤风败俗之人，成了被侮辱、被损害之人。大伯的收屋，赶走祥林嫂，让她失去了依靠和生活来源，不得不再次来到鲁镇做工，成为她悲剧命运的重要推手。

⑥凶手之六——"我"

小说中的"我"是一个具有进步思想的小资产阶级知识分子的形象。"我"有反封建的思想倾向，憎恶鲁四老爷，同情祥林嫂。对祥林嫂提出的"魂灵的有无"的问题，之所以作了含糊的回答，有其善良的一面；同时也反映了"我"的软弱和无能。

在小说的结构上，"我"又起着线索的作用。祥林嫂一生的悲惨遭遇都是通过"我"的所见所闻来展现的。"我"是事件的见证人。

2.总结。

从精神实质上来说，每个人都是杀害祥林嫂的凶手。徐寿裳说《祝福》的主题："不惨在狼吃阿毛，而惨在礼教吃祥林嫂。"在封建道德观念和封建礼教的驱使下，占统治地位的鲁四老爷等人，自然极力维护封建的思想统治，就是普通民众，在两千年封建统治的禁锢下，精神上也受到极大的毒害，往往成为冷漠、残忍的看客和无意识的凶手。封建的政权、族权、夫权、神权四大绳索编织成严密的网，将祥林嫂捆绑在其中，直至她窒息而死。可以说，祥林嫂身边的每个人，几乎都自觉不自觉地参与到迫害与虐杀祥林嫂的行动中来。鲁迅将他们命名为"无主名无意识的杀人团"。当然，这种封建的思想观念和封建礼教也被祥林嫂奉为圭臬，因此，她才会对再嫁以死抗争，并且内心一直有极强的罪恶感，才会去捐门槛赎罪。可以说封建礼教和愚昧、冷酷、自私的社会环境、社会氛围是造成祥林嫂悲剧的根本原因。

每一篇非凡的作品背后都立着一位非凡的作者，在深入文本研讨的过程中，我更期待学生对鲁迅有新的认识，他不仅是一个"横眉冷对"的斗士，一位严肃深邃的批判者，一位"哀其不幸，怒其不争"的先觉者，更是一位充满悲悯情怀的人道主义者。作者将这种人道主义精神投射到人物"我"的身上。"我"是一个对鲁镇保守、冷漠的社会气氛感到愤懑的资产阶级小知识分子，虽然无力拯救祥林嫂，但却是小说中唯一同情祥林嫂命运的人。相对于思想守旧冷酷的鲁四老爷、漠然的短工、麻木迷信的柳妈和鉴赏祥林嫂痛苦的民众，"我"依然不失为一个有正义感、有觉悟的知识分子。"我"的"说不清"，是建立在对祥林嫂是否有害的担心上。另外，"我"对祥林嫂虽然同情，但却无力挽救，甚至一度逃避推卸责任，体现了资产阶级小知识分子的软弱。悲悯之中透着冷峻的思索，鲁迅是一位握着"手术刀"的人道主义者。

（四）迁移训练

很多同学在预习作业中针对鲁迅先生的作品进行了比较阅读，提出了很多探究性的问题，例如如何看待先生笔下的"看客"形象？如何理解人物姓名的内涵？为什么很多故事都发生在鲁镇？……请你结合鲁迅先生的其他作品，自选角度，写一篇小论文。

作业设置既来源于学情，也是对教学成果的检验。学生在预习作业中有意识将《祝福》中的典型人物、典型环境、艺术手法、主旨、语言风格等与其他学过的鲁迅先生的作品进行比较，但分析尚停留在表面。布置此项作业，旨在锻炼学生深入剖析问题的能力，能够寻找小切口，挖掘深内涵，提升文学评论写作能力。

课堂实录

鲁迅——握着"手术刀"的人道主义者

——《祝福》课堂实录

一、导入——走近作者

师：（展示鲁迅的画像）我们已经学习过不少鲁迅先生的作品，从预习学案中可以看出，同学们俨然已成为研究鲁迅的小专家。现在我们做一个游戏，请你从学过的作品中选出一句给你印象最深刻的名句，谈一谈你对鲁迅的认识。我们采用这样的句式："鲁迅是一位＿＿＿＿，你看，（名句）彰显出 （精神）"。

（生思索，整理）

生：鲁迅是一位斗士，你看，"寄意寒星荃不察，我以我血荐轩辕"彰显出他对中华民族的深爱。

生：鲁迅是一位奉献者，你看，"横眉冷对千夫指，俯首甘为孺子牛"彰显出他为人民鞠躬尽瘁的崇高品格。

生：鲁迅是一位批判者，你看，"窃书不能算偷……读书人的事，能算偷么"彰显出他对封建文化的批判。

生：鲁迅是一位智者，你看，"地上本没有路，走的人多了，也便成了路"彰显出他对未来的希望。

生：鲁迅是一位革命家，你看，"沉默啊，沉默啊！不在沉默中爆发，就在沉默中灭亡"彰显出他斗争意志的坚决。

师：通过大家的回答，我们发现，原来我们已经很了解鲁迅先生了，原来先生的作品呈现出这么多维的角度，原来先生的精神如此丰富，那么今天，我们又将读到一个怎样的鲁迅呢？我们又会有什么新的收获呢？让我们一起与先生做一次面对面的交流。

老师从大家的预习作业中发现很多有价值的问题。大家遇到的很多障碍，其实是由于特定的时代、文化、思想、风俗等所构筑的"厚障壁"，我们先将这些问题做一些梳理，创设一个文化时空语境，这样同学们能更好地走进文本。首先，我们先了解一下《祝福》的创作背景。这篇小说选自《彷徨》，鲁迅先生有三部典型的小说集，哪三部？

生（七嘴八舌）：《呐喊》《彷徨》《朝花夕拾》。

生：《朝花夕拾》是回忆性散文。

师：应该是《故事新编》，今年高考全国Ⅰ卷考到的《理水》就是选自《故事新编》。第9题请你从"故事"与"新编"的角度分析文本特征，这就暗含了文章阅读的导向。所以鲁迅先生在拟定题目，设定人物姓名，包括文集名称上都下了很大功夫。大家能举几个例子分析一下吗？

生：《孔乙己》，"孔乙己"这个名字特别能说明人物的个性。"孔乙己"是别人给他起的绰号，因为他总是满口之乎者也，表现了读书人的迂腐，所以用这个名字作为题目，更能表现封建科举制度对读书人的戕害。

生：我觉得《故乡》这个题目很耐人寻味，儿时的故乡是那么生动美好，给"我"留下很多美好的回忆，而现实的"故乡"却充满了腐朽气息，让"我"的理想幻灭，原本亲切的故乡现在变得冰冷，充满隔阂，作者以此来表达主题。

生：我觉得《药》这个题目虽然特别简单，就一个字，但是震撼人心。愚昧的华老栓为了给自己的儿子治病，用革命烈士夏瑜的血做成人血馒头当"药"给儿子吃下，何其愚昧麻木，作者想借"药"这个题目说明亟待疗治的不是身体上的病痛，而是愚弱麻木的国民精神，而且"药"也是贯穿小说的线索。

师：《药》这篇小说其实讲了两家的故事，明线是华家的故事。华老栓、华小栓、华大妈。暗线是夏家的故事，夏四奶奶、夏瑜。华家和夏家是当时中国社会的缩影，明暗两条线索合在一起就是"华夏"的故事。

（师板书：华夏）

生：哦！（恍然大悟）

师：革命烈士夏瑜的原型人物是秋瑾。"秋瑾"对"夏瑜"，夏和秋都是季节。有一个成语叫怀瑾握瑜，瑾和瑜都是美玉的意思。

生：哦，原来是这样。

师：可见鲁迅先生在拟定题目的时候匠心独运，内蕴丰富。现在看来小说集命名为"彷徨"也是有深意的。《彷徨》创作于1924～1925年间，共收录了十一篇作品。鲁迅以极大的热情欢呼辛亥革命的爆发，可是不久就失望了。帝制政权虽被推翻，但代之而起的却是军阀官僚的统治，封建社会的基础并没有彻底摧毁，中国的广大人民，尤其是农民，日益贫困，他们过着饥寒交迫的生活，宗法观念、封建礼教仍然是他们的精神枷锁。鲁迅在《祝福》里，深刻地展示了这一时期中国农村的真实面貌。举一个例子，有同学追问文中"我"见到祥林嫂，在一番魂灵有无的交流之后，"我"打算第二天进城，到福兴楼吃清燉鱼翅，为什么要强调"一元一大盘，价廉物美"？大家看，真的是价廉物美吗？

生：不是。

师：你反驳的依据是什么？

生：祥林嫂捐门槛花了十二鹰元，这是她攒了快够一年才从四婶手里支取的，这样看来，一盘鱼翅顶得上她一个月的工钱了。

师：所以鱼翅物美价廉是看对什么人来说，反映了贫富差距日益增大。看似闲笔的地方，其实不闲。

这一时期的鲁迅基本上还是一个革命民主主义者，还不可能用马克思主义来分析观察，有时就不免发生怀疑，感到失望。对鲁迅先生而言，辛亥革命之后中国出现的新局面，他起初还是满怀期待的，可是随着思想阵营的分化，这个时候的鲁迅其实是一个孤独奋战的勇士。他找不到前行的路，所以才会出现思想上的彷徨。大家记得文中"我"在吃鱼翅时貌似无端生发出一些感慨："往日同游的朋友，虽然已经云散，然而鱼翅是不可不吃的，即使只有我一个……"，有同学问这一句表达了作者什么样的感情。大家看，其实是作者心境的一种真实写照。（生点头）因而鲁迅把这一时期的小说集叫作《彷徨》，显然反映了其时自己忧愤的心情。但鲁迅毕竟是一个真的猛士。

生（笑）：敢于直面惨淡的人生，正视淋漓的鲜血。

师：所以他即使是彷徨，也会拿起文字的匕首投枪来进行反抗。《彷徨》十一篇小说贯穿着对整个封建社会重压下的农民及知识分子命运的关怀、反思和批判。《祝福》是《彷徨》的第一篇，既然是一篇寄予批判色彩的文章，用"祝福"做题目合适吗？

生："祝福"是鲁镇旧历年底祈福的大典。在别人都祈求众神降福的时候，祥林嫂却悲惨地死去了，这个祝福带有非常浓厚的悲剧色调，借助反讽手法突出了主旨。

生：我认为"祝福"与祥林嫂的命运息息相关。第36自然段，祥林嫂初到鲁四老爷家，这时她刚死了丈夫，祝福的时候"扫尘、洗地、杀鸡、宰鹅，彻夜的煮福礼，全是一人担当，竟没有添短工。然而她反满足"。第71自然段，祥林嫂被迫改嫁，被驱逐，再回到鲁四老爷家准备祝福的时候，鲁四老爷和四婶不让她沾手，嫌她不洁。第108自然段，捐了门槛的祥林嫂以为赎清了罪孽，想再动手准备祝福祭祀的时候，被四婶喝止，这一回她变化非常大，最后沦为了乞丐。文章开头大家在准备祝福的时候，"我"遇见了祥林嫂，她问了我关于魂灵有无的事儿，不久就死了。

师：同学们把情节梳理得非常准确。我们不难发现，"祝福"见证了祥林嫂的悲剧人生，是她命运转折的契机和背景。那么大家有没有想过这样一个问题，为何祥林嫂的命运非得和"祝福"这一习俗紧密相连呢？作者设定在其他的时候可以吗？比如中秋，失去家人的祥林嫂不是也会在这样举家团圆的节日里显得非常凄惨吗？

生：不可以，中秋不能凸显出祥林嫂的悲剧性。

师：那么为什么祝福可以？

（生沉默）

师：要想解决这个问题，让我们再靠近文本一些，一起回到当年的鲁镇去寻找答案。

二、初读——梳理情节

师：这是一篇小说，请大家按照情节的要素，梳理一下小说的脉络。

生：故事的开端是第34～53自然段，祥林嫂初到鲁镇，在鲁四老爷家做工。发展是第54～65自然段，祥林嫂被迫改嫁。高潮是第66～111自然段，祥林嫂丧夫丧子，再次回到鲁镇。结局是第1～33自然段，祥林嫂凄然死去。

生：老师，他丢掉了最后一自然段。

师：没错，最后一自然段单独成段，那我们能不能就近把它划在高潮里？

生：我觉得不能，因为鲁迅先生没有把它们放在一起，有空行。

师：这是一个铁证。小说有时为了故事情节的丰富性，可以在开端前面加上序幕，介绍人物活动背景和相关情况，开头两个自然段对鲁镇、祝福祭祀和鲁四老爷书房的介绍正是为人物活动交代典型环境。最后一个自然段，讲的也是祝福的景象和"我"的内心感受，这是小说的尾声。

（师板书情节脉络）

师：通过梳理，同学们一下就抓住了这篇小说情节安排的一个重要特点，是——

生：运用了倒叙手法。

师：情节在安排的时候，按照故事本身时间发展顺序进行记叙的叫作"顺叙"，像这篇文章把祥林嫂命运结局放在一开始交代的记叙方法叫作"倒叙"，还可以在故事中插入回忆或其他事件等，构成"插叙"。倒叙有什么作用呢？

生：设置悬念，激发读者的阅读兴趣。当我读到祥林嫂问"我"魂灵有无时，我特别想知道答案，她问的原因是什么？有了答案以后她会怎样？激发着我不停地读下去。

师：你能够结合自己的阅读感受体会作者的匠心，恭喜你，你离作者又近了一步。

三、赏读——交流对话

师：真实地面对文本，就是在与作者进行坦诚的交流，让我们一起突破这些阅读的"厚障壁"，还原一个真实的鲁迅。下面我们按照情节发展脉络，分部分研讨大家预习作业中的问题。咱们先看第1～33自然段，大家快速默读文本，结合预习作业上老师的批改，看看哪些问题是自己能解决的，哪些问题需要全班一起讨论。

（研讨第1～33自然段，生默读，交流讨论）

师：哪位同学有问题？

生： 在第1自然段中，写四叔"他比先前并没有什么大改变，单是老了些，但也还未留胡子"，为什么要强调没有留胡子？

师： 同学们能不能推断一下鲁四老爷大概有多少岁？

生： 五十岁？六十岁？

师： 咱们在电影中经常看到那个时代的地主一般都留着山羊胡子。实际上鲁四老爷年纪并不大，绝对到不了五十岁。哪位同学在文本中找到依据了？

生： 祥林嫂走了以后，家里没有帮工，是四婶自己煮午饭；他们的儿子阿牛烧火，可见鲁四老爷并不是很老。

师： 咱们真是心有灵犀。鲁四老爷年纪并不大，可是为什么我们同学都会产生一种他很老的错觉？

生： 他是一个讲理学的老监生，虽然他年岁不是很大，但是思想迂腐。他和"我"见面以后，先是寒暄，然后紧接着大骂其新党。

师： 这个时候大概是1927年，辛亥革命已经过去了15年，然而对于一个身处农村，读过书，年纪尚不很大的地主阶级而言，依旧抵制改革，思想何其守旧封建，可见辛亥革命的不彻底性。在鲁迅先生的文章中，真是"闲笔不闲"。

生： 祥林嫂为什么要问地狱魂灵这些东西？

生： 因为祥林嫂已经有了死的念头，死了以后如果有灵魂，她就可以和阿毛见面了。另外，她听柳妈说有地狱，害怕自己死了以后到地狱会被阎王锯开，特别恐惧和矛盾，迫切地想知道答案。她临终前的追问恰恰是她内心矛盾的折射。

师： 对深信不疑的东西居然产生了怀疑，那是否意味着祥林嫂已经觉醒了？

生： 我认为不是。祥林嫂深受封建礼教的毒害，她的矛盾是出于愚昧和恐惧，并不是真的觉醒。

生： 第32自然段，祥林嫂死了以后，"我"为什么会觉得祥林嫂的死也是不错的事？

师：很好，这一自然段也是同学们预习作业中问题特别集中的一自然段。我们首先感受到了这一自然段与之前的段落在表达方式上有些不同。这一自然段主要写的是——

生："我"的想法。

师：是"我"在祥林嫂死后产生的一些思考。请大家先把第32自然段读一下。

（生读课文）

师：文中是如何描述祥林嫂的处境的？

生：说她是"百无聊赖的"，像垃圾一样被人们丢弃在尘芥堆里，没有尊严，是人们的玩物，最后很凄惨地死了，没有人对她表示同情。

师：这里的"百无聊赖"是说她无聊，没事儿干吗？

生：不是。是指没有依靠。生命中无所依靠的被社会像垃圾一样随手抛弃的祥林嫂，即便这样人们还要怪讶她为什么要存在，而现在"被无常打扫得干干净净"，彻底不存在了。对于这样的她，作者说："然而在现世，则无聊生者不生，即使厌见者不见，为人为己，也都还不错。"结合课下注释，这句话表面的意思就是反正活着也没啥意思，不如死了算了。

师：鲁迅先生真的是这么想的吗？

生：不是，是愤激而沉痛的反语。

师：反语是指正话反说或反话正说，含有否定、讽刺以及嘲弄的意思，是一种带有强烈感情色彩的修辞方法，辞表和辞里极端偏离，使言外之意，弦外之音更为深刻。

生：第16自然段最后一句说"即使发生什么事，于我也毫无关系了"这句话显得特别冷酷，如何来理解？

生：在这个自然段"我"回答祥林嫂魂灵的问题，用"说不清"来搪塞她，"我"害怕自己的回答让她有了不好的预感，增加末路人的苦恼，但是"我"又一想，反正"我"说了"说不清"，真有什么事也和我无关，说明"我"想推卸责任。

师：我们在讲记叙文写出人物个性时谈到心理描写的一种方式就是写出两个自我的矛盾，这里恰恰是这种手法的运用，用两个自我的争斗，写出了"我"内心的矛盾。"我"真的不在意祥林嫂的死活吗？

生：不是，这只是"我"的一种心理安慰。后文中"我"一直感到很不安，说明"我"是非常在意的，"我"还是有同情心和人情味儿的。

生：在第27～30自然段，"我"和短工的谈话，短工为什么要重复"我"说的话，为什么他要说祥林嫂是穷死的？

师：我想先请两个同学把这一自然段简短的对话读一读，注意读出人物的语气和心理。谁来试试？（生举手）好，你们俩读一读。

（生读课文）

师：还请刚才那位同学回答问题，你点评一下，他俩的语气对不对？

生：我觉得读得非常好，"我"的语气很着急，短工的语气很随意，所以说明他对于祥林嫂死了这件事特别冷漠，不在意。

师：你自己已经把问题解决了，第二个问题的答案也已经呼之欲出了。"穷死"一定不是最本质的原因，那为什么短工会这样说呢？

生：短工对祥林嫂怎么死的，毫不在意，就是想到她是个乞丐，穷死是理所当然的。

生：我还认为，短工不能清晰地认识到祥林嫂的死因，他也是鲁镇众多麻木愚昧的百姓中的一员，他尚且没有自觉的意识认识到自己的处境和问题。

师：抓住人物语言，是鉴赏人物形象的重要角度。此外，人物形象的解读不能脱离"身份"的语境和生存的土壤。

生：第2自然段在写鲁四老爷的书房时，为什么要强调那副对联"事理通达心气和平"？还有为什么强调"只见一堆似乎未必完全的《康熙字典》"？

师：这两个问题都扣住了鲁四老爷书房的陈设来提问。大家记得我们在讲人物形象塑造的时候曾分析环境描写塑造人物性格。我们一般在家里挂一些字画，都是为了彰显我们自己的格调或是想要达到的境界。

比如挂一个"忍"字，很可能说明主人性格急躁。所以大家结合小说前后语境能看出作者想借这副对联表达什么吗？

生：注释说理学家用这副对联宣扬自我修养的标准，待人接物能通情达理，心气和平。可是祥林嫂死了以后，鲁四老爷大骂她是"谬种"，对她特别冷酷，一点儿都没有做到通情达理，心气平和，充满了讽刺意味。

生：我要补充一下，还有半边对联已经脱落，脱落的对联上写的是"品节详明德行坚定"，被遗弃在一边暗含着他既无品节也无德行。

师：看似简单的一笔，其实背后有深意。第二个问题，"一堆似乎未必完全的《康熙字典》"，字典不全说明什么？大家用字典干什么？

生：查字词，解决学习问题。哦，我明白了，字典不全，说明鲁四老爷并不是真正为了做学问，而是装点门面，他可真虚荣啊！

生：除了这部书，还有《近思录集注》和《四书衬》，这些都是理学书籍，点明了鲁四老爷的身份，是个讲理学的老监生。

师：一个所谓的读书人，一个封建理学的卫道士。这些书籍都散发着封建的腐朽气息，鲁四老爷读的是这些书，那他思想深处根深蒂固的东西我们也就找到依据了。

我们对这一部分的探究做个小结。大家遇到的障碍很多是因为我们对特定的时代和文化风俗了解得不够系统，这需要我们适当查找资料，补充背景，知人论世，才能更好地理解作者的创作意图。

（生交流研讨第34～53自然段）

师：我们再接再厉，进入第二部分的赏析。还是请同学们快速阅读文本，老师给大家5分钟的时间，大家把问题彼此交流一下，看看你的同学能不能帮你解决，解决不了的，我们一会儿一起讨论。

（生分小组讨论交流，师指导）

师：大家看在祥林嫂初到鲁镇这部分里，又有哪些小的情节单元？

生：先写了祥林嫂的肖像，然后写她在鲁四老爷家做工，之后写她婆婆来了，直接把她抢了去。

师：情节因着婆婆的出现陡起波澜。

生：鲁四老爷为什么连说几个"可恶！然而……"，但是又没有说完，省略号省略了什么内容？

师：语言是塑造人物的重要手段。鲁四老爷在文中话不多，我们把这一部分中鲁四老爷的话都在书上画出来，大家读一读。

（生寻找句子）

生："这不好。恐怕她是逃出来的。""既是她的婆婆要她回去，那有什么话可说呢。""可恶！然而……""可恶！""然而……"

师：鲁四老爷说："既是她的婆婆要她回去，那有什么话可说呢。"在他看来祥林嫂回去是天经地义的事，他这样认为背后的思想根源是什么呢？

生：封建礼教中的三从四德。鲁四老爷根本没考虑到祥林嫂回去会面临什么样的境遇，真是太自私冷酷了。

师：祥林嫂被抢走以后，鲁四老爷首先说了一句"可恶"，这句话是在同情祥林嫂的命运吗？

生：不是，他是觉得祥林嫂被抢走了，家里没人干活了，给自己家添了麻烦，所以觉得可恶。

生：我觉得他这句话是对卫老婆子说的，因为没打招呼就把人抢走了，他觉得这有伤颜面。

师：后面"然而……"大家结合语境，能把省略号里面的内容补全吗？你来说说。

生：我觉得应该是"如果不是她自己逃出来的，婆婆也不会把她劫回去"。这句话充满了对祥林嫂的埋怨。

生：我补充的是"然而既然她是逃出来的，婆婆让她回去，也是合乎情理的"。和前面四叔的话形成照应。

师：总结一下。省略的内容有两方面，一方面是对祥林嫂的不安分进行批判，另一方面认为婆婆让其回去是合情合理的。接下来，"午饭过后，卫老婆子又来了"，四叔说"可恶"这一句好理解，是在批判卫老婆子与人合伙劫走祥林嫂的行为可恶。下面卫老婆子一番解释之后，鲁四老爷又说了一个"然而……"这个省略号后面又省略了什么呢？

生：我觉得鲁四老爷之前还对卫老婆子的行为感到很气愤，可是卫老婆子的话再次说明错在祥林嫂，鲁四老爷这个"然而"后面省略的还是被婆婆接回去是天经地义的，所以他也不打算追究卫老婆子了。

师：没错，后文说到"于是祥林嫂事件便告终结"，如果鲁四老爷迟迟不原谅卫老婆子，便不会有结束。

生：描写祥林嫂的肖像有什么作用？能看出她是一个什么样的人？

师：肖像描写是塑造人物个性的重要手段。找一找，文章中一共有几处祥林嫂的肖像描写？

生：三处。

生：白头绳和穿着没变，脸色和眼睛变了！

生：作者写祥林嫂初到鲁镇和再次到鲁镇的时候，都写了她头上扎着白头绳，乌裙，蓝夹袄，月白背心，脸色青黄，这是不变的，说明两次祥林嫂都是死了丈夫的，而且日子也过得不好，突出了她的悲惨命运。变了的是之前她虽然脸色青黄，但两颊却还是红的，说明祥林嫂是具有生机与活力的。但是再到鲁镇的时候，她两颊上的血色已经消失了，虽然还是顺着眼，但是眼角有泪痕，眼光也没有以前那么精神了，说明人生再次出现的重大变故，让祥林嫂失去了生机与活力，变得有些麻木了。

师：嗯，很好，老师插一句嘴，哪里还能表现她丧失了活力？

生：之前她在鲁四老爷家做工的时候，手脚麻利，"祝福"的福礼都是她一个人准备的，可是现在"主人们就觉得她手脚已没有先前一样灵活，记性也坏得多，死尸似的脸上又整日没有笑影"。说明她变得迟钝了。

师：很好，而且不仅她变了，大家注意四婶对她的态度也变了。继续分析。

生：第109自然段，写祥林嫂，说她脸色"变作灰黑，也不再去取烛台，只是失神的站着"，她的脸色较之前相比更差了。这一回她变化非常大，"眼睛窈陷下去，连精神也更不济了。而且很胆怯，不独怕暗夜，怕黑影，即使看见人，虽是自己的主人，也总惴惴的，有如在白天出穴游行的小鼠；否则呆坐着，直是一个木偶人。不半年，头发也花白起来了，记性尤其坏，甚而至于常常忘却了去淘米"。这一大自然段的肖像描写，说明祥林嫂的精神彻底崩溃了，她感到麻木、胆怯、绝望，精神失常。

师：让读者不得不在心里产生一种担忧，祥林嫂会不会有什么不好的打算呢？鲁镇的人们终于把她逼到了无可挽回的绝境了。很好，继续。

生：第3自然段刻画外貌，写"五年前的花白的头发，即今已经全白，全不像四十上下的人"，表明祥林嫂年纪不很大，却显得如此苍老，可见她在精神上饱受折磨。"脸上瘦削不堪，黄中带黑，而且消尽了先前悲哀的神色，仿佛是木刻似的；只有那眼珠间或一轮，还可以表示她是一个活物"。说明祥林嫂精神麻木，已经到了行将就木的边缘。

师：稍微打断你一下，什么叫"间或一轮"？

生：就是很半天眼睛才转动一下，表现她很呆滞。

师：我们在讲写出人物个性作文的时候，专门举过这个例子。这是鲁迅先生"画眼睛"的描写手法，肖像描写不是为了肖像而肖像，而是要透过肖像、神态、衣着服饰等，凸显主人公的精神面貌或内心世界。继续分析。

生："她一手提着竹篮，内中一个破碗，空的"，而不是说"一个空的破碗"，强调"空的"说明祥林嫂处境非常艰难。"一手拄着一支比她更长的竹竿，下端开了裂"，说明这根竹竿用了很长时间了，可见她成为乞丐的时间很长了。"她分明已经纯乎是一个乞丐了"。连用了"分明已经纯乎"三个表达肯定的词语，一再强调她的乞丐身份，说明她的悲惨命运。

师：教学相长，同学们发现了我没有关注到的细节，非常棒！我们一起看第三部分第54~65自然段，祥林嫂被迫改嫁，情节相对简单，大家看看有什么问题吗？

（生速读文本，进行交流）

生：老师，从文中可以看出四婶、祥林嫂、柳妈这些人都受封建礼教毒害很深，坚决不同意改嫁。为什么卫老婆子不这样想？还一起逼迫祥林嫂改嫁呢？

师：如何看待卫老婆子这种似乎的宽容？

生：卫老婆子是个"中人"，即中介之人，她推荐祥林嫂要收钱，这是她的职业。

生：祥林嫂在河边淘米被抓走的时候，从船上下来两个人，其中一个就是卫老婆子。她清楚整个祥林嫂被卖的过程。

师：此时的卫老婆子已经不是一个介绍工作的"中人"了，而是买卖人口的"掮客"。

生：唯利是图，把钱看得高于一切。

师：可见她并非不受封建思想的毒害，也并非被毒害得浅，而是她把钱看得高于一切，这和她的身份以及境遇有关。我们解读作品，要放在特定的情境下去理解，否则会衍生出很多问题。

师：那我们继续看下面一个部分第66～111自然段，写祥林嫂再次来到鲁镇做工，这是整个小说的高潮部分，也是大家问题特别集中的部分。我们还是给同学们一点时间，大家看看有什么问题，我们一起分析。

（生速读文本，交流讨论）

生：第70自然段为什么要把"大家仍然叫她祥林嫂"拿出来单独作为一自然段进行强调呢？

师：这个问题我们可以转化一下，就是大家为什么还叫她祥林嫂？如果不叫祥林嫂，应该叫什么？为什么没有叫？

生：祥林嫂被迫改嫁，被婆婆卖给了贺家墺的贺老六，应该叫贺六嫂。大家还叫她祥林嫂是因为叫习惯了，没有必要改。

生：我不同意这种说法，如果这样的话，就没有必要单独拿出来强调了。

师：说说你的理由。

生：我觉得本应该叫她贺六嫂，却没有叫，仍然叫她祥林嫂，是因为鲁镇的人们不同意寡妇再嫁这种不守妇道的行为。从第77自然段"镇上的人们也仍然叫她祥林嫂，但音调和先前很不同；也还和她讲话，但笑容却冷冷的了"可以看出人们非常地鄙视她。

师：你分析得很有道理。我们看祥林嫂本名叫什么？

生：不知道，小说中没有说，可能姓卫。

师：她是因为第一任丈夫叫祥林，所以她叫祥林嫂，封建社会底层妇女，没有人在意她们真实的名字，以夫名冠之，可见身份地位的低下，也可见封建宗法制社会的陋习。祥林嫂被迫改嫁之后，人们仍用原来的名字称呼她，是不承认她第二段婚姻关系，寡妇再嫁，为封建礼教不容。从一个简单的名字中，可见鲁镇人们对祥林嫂的态度，也暗含着她悲剧命运的根源。

生：柳妈是善女人，吃素，不杀生的，可是为什么她却让祥林嫂"再一强，或者索性撞一个死"？

师：这个问题是关于柳妈形象的分析，我们可以拆解成两个问题。第一个，你如何理解"善女人"？第二个，柳妈为什么劝说祥林嫂一头撞死？

生：老师，课下注释里说"善女人"是佛教用语，指吃斋念佛的人。我认为这仅仅能够说明柳妈是一个信奉佛教的人，可是这与善良无关，她一点儿都不善良。

师：你这么说的依据是什么？

生：当祥林嫂在向柳妈讲述阿毛的故事的时候，她表现出来非常不耐烦的神情，还盯着祥林嫂额头上的伤疤看，丝毫没有显露出同情。

生：老师，我还觉得柳妈是一个特别爱嚼舌根的人。第103自然段说到："但自从和柳妈谈了天，似乎又即传扬开去，许多人都发生了新趣味，又来逗她说话了"，这说明，柳妈劝祥林嫂捐门槛，并不是出自真心关心她，而只是带着看笑话的姿态随口一说，她四处传扬祥林嫂的故事，推动祥林嫂一步步走上绝路。

师：从同学们的分析中，我们能不能得出这样一个结论，柳妈是一个伪善的恶人？

生：不能。我觉得这不准确。我觉得柳妈也是一个深受封建礼教和思想荼毒的受害者。

师：你能从文本中找到依据吗？

生：柳妈说"祥林嫂，你实在不合算"，以及说她死后下地狱，会被锯开分给两个丈夫，说明她内心中也充满了对寡妇再嫁的不认同，而且她还特别迷信，觉得寡妇再嫁死后会遭到报应，所以劝她捐门槛来赎罪。这种思想本来就很荒唐，可是柳妈却很笃信，说明她骨子里也深受迷信、封建思想的戕害。

师：很多同学在预习作业中都分析柳妈，称她为压死祥林嫂的最后一根稻草，她的"阴间报应"思想给祥林嫂带来极大的恐惧感和负罪感，迫使祥林嫂从承受外部道德规范的指责向自我内在精神折磨转变。柳妈是当时鲁镇底层劳动者的一员，她不自觉地将佛教阴司地狱的观念与封建伦理道德结合起来，根本没有意识到自己的话会给祥林嫂带来毁灭性的打击。这也体现了鲁迅先生对无知愚昧民众的深刻批判。

生：还是在刚才这部分，在祥林嫂和柳妈的谈话中，祥林嫂说："'阿阿，你……你倒自己试试看。'她笑了。"这是文中祥林嫂为数不多的笑中的一次，她明明是被强迫的，可是为什么她却笑了呢？

师：这个问题也是很多同学问到的，该如何看待此处的"笑"？

生：我觉得就是祥林嫂感到不好意思，所以笑了。

生：我不太同意刚才的观点，我认为祥林嫂这是苦笑，因为她没有办法反抗，只能苦笑以对。

生：我觉得这个"笑"就是真的笑了。因为从文中可以看出，虽然祥林嫂是被迫改嫁，她也经过了激烈的抗争，可是最后还是不得不顺从。但是从她和贺老六的生活中看，祥林嫂也没有生活得特别凄惨。文章中说："有人到贺家墺去，回来说看见他们娘儿俩，母亲也胖，儿子也胖；上头又没有婆婆；男人所有的是力气，会做活；房子是自家的。"可以看出祥林嫂的生活还是可以接受的，至少比在婆婆家快乐，所以想到这段日子，她可能真的就是笑了。

师：最后这位同学的发言很有说服力。（生点头）祥林嫂被迫改嫁，但从自身的性格看，"顺着眼"，体现了她的逆来顺受，更何况还有了儿子阿毛，这让祥林嫂有了更多的牵挂和把日子过下去的愿望。"笑"说明虽然在命运不断的打击下，祥林嫂的内心尚且没有完全枯萎。对于这个笑，柳妈做何反应？

生：柳妈笑着盯着祥林嫂的额角，又盯住她的眼。

师：柳妈未说一句话，但是一个笑，一个眼神，就让祥林嫂很局促了，立刻敛了笑容。眼睛是心灵的窗口，透过这个窗口，你能不能设想一下柳妈未说出口的心理活动是什么？

生：柳妈心里可能想：你别装了祥林嫂，你表面上不乐意，额头上还撞出这么一个大疤瘌，其实你心里是乐意的吧，不然你怎么可能真的拗他不过？你还笑，说明就是你自愿的，你还不承认。

师：同学的这段心理补白非常精彩。我们看出，柳妈是认定了祥林嫂同意再嫁，所以才有"祥林嫂，你实在不合算"之语，认为祥林嫂一番表面抗争，实则还是顺从了，因而到了地狱是要受苦的。她从心底里也同样认为祥林嫂是不贞洁的人，带着看戏的心情把祥林嫂的遭遇转告给其他鲁镇人，鲁镇的男男女女们视祥林嫂额头的伤疤为耻辱的证明，挖苦讽刺，给予祥林嫂精神上的戕害。

生：老师，我发现一个很奇怪的现象：祥林嫂人生的悲剧为什么总是发生在"春天"？第一次写她是春天没了丈夫的，第二次她婆婆来绑她走，也是开春的时候，第三次写阿毛死的时候，也是春天快完了。第四次写祥林嫂寂然死去，也是在新春"祝福"的时间，"春天"有什么特殊的含义吗？

师：这是一个非常好的问题，有评论说祥林嫂是一个没有"春天"的女人。想解读"春天"的含义，我们不妨来看看，祥林嫂在这几次春天中都失去了什么？

生：第一次春天，祥林嫂失去了丈夫，成了一个未亡人。她婆婆对她不好，所以她从婆婆家逃了出来，到鲁镇来做工。

师：封建礼教讲究三从四德，在家从父，出嫁从夫，夫死从子。第一任丈夫死了，又没有儿子，祥林嫂只能听从婆婆的摆布，要谨遵着"从一而终"的信条。所以在这个春天，祥林嫂成了婆婆家没有人身自由的奴隶。这也是鲁四老爷纵容婆婆劫走祥林嫂的原因。

生：第二次，婆婆以开春事务忙为理由，劫走祥林嫂，为了自己的儿子把她卖到贺家墺，祥林嫂像物品一样被买卖，失去了自由。

师：同时也被迫失去了贞洁，这一点成为她在鲁镇饱受诟病和嫌弃的根源。

生：第三次，祥林嫂在春天失去了阿毛。我觉得阿毛是祥林嫂唯一的精神寄托，阿毛死了，祥林嫂的精神彻底崩溃了，她失去了活着的意义。

师：变成了一具不停絮叨自己悲惨命运的行尸走肉。孩子是未来的希望，祥林嫂失去了未来。

生：最后，在新年的"祝福"里，祥林嫂被迫害致死，失去了生命。

师：很好，现在我们可以总结一下，为什么祥林嫂的悲剧都要发生在春天。你来概括一下。

生："春天"本来是一个美好的、充满了生命力和希望的季节，可是祥林嫂却是悲惨的，没有希望的，作者用"春天"衬托出祥林嫂的悲剧命运，增强了悲剧性。

师：作者用"春天"让读者明白在封建礼教思想的压迫下，像祥林嫂这样的旧中国农村的劳动妇女生命中是没有"春天"可言的。

生：为什么要大段重复阿毛的故事，这样写不啰唆吗？

师：很多同学都在预习作业中提出了这一问题，鲁迅先生是不是也像我们同学写作文一样，字数不够，例子凑？

（生大笑）

生：不是！

师：我觉得分析这个问题，可以有三个角度：一个是故事本身，一个是讲故事的人，一个是听故事的人。我们不妨自己再把这个故事读一读，然后同桌交流一下，给出你们的见解。

（生读课文并交流讨论）

生：我们小组认为讲故事的是祥林嫂，她屡经生活的重大打击，特别是阿毛死了，让她的精神备受摧残，她以前不很爱说话，现在却不停地把故事讲给别人听，我觉得她是想从中获得同情和安慰，而且也表现出她的精神状态不是很好。

生：我们组觉得这个故事特别惨，甚至有点恐怖。所以祥林嫂第一次讲的时候，人们还能表现出同情。但是后来鲁镇的男男女女跟她说话并不是因为同情她，而是出于一种猎奇的心态。到最后，这个故事大家都听过了，没什么新意了，就只剩下厌烦和唾弃。所以这个故事反映了鲁镇男女态度的变化。

师：你提供了一个很好的角度，还有什么变了？

生：我认为祥林嫂变了。第一次讲故事的时候，她是呜咽难以成声的，说明她很是自责伤心，也希望通过这个故事博得大家的同情，第二次讲故事的时候，她只是直着眼，说的时候"淌下眼泪来，声音也呜咽了"已经没有那么难过了，但还是希望得到安慰。再后来她反复讲这个故事，但都被人们打断，她就"张着口怔怔的站着，直着眼睛看他们，接着也就走了，似乎自己也觉得没趣"，从这儿完全看不出她的悲伤了，精神已经很麻木了，讲故事就是为了博取大家的关注，但是发现大家都嘲笑她之后，她也觉得没有再开口的必要了。

生：我觉得最主要的是听故事的人的态度变了。最开始四婶听到这个故事的时候，"眼圈就有些红了"，而且同意祥林嫂在家里做工，这就说明四婶对祥林嫂还是很同情的。在第二次复述这个故事的时候，主要写了男人和女人的态度，他们只是为了听这样一段离奇的故事，表现得很冷漠，我不知道自己这样说对不对。

师：你的不确定是源自什么？有不理解的地方吗？

生：老师，我不太明白第79自然段应该如何理解。为什么说"这故事倒颇有效，男人听到这里，往往敛起笑容，没趣的走了开去；女人们却不独宽恕了她似的，脸上立刻改换了鄙薄的神气，还要陪出许多眼泪来"？

师：首先我们看何为"故事"？一个好的故事需要满足听众的欣赏趣味，供人品评。这里无疑是说祥林嫂的故事要被鲁镇的人们欣赏、评价。钱理群先生说，这是《祝福》中最惊心动魄的场面。你认同吗？你从哪里读出了"惊心动魄"？

生："男人听到这里，往往敛起笑容，没趣的走了开去"，说明男人们都非常冷漠。女人们的表现体现出对祥林嫂没有丝毫的同情，只是为了满足自己听故事的心理，根本不考虑祥林嫂的感受。我们有一句玩笑话，叫"女人何苦为难女人"。（生笑）同是女性，同是妻子，同是母亲，同是处于家庭地位的最底层，本来她们应该互相体谅，没想到却隔膜至此。她们一面"看戏"，一面用"停在眼角的眼泪""叹息"来"演戏"，"满足""评论"说明她们对这样一出悲剧趣味不减，意犹未尽，表现出的麻木和冷酷是多么触目惊心啊。

生：我有补充，祥林嫂反复向人说她悲惨的故事，但不久被大家听得纯熟了，"便是最慈悲的念佛的老太太们，眼里也再不见一点泪的痕迹"，一听到就厌烦得头痛。前面第32自然段中曾提到，人们把祥林嫂当作"看得厌倦了的陈旧的玩物"，被人们像垃圾一样"弃在尘芥堆中"，还要怪讶她为何存在，完全没有把祥林嫂当作一个有尊严的人去对待。

师：老师有一个问题，她们为什么要把祥林嫂的悲惨故事当作娱乐加以消遣？

生：因为她们无聊。

生：我认为，同样是底层的妇女，她们肯定也是受压迫的对象，她们的情绪没有地方发泄，当她们看到一个比自己还惨的祥林嫂的时候，内心得到了一种平衡。

师：这位同学说得非常有道理。人生太过无聊，精神太过空虚寂寞，生活太过压抑，通过鉴赏别人的痛苦，来使自身的痛苦得到排遣、转移，以至最后的遗忘。

生：祥林嫂逢人便说："唉唉，我们的阿毛如果还在，也就有这么大了……"，我觉得阿毛是祥林嫂活着的意义和希望，阿毛的死给祥林嫂带来了极大的精神刺激，这是祥林嫂内心最深的伤痛。可是鲁镇的人把自己的快乐建立在祥林嫂的痛苦之上，非常地残忍。

师：大家看这种冷漠，带有明显优越感的嘲讽，浸透在骨子里，让人不寒而栗。对此，鲁迅先生作了非常冷峻犀利的评述，"她未必知道她的悲哀经大家咀嚼赏鉴了许多天，早已成为渣滓，只值得厌烦和唾弃"，大家看看这几个词用得力道万钧，"咀嚼赏鉴"，不幸的命运被当作了茶余饭后的谈资，"渣滓"表明满足了听众的心理期待后不再具有任何价值，只能让人生厌。更可悲的是对这一切祥林嫂"未必知道"，也正是因为如此，她才自觉不自觉地向人们寻求安慰，但最终迎接她的只有"人们脸上的笑影""又冷又尖"，她从人们的表情中感到了鄙视，终于清楚"自己再没有开口的必要了"。至此我们总结一下，阿毛这个故事不断重复出现，不仅展现了祥林嫂精神逐渐麻木的过程，更是对中国社会中"看客"这个群体进行了辛辣的嘲讽。"看客"我们在鲁迅先生的文章中并不少见。鲁迅先生曾说："群众——尤其是中国的——永远是戏剧的看客。"所以大家看，通过一个问题"作者为什么要复述阿毛的故事"，我们引出了这一系列问题的探究，可见鲁迅先生在情节设置上独具匠心，笔力精湛。同时我们同学也要从中体会鉴赏方法，在内容相似的情节中，分析异同，特别关注差异，注意细节刻画，通过梳理、概括、分析等手段，读出文字背后所蕴含的深意。要将人物时时放在人际关系网中进行品评，通过性别、身份、地位、思想等角度的比较，来探求人物性格的成因。好，我们进入对尾声一段内容的研讨，大家快速把这一自然段读一读。

（生读课文）

师：对这一自然段，大家的问题相对比较集中，大致可以归纳为两个。其一，如何理解"我在这繁响的拥抱中，也懒散而且舒适，从白天以至初夜的疑虑，全给祝福的空气一扫而空了，只觉得天地圣众歆享了牲醴和香烟，都醉醺醺的在空中蹒跚，预备给鲁镇的人们以无限的幸福"这句话？其二，如何理解本自然段的环境描写？

生：我认为在作者眼中"祝福"的实质不过是村镇上的人的一种阿Q式的精神胜利法，他们投以极大的热情，渴望在这个动荡的世上，福神能够降临保护他们，可那吃醉酒的蹒跚的天地圣众，和那些丑陋的人们又有何区别？

师：精神胜利法的实质是自欺欺人，所以这些所谓的天地圣众其实并不能给人们带来真的"幸福"，"祝福"不过是人们自欺欺人，自我麻痹的一种方式罢了。

生：我认为这是文章的点睛之笔，它照应了题目"祝福"，在这看起来一片温馨祥和的庆祝中，有谁会想到，祥林嫂死在了这样凄惨的夜里，而凶手就是鲁镇中的每一个人，他们全然不知道，因为他们的冷漠和迫害导致了祥林嫂的死。在这虚假的幸福背后，隐藏着无尽的麻木，影射了当时社会表面上看起来一片和谐安定，实则腐朽不堪，波涛汹涌。

生：我认为"醉醺醺"和"蹒跚"写出了神灵的虚无，鲁镇的人们乞求他们能给自己带来幸福，可见其愚昧无知，所以"预备给鲁镇的人们以无限的幸福"充满了讽刺。

师：有评论说这一句话"超脱的语气中带着热讽，懒散的口吻里透着冷峭"。祥林嫂是寂然死去了，鲁镇的其他人呢？"祝福"之后，"我"感到"懒散和舒适"，"白天以至初夜的疑虑，全给祝福的空气一扫而空了"。问问大家，这个"疑虑"是什么？

生：祥林嫂之死"我"需不需要负有一定责任。

师：没错。既然天地圣众已经享用了福礼，也预备给鲁镇的人们以无限的幸福，又有谁还会记得祥林嫂的死呢？她被无常打扫得干干净净，想必一场雪、一次"祝福"就会让人们彻底地将她遗忘。祥林嫂的悲剧故事或许又会在其他人的身上继续，这是何其的讽刺。现在我们回到一开头对题目的解读上，现在知道为什么必须选择"祝福"这个节日作为故事的背景了吗？

生：知道了。

师：解决完这个问题，我们再解决第二个问题，很多同学都在预习作业中关注到了对"雪"的描写，这其实涉及对小说环境描写的分析。环境描写又分自然环境和社会环境，其中社会环境描写又体现在社会背景和人际关系上。我们把这个问题作为一个探究性的问题，同学分小组从文章中找出自然环境和社会环境描写的内容，圈点勾画，分析环境描写的作用。

（生圈点勾画，交流讨论，师参与指导）

生：自然环境有渲染气氛的作用。我们找到的例子是第1自然段写"灰白色的沉重的晚云中间时时发出闪光，接着一声钝响，是送灶的爆竹"，"灰白色""沉重""晚""钝响"营造了一种沉闷压抑的气氛，让人喘不上气来，象征着鲁镇的环境也是让人感到压抑的。还有在第2自然段写雪花，"天色愈阴暗了，下午竟下起雪来，雪花大的有梅花那么大，满天飞舞，夹着烟霭和忙碌的气色，将鲁镇乱成一团糟"，特别强调"乱"字，营造了一种纷乱的环境氛围，给人萧索、压抑的感觉。

师：满天飞舞的梅花大的雪片更为祥林嫂悲惨的死作了环境烘托和气氛渲染。

生：我们认为自然环境还深化了文章的悲剧主题。我们找到的例子是在尾声。大雪覆盖了全市镇，掩盖了人们的一切罪行，人们很快就会忘记祥林嫂的悲惨命运，继续过着麻木的生活，深化了文章的悲剧主旨。

师：拥抱了全市镇的雪显得那么猖狂，底层老百姓是无法反抗这寒凉的悲剧的雪一样的命运。爆竹连绵不断的声音，最终掩盖了祥林嫂微弱的呼号。

生：我们组认为自然环境还可以衬托人物的心情。在第32自然段，作者写"雪花落在积得厚厚的雪褥上面，听去似乎瑟瑟有声，使人更加感得沉寂"。鲁镇的人们彼此之间有很深的隔膜，雪暗示了他们之间冷漠的关系和麻木的态度，同时也突出了"我"内心的孤独和沉寂。

师：这一自然段是"我"对祥林嫂之死所生发的议论，语言中透露着愤激的反语，寂静的雪夜与激愤的内心形成了鲜明的对照，同情、怜悯、批判统统都被压抑在寂然的雪夜之下。好，我们现在总结一下，自然环境的描写在这篇小说中有怎样的作用？

生：（看PPT，齐声答）第一，烘托渲染悲凉的气氛，暗示社会的冷漠。第二，衬托人物的心情。第三，暗示情节的发展。第四，深化了文章的悲剧主题。

师：我们再来看社会环境描写有什么作用？其实这个问题我们已经在分析文本的过程中解决了，哪个小组的同学帮我们整理一下？

生：社会环境的描写在小说中主要体现在"祝福"时人们的活动，第2自然段描写"祝福"，交代了作品的时代背景，预示了祥林嫂的悲剧命运。第二次写"祝福"，是祥林嫂在鲁四老爷家准备祝福时的情景，鲁四老爷和四婶拒绝祥林嫂准备福礼，视她为不贞洁的人，导致祥林嫂最后的崩溃，推动了情节的发展。第三次"祝福"在文章结尾部分，首尾呼应，突出文章的主题。

师："鲁镇"封建保守，男尊女卑等级森严，弥漫着浓厚的封建迷信气息，这就是吞噬掉祥林嫂生活的典型环境。

四、研读——探寻真相

师：随着深入的解读，我们一点点接近祥林嫂悲剧命运的真相。到底是谁杀了祥林嫂？

（生议论纷纷，说谁的都有）

师：很明显，我们同学达成了共识，在文章中出现的所有人物，都或直接或间接地对祥林嫂的死负有责任，祥林嫂不是被一个人逼上绝路的，探讨谁该负有最大的责任显然意义不大，我们应该分析的是到底他们在祥林嫂的悲惨命运中扮演了怎样的角色。小组内交流一下。

（生思考并交流）

师：好了，哪个小组先来分享一下你们的结论？

生：我们组想先来说一说鲁四老爷。鲁四老爷是一个老监生，他思想保守，封建思想浓厚，尊崇理学和孔孟之道，是封建礼教的卫道士，这种"一女不嫁二夫"的思想让祥林嫂在道德上变成了一个有污损的人，为人所不齿，这让祥林嫂在鲁镇失去了道德上的同情，成了被嘲讽的根源，最终导致了她的悲剧命运。

生：我们认为鲁四老爷不仅自身深受封建礼教的毒害，而且他这个人也非常自私伪善。当祥林嫂初到鲁镇时，鲁四老爷虽然嫌弃她是个寡妇，但是看她有利用的价值，可以为他们家工作，还是留下了她。可是当她的婆婆来闹的时候，他首先觉得这有损了他们家的颜面，更加嫌弃祥林嫂，支持她的婆婆把她带走了。最后，当祥林嫂精神失常，"全不见有怜悯起来的希望"，再也没有利用价值的时候，鲁四老爷一家毫不犹豫地将她赶了出来，可见是他的冷酷自私杀死了祥林嫂。

师：鲁四老爷是当时农村中地主阶级的代表人物。他为祥林嫂的悲剧加上了一道精神枷锁。

生：我们组分析的是柳妈。我们认为柳妈的"阴司报应"是压死祥林嫂的最后一根稻草。是她告诉祥林嫂死后会在地狱被阎王锯开，这是祥林嫂在山里从未知道的。这就说明之前祥林嫂并不知道自己是有"大罪名"的，而现在她就从心里认同自己有罪。为了赎罪，祥林嫂捐了门槛，本以为赎清了罪过，重新燃起生活的希望，眼睛也分外有神了，可是四婶的一声断喝，让她彻底绝望，最终走上了绝路。

生：老师，虽然柳妈确实是杀害祥林嫂的帮凶，可是我觉得柳妈也不完全是一个坏人，至少和鲁四老爷的冷酷比起来，她劝说祥林嫂捐门槛，是想帮助祥林嫂免除阴间所受的苦，只是她自己本来就很迷信，她不知道自己的话会对祥林嫂带来怎样的影响。

师：所以柳妈这个形象虽然是小说中的小人物，可是也有她的复杂性。她和祥林嫂一样是旧社会中受压迫的劳动妇女的形象，她虽然同情祥林嫂，但由于受封建礼教和封建迷信的毒害很深，最终也把祥林嫂推向深渊。

生： 我们小组觉得鲁镇的人们合力绞杀了祥林嫂。他们是一群冷漠的看客，对祥林嫂的死，短工说"说不清"。她第二次来到鲁镇的时候，人们"笑容也冷冷的"，表现出对寡妇再嫁的不屑，把祥林嫂当玩物，通过听她凄惨的故事，来满足自己扭曲的内心，鲁镇的人们让祥林嫂处在一种被排挤、孤立无援的境地，最后寂然死去。

师： 没错，鲁镇的人们不仅把祥林嫂推向了绝路，同时也让自己处在绝境中。他们被封建思想支配，不觉悟。不仅与祥林嫂之间，他们彼此之间也铸就了一层"厚障壁"。他们苟且地在这充满封建阴云的鲁镇活着，麻木不仁，无动于衷，成为把祥林嫂拖向深渊的一张网。

生： 我们组觉得婆婆是祥林嫂一切痛苦悲剧的源头。祥林嫂初到鲁镇做工，是为了逃避她婆婆的压迫。后来又因为婆婆要给小叔子娶媳妇，强行掳走祥林嫂，以高价把她卖给深山里的贺老六，这才有了后面祥林嫂再次失去丈夫、失去儿子的命运转折。婆婆完全没有把祥林嫂当作一个人看，更像把她当作一个奴隶或一件货物一样随意处理，丝毫没有给予祥林嫂作为人的尊严，祥林嫂无法对自己的人生做主，是被侮辱、被践踏的对象。

师： 在封建礼教思想的浸淫下，三纲五常，三从四德，女子没有独立的人格自由和尊严，是男权社会的附属品，夫死从子，以婆家为代表的族权牢牢把握着祥林嫂的命运，成为扼住祥林嫂命运咽喉的黑手。

生： 老师，我们觉得"我"这个人物对于祥林嫂的死也有不可推卸的责任。首先在祥林嫂生命走向末路的时候，她怀抱着最后一点微弱的希望问"我"魂灵有无的问题，可是"我"却为了逃避责任，用"说不清"来搪塞她，这让祥林嫂最后一点儿生存的渴望和挣扎都破灭了。

师："我"在文中是一个特殊的人物，是一个接受了新思想的小知识分子，与鲁镇格格不入。"我"对待祥林嫂的态度也是最矛盾的。

生：我们组认为文中的"我"不同于鲁镇的所有人，"我"从思想上不受封建礼教的钳制，对祥林嫂是抱有真切的同情的，从第32自然段可以看出，"我"对那些视祥林嫂为玩物的鲁镇人们充满了批判，但是"我"又因为怕给自己惹麻烦，没有给予祥林嫂实质地帮助。这让我们不禁想到，就连思想先进的"我"都不能帮助祥林嫂，还有谁可以帮助她呢？

生：我们觉得"我"同样是一个冷漠的人。虽然"我"也同情过祥林嫂，但是在第31自然段，第32自然段，第112自然段都说到了"我"感受到了"轻松""舒畅""懒散而舒适"，这就说明祥林嫂的悲剧命运并没有给"我"带来不可磨灭的触动，就像老师之前讲的，在不久之后，祥林嫂的故事就会被人们遗忘。封建思想依旧根深蒂固，我觉得这也说明辛亥革命的不彻底。

师：你们组的回答，站位更高，联系了背景，对全文主旨进行了更深入的分析。综观全文，"我"是全文的线索人物，祥林嫂一生的悲惨遭遇都是通过"我"的所见所闻来展现的。"我"是一个具有进步思想的小资产阶级知识分子的形象，同情劳动人民，不满黑暗现实，但也有软弱和无能的一面，展现了鲁迅先生对这些小资产阶级知识分子的批判。

在鲁镇的这些人物中，有的是祥林嫂悲剧命运的开端，有的是推手，有的直接促成了她的死亡，那么祥林嫂自己对自身命运有责任吗？

生：我觉得也有，祥林嫂自己就深受封建礼教的毒害，但对此她没有清楚的认知，无论是面对鲁四老爷的压迫还是面对婆婆的欺凌，众人的嘲讽，她都选择了屈从，文中有一个词，说她"驯熟的安放了铺盖"，所以我们小组觉得祥林嫂其实内心里没有真的想过反抗。

师：可以用没有自觉的反抗意识来概括，祥林嫂的悲剧正在于她是被封建礼教侮辱和践踏的对象，可是她又不自觉地对封建礼教进行了维护。人物的塑造是思想的延伸，真正害死祥林嫂的幕后黑手是"吃人"的封建礼教：所谓的"贞洁观"，用"饿死事小，失节事大"，女子必须"从一而终"的思想剥夺了妇女追求幸福的权利，沦为男性的附属品，这是"夫权"对她们进行的道德绑架；所谓的"礼教秩序"，男尊女卑，三纲五常，在这样的思想压迫下，以鲁四老爷为代表的封建卫道士以及鲁镇的男男女女，为了维护鲁镇的"礼教秩序"，对祥林嫂进行了不遗余力的加害，这是"政权"对妇女的压迫。所谓"三从四德""妇女，服也"，无父无夫无子的祥林嫂不能掌握自己的命运，全听凭婆婆做主，这是"族权"对妇女独立人格的剥夺。所谓"祭祀迷信"，鬼神也好，圣众也罢，真的能戕害或拯救人的灵魂吗？正是在这种愚昧的思想中，祥林嫂被恐吓、被胁迫，无法认清自身的命运，所以"神权"是麻痹、愚昧人们思想的帮凶。在"政权""族权""夫权""神权"四重大山的压迫下，可以说祥林嫂必死无疑。

师：一部伟大的作品背后必定有一位伟大的作者，每一次深入文本的过程，就是走近作者与之对话的过程。经历了这次"鲁镇"风波，你对鲁迅有了怎样新的认知？

生：以往我觉得鲁迅先生是一位斗士，更是一位猛士，他将文字化为匕首投枪，对黑暗的一切进行不留余地的抨击，是严肃而冷峻的。今天，当我读到祥林嫂沦为乞丐时的场景，我觉得先生的笔触充满了悲悯，我觉得他不仅是一位战士，更是有着深沉的博大的爱的爱国知识分子。

师：因为最悲悯，所以最冷硬，是一位拿着"手术刀"的人道主义者。

生：我觉得先生洞见了人的本性。《祝福》里面的人物，不论是祥林嫂还是柳妈、小知识分子"我"，这些人物身上既有善良的一面，也有阴暗的一面，我觉得这样的人物才是有血有肉的，而不是高大全式的，这让我觉得很真实。

师：展现人性的挣扎，刻画人物的蜕变，鲁迅先生的笔下充满了对人性的关怀和批判。一位作家，只有关注"人"生存的境遇，并为之奔走呼号，才能担当得起"中国的脊梁"。

五、拓展迁移——检验课堂生成效果

师：《祝福》这篇小说我们一起用了三课时进行讲授，仍然意犹未尽，这是因为经典值得我们一读再读，最后达到一种审美的境界。王安石说对待学问，应"深思而慎取"，我们在解决一个问题的时候可能会衍生出新的问题，探究与思考永远在路上。我们同学在这次预习作业中表现出的另一个长足进步是，大家开始学会了比较阅读的鉴赏方式，很多同学把《祝福》与我们学过的《故乡》《藤野先生》《孔乙己》《阿长与山海经》《从百草园到三味书屋》《社戏》等文章结合起来，探究异同，从单篇小说的阅读发展到群文阅读，提出了一些非常有价值的问题，例如如何理解鲁镇？鲁迅小说中的孩童有什么作用？鲁迅小说人物的姓名有什么意义？老师希望大家能够广泛阅读相关作品，找到一个小的切入点，深入分析解决一个问题，写成千字小论文。届时，我们将举办一个鲁迅小说研讨会，期待大家的精彩表现！好，下课！

生：老师再见。

顺其自然，尊重生成

——《祝福》教学反思

《祝福》是学生升入高中以后，提问最多的一篇课文，我统计了一下，一个班的学生共提出53个有价值的问题，其中共性问题有23个，这就是最真实的学情。如何将这些问题在课堂上系统清晰地进行梳理，是个不小的挑战。课堂中，我注意把握以下几个环节。

一、注重课前对学情的梳理

学生预习作业收上来以后，我发现这些问题五花八门，涉及内容、结构、手法、主旨、语言风格等不同角度。我将这些问题分门别类地进行归纳整理，做了大量的梳理工作。此外，我非常看重问题之间的内在联系。从以往的课堂教学实践中我发现，学生在提问时非常具有跳跃性，如何在课堂上将这些问题进行有机联系，让学生从点延展到线，进而延展到面，需要教师在课前做好融会贯通。

二、课上提问顺其自然

一堂文学鉴赏课，一般都会有一个切入点，有时是形象，有时是事件或者情感，进而沿着线索引申开去，提纲挈领，将整篇文章"拎"起来。我在处理本文时，是按照文章段落的自然顺序，依据情节的发展逐层引导学生进行问题质疑。这种提问方式表面看起来较为随意，缺少目标性，但也是最贴近学生阅读习惯的一种处理方式。一方面，由于教师没有提前预设角度，学生反而有更为自由的思考空间，不受限制将真实的问题展现出来。另一方面，学情是不断发展变化的，课前预设的问题可能在解决关联问题时迎刃而解，同时也会衍生出新的问题。教师减少干预，有助于学生构建自己的认知体系。需要注意的是，减少干预不等同于缺席，需要教师把握问题之间的关联性，引导学生建立有机关联，培养整体阅读的意识。

三、尊重真实的阅读生成

花开之所以美好在于花的姿态万千。有不同的学情，就会有不同的生成。在教学中，我鼓励学生真诚地与作者交流，与自我对话，展现个性化的阅读体验，鼓励他们有理有据地发表自己真实的理解和感受。文学阅读不应只停留在对学理层面的概括和分析，而是应体会出"情味"来。学生最后能对鲁迅先生有不同角度的新的认知，能对人性的复杂有进一步的解读，我认为这是很宝贵的阅读生成。

《祝福》这节课再一次让我体会到了教学相长的幸福感，在与学生们一起研讨的过程中，我自己也有了新发现，新解读。《祝福》常读常新，不愧是经典，值得细讲精讲，和学生一起讲！

专家点评

好课堂：依于学情，深度生成

——学习尤立增老师执教《祝福》课例有悟

广东华侨中学　蔡　森

尤立增老师近十年来致力于"以学情为核心"的语文教学研究，并继承发展了转化教学论，在语文教学中独树一帜，取得了卓越业绩。我曾多次聆听其学术讲座，深为他对教育理论的深耕和对课堂教学的细作而叹服。

尤老师的课从来都在回避老生常谈的问题，于是总有新奇出现。鲁迅的《祝福》在高中教材中属经典名篇，如何拉近学生与文本的距离，走进作家深邃的思想情感，理解一个真实的鲁迅，尤老师以依于"学情为核心"，注重课堂的深度生成。

深度的生成源于教师引导学生深度的学习，尤老师课前做了几件事。一是通过了解学生，明确学情，摸清了学生"最近发展区"。从学生预习作业，他发现学生的问题涉及内容、结构、手法、主旨、语言风格等不同角度，便进行分门别类、归纳梳理。这一过程也让他了解学生的乞求、愿望，洞悉学生的学习水平、学习规律、学习特点。二是确定通过什么样的内容，提供转化教学策略，为学生提供恰当的教学材料，师生一起全面把握文本精髓，让学生真正能得到转化。三是帮助学生亲身经历知识的发现与建构的过程，使学生真正成为教学的主体，让学生自主自觉发展。

可以想象，尤老师课前做了大量的准备工作，他曾说，每节课他从不翻抄以前的教案，总是重新构建每一节课的课堂设计，因此他的课总是常教常新，总在时刻关注学生的学习状态，及时调整教学进程及策略，更好地帮助学生学习和发展。综观这一节课，很符合深度学习的特征与模式。

　　首先，教学设计中有"文"，更有"人"。转化教学论实质就是尤老师对教学规律、学科特点、学生认知的把握。教学以何为核心？他在教学设计中紧紧抓住教学目的，提升学生的核心素养，以"学情"为核心。这样他就抓住了教学突破的"牛鼻子"。课堂上，他总是避免教师的"先入为主"，尊重真实的阅读生成，让学生真诚地与作者交流，与自我对话，发表自己真实的理解和感受，回归"学生是学习的主人"原点。

　　其次，教学过程中有"唤醒"，更有"体验"。由于时代、环境、风俗、思想文化上的差异，学生和作者之间还存在"厚障壁"。他在课堂活动中，唤醒学生已有经验和知识的同时，适当补充介绍相关背景，设置了一系列的问题。引导学生回忆在《故乡》《孔乙己》等学过作品中的阅读经验，把之前"浓缩"的东西泡开，帮助学生构建一个时代文化空间，进入具体的情境，披文入情。让知识与体验得到整合和结构化，展现个性化的阅读体验，就会使文本解读中的很多问题迎刃而解。这也是他解决阅读教学中"少慢差费"的问题，使课堂走向高效的法宝。

　　再次，教学策略坚持"范式"，更注重"变式"。把握事物的本质，是知识建构的先决条件，也是以简驭繁的前提。在处理本文时，尤老师从"握着'手术刀'的人道主义者"主题切入，建立人物鉴赏坐标系，按照文章段落的自然顺序，依据情节的发展逐层引导学生进行问题质疑，这是他教学的"范式"。同时，又对学习对象进行深度加工，提倡"变式"，例如多角度鉴赏人物形象；深入情感，品味文本语言；通过比较阅读，丰富认知维度……用多种形式打破"厚障壁"，实现心灵的对话，从而把握知识的本质，实现能力的迁移。

　　最后，教学价值凸显"现"，更挖掘"隐"。一堂文学鉴赏课，一般都会有一个切入点，有时是形象，有时是事件或者情感，进而沿着线索引申开去，提纲挈领。在这一课程中，他以握着"手术刀"的人道主义者，将整篇文章"拎"起来，引导学生明确：在封建道德观念和封建礼教的驱使下，在两千年封建统治的禁锢下，普通民众成为冷漠、残忍的看客和无意识的凶手，将祥林嫂捆绑在其中，直至她窒息而死，进一步帮助学生形成正确的价值观。课堂探究中，通过品味小说语言，透过细节描写，发掘语言背后的深意，发展学生的成长隐性要素。这些课堂实施，回答的是教学终极目的和意义的问题，这一过程以"人的成长"为旨归。

这是一堂好课，好在于"以学情为核心"一以贯之，好在于"课堂深度生成"让学生成长真正发生。

（蔡森，广东华侨中学高中语文教师，正高级教师。教育部中小学名师领航工程首批名师培养对象、广东省中小学新一轮"百千万人才培养工程"名师培养对象、广东省中小学名教师工作室主持人。）

课例 **11**

雪韵刀光燃激情

——《林教头风雪山神庙》教学欣赏

（高中语文必修下册第 13 课）

教学设计

"打通"小说鉴赏的"气脉"

——《林教头风雪山神庙》教学设计

一、教学理念

《林教头风雪山神庙》是高中语文统编教材必修下册中的一篇小说。继学习了鲁迅先生的《祝福》后，这是另一篇富有典型性和代表性的小说，值得细究品味，使学生的鉴赏层次和能力更上一层楼。

本单元的学习目标是："要注意知人论世，在人物与社会环境共生、互动的关系中认识人物性格的形成和发展，关注作品的社会批判性。要了解作者如何运用多种艺术手法实现创作意图，品味小说在形象、情节、语言等方面的独特魅力，欣赏小说不同的风格类型。"赏析《祝福》时，学习重点是小说的人物与环境，由此探究主题。学习本文时，在鉴赏人物与环境的同时，应重点把握小说的情节与主题，进而"打通"小说鉴赏的"气脉"，对人物、环境、情节等各种小说要素的赏析与主题的分析概括等技巧都有所了解和掌握，能对小说加以分析、感悟和欣赏；由此达到对小说的鉴赏由浅入深、由要素到主题的深化，增强小说鉴赏能力，提高文学修养。从学情来看，学过小说鉴赏的学生具备了一定的文学鉴赏力，掌握了小说的基本要素和鉴赏思路，具有初步赏析能力。因此教学时，理解、分析小说的基本要素等简单内容可以放手让学生去做，可通过预习作业的思维导图、预习所得和课堂讨论等形式来解决。但小说所反映的社会现实和当代生活都有一定的距离，离学生生活较远，所以学生不易把握或不易清楚明白地体会出来的内容，可以由教师引导，师生共同完成鉴赏。同时鼓励学生做个性化解读，用当代观念审视作品，突破陈旧的解读思路，挖掘出超越时间和空间、具有人类共性的因子。

单元学习目标还提到："学习用读书提要或读书笔记记录自己的阅读感受和见解，借鉴小说技法进行创作。"对于大部头作品，我们鼓励学生进行精细阅读，做旁批，写读书笔记记录阅读感悟，这有利于学生对作品深入解读和思考，表达个性化感悟。这也是学生基本可以做到的。学习本课还可以进一步落实鉴赏小说技法进行创作的学习目标，学以致用，在运用中加深体会和理解，不失为一种教学突破和尝试，也是提升学生素养的好途径。

二、教学目标

1. 了解施耐庵与《水浒传》的相关知识。

2. 通过学生讨论，厘清情节发展，把握全文结构。

3. 分析林冲人物形象及其思想性格的发展变化和社会意义，归纳主题。

4. 探讨景物描写和细节描写的作用。

总目标：综合提升学生的小说鉴赏能力。

三、教学过程

（一）新课导入

"路见不平一声吼，该出手时就出手"，这是梁山好汉的作风。路见不平尚该拔刀相助，更何况自己受了冤屈？但是梁山好汉中也有人曾经有不平不能吼，举起来的拳头打不下，他是谁？就是今天要学习的这篇小说的主人公——林教头林冲。下面我们就走进小说去了解林冲。

（二）质疑问难，了解学情

在上课之前，我先采取了学生自学、完成预习作业的形式让学生充分预习课文。教师对学生"预习作业"中"质疑问难"的内容加以整合，记下学生提出的共性问题并在课堂上加以展示，以供学生思考、讨论。

整合"质疑问难"的共性问题如下：

1.题目有哪些信息？

2.怎样看待李小二这个人物？酒店起了什么作用？（情节、环境）

3.本文的伏笔、铺垫、悬念设置很有特点，有什么作用？（情节、结构）

4."风雪"在文中多次出现，有什么作用？（环境描写）

5.文中有多处细节描写，"买酒""夜宿山神庙的动作"，陆谦等人的"闪"等，这些描写有什么作用？（细节）

6.结尾林冲杀人的场面是否过于血腥？怎样看待他的行为？（主旨、人物形象）

7.怎样看待叙事过程中插入的作者的评价，如"原来天理昭然……"？（小说知识）

8.怎样理解"闲话休提，只说正话"？（小说知识）

9."这屋如何过得一冬？待雪晴了，去城中唤个泥水匠来修理"，这句话和在古庙前说"神明庇佑，改日来烧纸钱"，反映了林冲怎样的心理状态？

10.陆谦、富安、差拨、管营他们有什么性格？分别与林冲有什么关系？（人物）

11.情节往后是怎样发展的？《水浒传》中还有哪些有趣的故事？

（三）走近作者，了解作品

（略）

（四）宏观把握，厘清情节

分组讨论，小说节选部分6个自然段可以分为几个部分，并分别概括其主要内容（可参照回目的概括方式）。

教师备答：全文6个自然段，可分为4个部分。

第一部分：第1自然段，写林冲沧州遇旧知。这是故事的开端，交代出林冲与高俅的矛盾，林冲与李小二的亲密关系。概括为：林教头沧州遇旧知。

第二部分：第2～4自然段，写陆虞候密谋害林冲。进一步揭示出林冲与高俅的矛盾，陆虞候在文中是高俅的代理人。故事情节在发展，预示着新的冲突的到来。概括为：陆虞候密谋害林冲。

第三部分：第5、6自然段，过渡。林冲买刀寻仇人不得，心下渐渐息慢了。林冲接受了看管草料场的任务，与李小二作别。概括为：林教头接管草料场。

第四部分：第7～16自然段，写林冲风雪夜山神庙复仇。这是全文的高潮和结局。概括为：风雪夜复仇山神庙。

（五）分析人物，探知主题

1.分析林冲的性格。（学生讨论）

（1）课文开头一段"闲话"对表现林冲的思想变化有什么作用？

教师备答：开头一段有两个内容，一是插叙了林冲、李小二当初在东京时的情况，二是二人相遇后的一段对话。插叙的一段内容，表现了林冲的正义感和侠义精神，反映了林冲对黑暗现实的不满。从林冲和李小二的对话里，又看到他忍受屈辱、不思反抗斗争、软弱动摇的性格特点。他明知是高俅"生事陷害"，自己才吃了官司，被刺配到沧州，但和李小二说到这件事时，他并不气愤、痛恨，还把高俅称作"高太尉"，甚至认为是自己冒犯了高太尉才受了官司。这既表现了林冲的善良安分，也表现了他忍受屈辱、性格软弱的一面。

（2）林冲无辜受害，被刺配到沧州，远离了京城，高俅一伙，陆谦、富安又追到沧州，在李小二的酒店里密谋陷害林冲。林冲从李小二那里听说了这件事之后是什么态度？表现出林冲的什么性格？

教师备答：林冲听到李小二的报信，并确知从东京来的尴尬人就是陆虞候时，马上意识到"那泼贱贼"是要"来这里害我"，他识破了仇人的阴谋，激起了复仇的怒火，气愤地说："休要撞着我，只教他骨肉为泥！"说罢，便怒冲冲地"先去街上买把解腕尖刀，带在身上，前街后巷一地里去寻"，次日，"带了刀，又去沧州城里城外、小街夹巷团团寻了一日"。这说明，当迫害逼到眼前时，林冲也具有了强烈的反抗意识。但是，"街上寻了三五日，不见消耗"时，"林冲也自心下慢了"，对仇人有所怀疑，却失去了应有的警惕性，刚刚点燃起来的复仇怒火又慢慢熄灭了。这说明林冲的反抗并不坚决，幻想得过且过，委曲求全。

（3）陆虞候等人对林冲的迫害并没有停止，派林冲看守草料场本是这伙人的诡计，想置林冲于死地，林冲是什么态度？表现他的什么性格？

教师备答：管营派林冲看守草料场，林冲是心有疑虑的，他曾对李小二说："却不害我，倒与我好差使，正不知何意？"但他还是听从了安排，而且做了长久打算。当他看到草料场里自己将要栖身的小屋四下里崩坏了时，便想："这屋如何过得一冬？待雪晴了，去城中唤个泥水匠来修理。"大难已经临头了，他却想安稳过冬。这说明林冲心中复仇的念头更淡漠了，委曲求全的思想又占了上风。后来，买酒途经山神庙时，还祈求"神明庇佑"。生命已危在旦夕，林冲却仍在幻想，这充分说明他还有随遇而安的思想。

（4）林冲由幻想安度刑期到奋起反抗斗争，这个思想性格的转变是怎样完成的？

教师备答：草料场起火，林冲在山神庙里听到了陆虞候等人的对话，知道了高俅指使人谋害自己的真相，这时，他才清醒地认识到，高俅一伙留给他的只有一条死路。这残酷的现实促使他觉醒，认清了反动统治者的狰狞面目。幻想彻底破灭了。与其坐以待毙，不如反抗斗争。于是，林冲毅然杀死了仇人，投奔梁山，走上了反抗统治者的道路。

（5）林冲性格的发展变化，所走的道路，对于我们认识当时的社会有什么意义？

教师备答：有两方面的意义，一是了解当时社会的黑暗、腐败，二是认识封建社会人民群众奋起反抗统治者的必然性。第一点，林冲本来是北宋京城八十万禁军的枪棒教头，有一定的社会地位，过着比较富裕安定的生活，这就决定了他的妥协性和软弱性，满足现状，缺少反抗精神。像林冲这样的人尚且无法维持安定生活，不能保障生命安全，那么，广大劳动人民生活之痛苦不是可想而知了吗？由此可以看出当时社会的黑暗，朝政的腐败。第二点，林冲性格的转变，关键是一个"逼"字。高俅一伙的步步紧逼，使林冲走投无路，终于走上了反抗斗争的道路。当时，封建统治阶级肆无忌惮地残害人民，使人民无法生活。为了活下去，人民群众才不得不起来反抗斗争，这就是"官逼民反"。《水浒传》的主题就是"逼上梁山"，而林冲所走的道路则是体现这个主题的典型例子，这使我们认识到封建社会被压迫者走上反抗道路的必然性。

2.教师总结。(教师板书要点)

林冲是《水浒传》里一个有代表性的人物，是一个由安于现状的小官吏最后被逼上梁山的典型。林冲出身于枪棒教师家庭，是当时颇有点名气的一个八十万禁军教头，有一定的社会地位，过着比较安定的生活。他的思想性格有以下几个特点：

(1) 安于现状，逆来顺受。

林冲被刺配沧州完全是高俅一手陷害所致，但林冲却说："我因恶了高太尉，……"并自认作"罪囚"怕"玷辱"了李小二夫妻，对"罪囚"的前程，他说："未知久后如何。"这时的林冲对高俅竟毫不痛恨，连口称他"太尉"，对高俅的狠毒完全没有认识与估计，不但委曲求全，而且充满幻想。到了草料场，见草屋已"四下里崩坏了"，就想等"雪晴了，去城中唤个泥水匠来修理"，可看出林冲逆来顺受、随遇而安的特点。

(2) 心地善良，侠义济困。

林冲在东京时曾"看顾"了李小二，在沧州服刑，还"把些银两"给李小二"做本钱"。可见林冲很善良。他对高俅认识不足，除了他有逆来顺受的特点外，也有心地过于善良的原因。

(3) 刚强、正直、性急。

李小二说他"是个性急的人，摸不着便要杀人放火"。林冲听说陆虞候前来害他，立刻大怒，说"休要撞着我，只教他骨肉为泥"并马上"去街上买把解腕尖刀，带在身上，前街后巷一地里去寻"。最后杀三个仇人时，他取出刀来搁在陆虞候的脸上，喝道："泼贼！我自来又和你无甚么冤仇，你如何这等害我！正是'杀人可恕，情理难容'！"看来林冲很看重"情理"，他的意思是，你陆虞候想杀害我，杀人的行为我是可以宽恕你的，但"情理"上，我是无论如何不能宽容你的。可看出林冲身上具有"正气"。

（4）做事细心。

林冲去打酒前，"将火炭盖了，……把草厅门拽上；……把两扇草场门反拽上锁了"，一件一件做得很有条理；打酒回来发现草厅倒了，"恐怕火盆内有火炭延烧起来，搬开破壁子，探半身入去摸"，这些都可看出林冲是做事仔细的人。

（六）赏析细节，思考作用

1.景物描写的作用。（学生讨论）

（1）课文题目是"林教头风雪山神庙"，"风雪"是故事发生的主要的自然环境，文章也着力在"风雪"上做景物描写。课文是怎样描写大风雪的？

教师备答：主要是从两方面描写：①直接描写风雪。直接描写风雪有三处：林冲初到草料场时，写风雪初起，如"正是严冬天气，彤云密布，朔风渐起，却早纷纷扬扬卷下一天大雪来"；林冲去市井沽酒时，写雪势正大，如"雪地里踏着碎琼乱玉，迤逦背着北风而行。那雪正下得紧"；离开酒店回草料场时，进一步写雪势之大，如"看那雪，到晚越下得紧了"。②用侧面描写衬托风雪。一是通过环境描写衬托风雪，例如写草屋，"又被朔风吹撼，摇振得动"，林冲沽酒回来，"那两间草厅已被雪压倒了"，写的是草屋，给人的印象却是风很猛，雪很大；二是通过人的动作、感觉衬托风雪，例如写林冲在草屋内"向了一回火，觉得身上寒冷"，到山神庙里，"先取下毡笠子，把身上雪都抖了"，上盖白布衫也"早有五分湿了"，因为风雪大，天气冷，所以吃酒时，林冲"把被扯来盖了半截下身"。总之，作者在描写人物的动作、感觉时，时时不忘风雪。

对风雪的直接描写和侧面衬托交替出现，景物描写和人物描写糅合在一起，使读者感到，林冲时时处于风雪交加的环境之中。

（2）关于风雪的描写有什么作用？

教师备答：主要作用有：一是为人物活动渲染气氛，二是推动情节发展，三是暗示情节的紧张和人物的命运，四是可以展示人物心理或性格。

第一点，烘托了林冲杀敌报仇，走上反抗道路的悲壮气氛。北风呼啸，大雪纷飞，草料场烈焰腾空。山神庙前，雪地上溅满鲜血。这时，林冲毅然决然地顺大路投东而去，奔上梁山，这是多么悲壮的情景啊！

第二点，情节的发展与风雪密不可分。因为风大雪紧，林冲想喝酒驱寒，才会在沽酒途中看到山神庙；因为风大雪紧，草屋被风吹雪压而倒塌，林冲才被迫到山神庙安身；为了挡风雪，林冲才用大石块靠住庙门；为了避风雪，陆虞候一伙才直奔庙里来；等等。描写风雪的笔墨虽不多，却是故事发展的重要因素。

第三点，风雪越来越大，林冲的境遇越来越紧张，坏人在一步一步给他设陷阱、加害他，所以风雪也暗示情节紧张和林冲的命运。

第四点，比如风雪可以展示出林冲的硬汉性格。

2.细节描写的作用。（学生讨论）

本文有哪些细节描写？这些细节描写有什么作用？

教师备答：开头细致地描写了陆虞候等人鬼鬼祟祟的言谈举止，暗示他们是在密谋害人的事，而且和林冲有关系。这些细节描写推动了故事情节的发展，引出了李小二给林冲报信，林冲寻敌复仇的情节。

细节描写对表现人物性格，推动情节发展，起着重要作用。

（七）布置作业

根据你对人物、环境、情节等各种小说要素的赏析与对主题的分析概括、了解掌握，综合运用小说创作技巧续写本文故事，凸显主题。

雪韵刀光燃激情

——《林教头风雪山神庙》课堂实录

一、导入——进入情境

师：同学们，上一课我们学习了小说《祝福》，初步掌握了鉴赏小说的方法。今天我们学习本单元的另一篇小说——

生：《林教头风雪山神庙》。

师：《水浒传》想必大家不陌生，而且第一次课标卷就考查了古代小说的鉴赏——《林冲见差拨》。可见，我们应重视小说阅读。下面我们来学习这篇课文。

（师板书课题：林教头风雪山神庙）

二、质疑问难——了解学情

师：课前老师布置了预习，让大家初读这篇小说并完成预习作业。下面老师整合了大家"质疑问难"的共性问题，展示如下，先来看看大家预习过程中相对集中存在的问题。

（师展示"质疑问难"部分）

1. 题目有哪些信息？

2. 怎样看待李小二这个人物？酒店起了什么作用？

3. 本文的伏笔、铺垫、悬念设置很有特点，有什么作用？

4. "风雪"在文中多次出现，有什么作用？

5. 文中有多处细节描写，"买酒""夜宿山神庙的动作"，陆谦等人的"闪"等，这些描写有什么作用？

6. 结尾林冲杀人的场面是否过于血腥？怎样看待他的行为？

7. 怎样看待叙事过程中插入的作者的评价？如"原来天理昭然……"

8. 怎样理解"闲话休提，只说正话"？

9. "这屋如何过得一冬？待雪晴了，去城中唤个泥水匠来修理。"这句话和在古庙前说"神明庇佑，改日来烧纸钱"，反映了林冲怎样的心理状态？

10. 陆谦、富安、差拨、管营他们有什么性格？分别与林冲有什么关系？

11. 情节往后是怎样发展的？

（师逐一解释、点评）

师： 第一个问题哪个同学回答一下？

生： 人物、环境、地点。

师： 正确。还有一点，就是暗含情节。结合第十回的回目来看，概括了情节内容。

第二个问题涉及分析人物形象及次要人物对塑造主要人物的作用，还有典型环境的作用。这两个是小说鉴赏的重点问题，留待后面具体解决。

第三个问题实际问的是情节结构的特点和作用。大家是否听过一个概念"草蛇灰线"？"草蛇"是说一条蛇从草丛穿过，不会留下脚印，但会留下一些不明显却仍存在的痕迹；"灰线"是指拿一条缝衣服的线在烧柴后的炉灰里拖一下留下的痕迹。现用"草蛇灰线"比喻事物留下隐约可寻的线索和迹象。在小说中就是指一些铺垫和呼应之处，这篇小说中有哪些地方是草蛇灰线？它们分别有什么特点和作用呢？鉴赏小说的时候我们来一一分析。

第四个问题其实是在问什么的作用？

生： 典型环境。

师： 对。这是小说三要素之一，是鉴赏重点。

第五个问题是问细节描写的作用。第六个问题是想探究人物形象，进而思考主题。

第七和第八个问题是有关文体知识的。《水浒传》的形成源自话本小说，话本是说书人说话的底本，有说书人说书的痕迹，比如"话说""花开两朵各表一枝""闲话休提，只说正话""欲知后事如何，且听下回分解"等。不但中国小说中有此现象，外国小说也有。莫泊桑的《项链》中有这样的一句话："人生真是无常，一件小事可以成全你，也可以败坏你。"这也是插入了作者的主观评价，对赏析小说有作用。这些问题提得很有价值。

第九个和第十个问题依然是鉴赏小说人物形象的问题。尤其是问到他们和林冲的关系，是将人物放到社会环境中来考查，通过对《祝福》的学习，我们知道对祥林嫂及其周围人际关系的解读可以探究主题。提问的同学有这样的思路很好，学以致用了。

第十一个问题涉及情节发展。有待于同学自己读原著去解决了。

（生笑）

师：通过看大家预习中存在的问题，我了解到大家对小说的基本情节和人物已经有所了解，开始进行深入思考和解读。所提问题有值得探究和思考的价值，其实都可以作为小说的鉴赏题了，我们自己在学习的过程中都学会了命题，语文能力得到了提高，真是值得肯定。下面我们走进这篇小说。

三、作者、作品——知人论世

师：这篇课文节选自《水浒传》的第九回《朱贵水亭施号箭，林冲雪夜上梁山》。林教头即林冲。我们做一个调查吧，读过《水浒传》的同学举手。

（一小部分生举手）

师：看过这部电视剧的同学举手。

（一部分生举手）

师：总共占了一半左右。那下面我们来了解一下《水浒传》的相关常识。

（略）

四、宏观把握，厘清故事脉络——鉴赏情节

师：我们了解了相关背景后，怎样开始鉴赏小说呢？概括情节要点，厘清情节发展的脉络不失为一个很好的思路。下面我们请同学来朗读课文，读准字音，读清断句，并尽量读出"味道"。其他同学边听边进一步理解情节。

（生读课文）

师：总体来说读得不错，大家听得也很投入。接着我们就按照小说情节的几个组成部分来对课文进行划分和概括。哪位同学可以说说？

（生沉默不答）

师：篇幅较长的文章有时可能不太容易一下厘清情节脉络，那我们就采

用概括每一段内容的方法来——理顺，然后再划分部分。我们先来看第1自然段。谁来说说写了什么？

生：林冲来到沧州，遇到了李小二，两个人诉说各自的遭遇。

师：很好。但可以概括得更简练些，比如：沧州遇旧。

（师板书：沧州遇旧）

师：哪位同学概括第2自然段的内容？

生：酒店密谋。

师：很好。善于学习，并学以致用，概括得既准确又简练。

（师板书：酒店密谋）

师：第3自然段呢？

生：小二生疑。

师：不错。

（师板书：小二生疑）

师：我们把第4自然段和第5自然段合起来概括。

生：得知真相，买刀寻敌。

师：买刀寻敌是重点。

（师板书：买刀寻敌）

师：第6、7自然段。

生：开始陷害。

师：没有错，读到这里虽然我们还不知道他们具体的计谋，但的确开始有所动作了。但开始陷害是怎样陷害的呢？我们应该概括更具体的情节。

生：接管草料场。

（师点头肯定，并板书：接管草料场）

师：好。那第8自然段和第9自然段呢？写了什么？

生：出门买酒。

（师板书：出门买酒）

师：很好。接下来看第10自然段。

生：压塌草屋。

师：对，草屋被压塌，之后呢？

生：林冲到山神庙住宿。

师：这才是重点。因为这样的概括才凸显了主要人物，并为后文的情节发展做铺垫。

（师板书：庙中借宿）

师：说说第11自然段的主要内容。

生：奸人说计。

师：奸人说计，真相大白。

（师板书：真相大白）

师：大家看最后一自然段。

生：杀死仇敌。

师：很好。

（师板书：杀死仇敌）

师：大家看，课文节选部分相对完整，下面结合我们刚才的概括，按照情节构成的六部分（即序幕、开端、发展、高潮、结局和尾声）来厘清情节发展的脉络。提示一个方法：可以先从高潮入手。因为小说的高潮是矛盾冲突最集中、最激烈，也最能凸显主题的部分。所以这个部分比较好找。找到之后再去推知其他部分就比较容易了。

生：全文可分为四个部分。第1自然段，写林冲沧州遇旧知，这是故事的开端。第2、3、4自然段，写陆虞候密谋害林冲，故事情节在发展。第5、6自然段，过渡。林冲买刀寻仇人不得，心下渐渐怠慢了。林冲接受了看管草料场的任务，与李小二作别。第7～16自然段，写林冲风雪夜山神庙复仇。这是全文的高潮和结局。节选部分没有序幕和尾声。

师：划分得很好。简言之，开端是林教头沧州遇旧知，发展是陆虞候密谋害林冲、林教头接管草料场，高潮和结局是风雪夜山神庙复仇。大家看，其实理情节并不难，只要把每个段落都读懂，先部分后整体，还是能做到的。

五、分析人物，探知主题——鉴赏人物，得出主题

师：同学们，厘清情节发展后，我们发现课文是围绕林冲展开故事的。那么林冲到底是一个什么样的人？其实这一课的鉴赏重点就是赏析人物形象。那老师先来和大家复习一下小说塑造人物形象的方法。我们可以从哪些角度来分析人物形象呢？

生：从对人物的肖像描写、语言描写、动作描写和心理描写等方面来分析。

师：对，对人物本身的描写是小说塑造人物形象的方法，我们当然可以从描写的角度来鉴赏人物形象。还有什么呢？

生：还可以从此人做了什么事来分析。

师：很好，其实就是可以从情节角度来分析。还有呢？

生：可以从环境角度来分析，比如《祝福》中通过对鲁四老爷书房描写的分析就可以知道鲁四老爷是个什么人。

师：知识迁移，活学活用，特别好。通过环境烘托人物形象是一种间接的方法，但也是人物鉴赏需要考虑的角度。再比如《荷花淀》中这段描写："月亮升起来，院子里凉爽得很，干净得很，白天破好的苇眉子潮润润的，正好编席。女人坐在小院当中，手指上缠绞着柔滑修长的苇眉子。苇眉子又薄又细，在她怀里跳跃着。"也有用环境烘托人物形象的作用。还有什么呢？

生：没了。

师：还可以从人物之间的关系来看人物的性格。由此看来，赏析小说的人物可以从直接和间接两方面来分析，具体方法我们之前分析过了。以上这些方法用在鉴赏任何小说都可以，下面我们就来分析林冲的形象。大家分组讨论，之后发言。

（生开始讨论，结束后开始逐一分析）

生：林冲很仗义。李小二偷了东西，林冲救了他，替他赔了钱，还给他盘缠。

师：用一个词来概括就是行侠仗义。

（师板书：行侠仗义）

生：林冲说："我是罪囚，恐怕玷辱你夫妻两个。"可见他考虑周全。

师：他再见故人，没有想着自己是他的恩人，反而更多想到的是自己罪囚的身份，可见他的纯朴善良。

（师板书：纯朴善良）

生：林冲看他两口恭敬孝顺就给他本钱，可见林冲感恩。

师：其实这里体现的是林冲的"义"。

生：林冲还有性格软弱的特点。明明是高太尉加害于他，他却说自己"恶了高太尉"，可见其软弱。

师：对，他对此事不气愤，不痛恨，反而像说别人的故事，可见他的性格软弱、逆来顺受、忍辱负重。

（师板书：性格软弱、逆来顺受、忍辱负重）

师：接下来看第2～5自然段，表现了林冲哪些性格特点？

生：林教头是个性急的人。

师：很好。用原词回答问题，准确。性急可见他不是真正意义的软弱，是有反抗意识的，但此时只是处于潜伏阶段。我们还可以继续往下看，当他知道是陆谦来了的时候，什么反应？

生（齐读）：那泼贱贼敢来这里害我！休要撞着我，只教他骨肉为泥！

生：疾恶如仇。

师：可以这样说。而且他还去买了把解腕尖刀，带在身上，去寻他。他本想过隐忍的生活，但当迫害来临，他蛰伏的反抗意识觉醒了。但是不是就此走上了反抗的道路呢？

生：没有。因为寻了几日，不见消耗，就自心下慢了。

师：很对。可见他此时的反抗并不坚决，得过且过，委曲求全。

（师板书：得过且过、委曲求全、反抗意识不坚决）

师：接下来的故事发展又表现了林冲什么样的性格特点呢？

生：当管营让他去接管草料场的时候，林冲明明已经知道管营和陆谦勾结，但还答应了，而且以"小人"自称，可见他软弱。

师：的确如此，是够没骨气的。

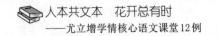
（生笑）

生：他和李小二告别时说"正不知何意"，他也怀疑了，可见处事谨慎。

（师点头认可并板书：处事谨慎）

生：他到了草料场，老军说把自己的东西借给他，他却说自己的东西老军可以拿了去。可见他大方侠义。

师：没有错。

（师板书：大方侠义）

生：他买酒回来，恐怕火盆内的火炭延烧起来，还搬开破壁子，探身去摸，可见他细心谨慎。

师：很好。而且这处描写还有一个作用，就是为下文做铺垫，暗示着火与林冲无关。

（生点头意会）

师：还有哪儿能表现他细心谨慎？

生：他离开草料场的时候依旧把门拽上，锁了。

生：到了古庙，他把门掩上，还用石头靠了门。

生：还有，他听到真相后怕惊动对方，轻轻把石头掇开，也是细心谨慎的表现。

师：大家说得都很好，这些都是典型之处。还有什么呢？

生：林冲对陆谦说"杀人可恕，情理难容"可见他正直。他还说两人自幼相交，可见他重情义。

师：补充得好。虽然此时在复仇，但还是看出了他的本性。

（师板书：正直、重情）

师：林冲还有什么性格特点我们没有找到的吗？

生：没有了。

师：其实还有几处很重要的。首先，当他到了草料场，看到屋子被风吹撼，摇振得动，还想着唤个泥水匠来修理屋子，可见他在做长远打算，欲安度刑期，随遇而安，复仇意识更淡薄了。

生：哦，对。

师：林冲去买酒，路过山神庙，还顶礼，让神明庇佑他，并且说"改日来烧纸钱"，反映了他随遇而安的心态。下面咱们来理一下林冲性格发展的过程。

他本来善良，本分，隐忍；在仇敌追到沧州后，在其逼迫下，反抗意识初步觉醒；但不见消耗后，就自心下慢，随遇而安了，打算安度刑期；后来仇敌设计，步步紧逼，他终于走上了杀敌复仇的道路。

我们再来补充一点林冲之前的经历，大家就会了解得更清楚了。林冲本是东京八十万禁军教头，生活安定，家庭幸福。但是高衙内看上了他的妻子，调戏他妻子，他想痛打对方，一看是高衙内，手松开了。之后他的好友陆谦设计引开林冲，让高衙内去林冲家，林冲知道后很生气。后来他误入白虎堂，被杖打刺配沧州。在野猪林仇敌买通押解之人想置他于死地。接着就是我们课文的节选部分，他到沧州后也是被步步紧逼，这才杀死仇敌走上了反抗的道路。

由此可见，对林冲变化起关键作用的是"逼"，是官逼民反。这也是我们课本选林冲这个人物的原因，他最能体现主题。

（师板书主题：逼）

师：我们分析并总结了林冲的性格，大家看，小说表现人物性格的方法是多样的，可以直接描写，可以间接描写，还可以用环境烘托。以后我们分析人物形象的时候可以综合运用。

六、分析环境描写——鉴赏典型环境

师：课文题目是"林教头风雪山神庙"，"风雪"是故事发生的主要的自然环境，文章也着力在"风雪"上做景物描写。课文是怎样描写大风雪的？大家来找找对风雪的描写，并分析描写的角度有何不同，有什么作用？

生："正是严冬天气，彤云密布，朔风渐起，却早纷纷扬扬卷下一天大雪来"，写林冲初到草料场时，风雪初起。

师：很好。这是一处典型的风雪描写。"一天"就是满天。写出了天冷、云密、风急、雪大。这是从什么角度来描写呢？

生（齐）：直接描写。

　　师：对。还有哪些地方是对风雪的描写呢？

　　生："仰面看那草屋时，四下里崩坏了，又被朔风吹撼，摇振得动"，写草厅，写出了风大寒冷。是直接描写。

　　师：通过写草屋来突出风大寒冷，是直接描写吗？

　　生（思考）：不是，应该是间接描写。

　　师：很好。我们找到了不同的描写角度。

　　（师板书：描写角度：直接描写和间接描写）

　　师：还有什么？

　　生："雪地里踏着碎琼乱玉，迤逦背着北风而行。那雪正下得紧"，写林冲去市井沽酒时，雪势正大。是直接描写。

　　师：正确。"背着北风"说明风大。一个"紧"字，可见雪下得急且大。好，继续。

　　生："看那雪，到晚越下得紧了"，写林冲离开酒店回草料场时，进一步写雪势之大。也是直接描写。

　　师：对。虽然此处貌似很不起眼的一处描写，但用词很富有表现力，比如"紧"字。还有什么？

　　生：林冲沽酒回来，"那两间草厅已被雪压倒了"，写的是草屋，给人的印象却是风很猛，雪很大。"火盆内火种都被雪水浸灭了"也可见雪大。

　　师：通过写草屋、火种来表现雪大，这是什么描写？

　　生（齐）：是间接描写。

　　师：对。还有哪些地方？大家继续找。

　　生：第8自然段写林冲到了草料场后，在草屋内"向了一回火，觉得身上寒冷"，可见风雪大、天气冷。

　　师：这是什么角度呢？

　　生：通过人的动作、感觉衬托风雪，应该是间接描写。

　　师：正确。刚才我们分析间接描写是通过环境描写衬托风雪，此处是通过人的动作、感觉衬托风雪，依然是间接描写。

　　（师板书：间接描写——通过环境衬托，通过人的动作、感觉衬托）

师：谁还找到了其他事例？

生：林冲到山神庙里，"先取下毡笠子，把身上雪都抖了"，上盖白布衫也"早有五分湿了"。说明雪很大。而且因为风雪大，天气冷，所以吃酒时，林冲"把被扯来盖了半截下身"。这也是通过人的动作、感觉衬托风雪，也是间接描写。

师：很好。总之，作者在描写人物的动作、感觉时，时时不忘风雪。对风雪的直接描写和侧面衬托交替出现，景物描写和人物描写糅合在一起，使读者感到，林冲时时处于风雪交加的环境之中。那么大家来进一步思考，对风雪的描写有什么作用？

生：交代了时间、背景。

师：对。也交代了地点——沧州。

（师板书：交代时间、地点、背景）

师：还有什么？

生：渲染氛围。

师：没错。漫天风雪为人物的悲剧命运展开营造了氛围，与人物的悲情构成照应。如果背景不是风雪而是花红柳绿则不协调，即便换成秋风萧瑟也不够味。北风呼啸，大雪纷飞，草料场烈焰腾空。山神庙前，雪地上溅满鲜血。这时，林冲毅然决然地顺大路投东而去，奔上梁山，这是多么悲壮的情景啊！但这个作用和故事情节发展方面的作用是一个角度吗？

生：不是。

师：所以再思考在情节发展方面的作用该怎样概括呢？

生：推动情节发展。

师：对。而且还可以暗示情节的紧张和人物的命运。

（师板书：推动情节发展，暗示情节的紧张和人物的命运）

师：那我们先来具体分析怎样推动情节发展了。因为风急雪大，林冲觉得冷，所以去买酒，在买酒的路上看到了山神庙。因为风急雪大，沽酒回来发现草厅被压塌了，因此得找栖身之所，于是去了山神庙。大家继续说。

生：因为风急雪大，所以林冲在山神庙里面用大石头堵住了门。也是因为风急雪大，所以陆虞候一行人在放火之后想在山神庙躲雪，但没推开门，所以在庙檐下立地看火，说出真相，被林冲听了个满耳，于是杀死仇敌走上梁山。

师：非常好。这就是景物描写推动情节发展的作用。接下来思考风雪又是怎样暗示情节的紧张和人物的命运呢？

生：风雪越来越大，林冲的境遇越来越紧张，坏人在一步一步给他设陷阱、加害他，所以风雪也暗示情节紧张和林冲的命运。

师：很好。其实简言之，正因为雪越来越大，才有了后面的故事。描写风雪的笔墨虽不多，却是故事发展的重要因素。除了这个作用之外，大家还能想到什么？

（生摇头）

师：还可以展示人物心理或性格。比如风雪可以展示出林冲的硬汉性格。

生（点头）：对。

（师板书：展示人物心理或性格）

师：我们再延伸拓展一下，结合你读过的其他作品去思考你见过的景物描写还有什么作用？比如《药》开头的景物描写。

生：暗示社会背景。开头写了秋天后半夜的肃杀其实也暗示了中国辛亥革命后的黑暗的社会现实。

师：不错。

（师板书：暗示社会背景）

师：再比如《药》最后部分对坟的描写，将其比作富人家祝寿的馒头，其实也暗示了贫富不均的现实。此外还有什么作用呢？大家可以结合《祝福》结尾部分的景物描写来思考。

生：深化主题。

师：很好。

（师板书：深化主题）

师：由此可见，小说的景物描写，即自然环境描写，有以上这些作用。

当我们去答题的时候，要紧扣小说的文本特征，从以上几个角度来思考、做答。大家掌握之后就可以进行知识的迁移了。下面我们再来看看细节描写。这个知识点我们学过，再来复习一下。细节描写是指抓住生活中的细微而又具体的典型情节，加以生动细致的描绘，它具体渗透在对人物、景物或场面描写之中。细节，指人物、景物、事件等表现对象的富有特色的细枝末节。它是小说、记叙文情节的基本构成单位。大家看看文中有没有细节描写？

生：开篇部分写陆虞候他们来到李小二的酒店，描写他们进来的动作时，用了一个"闪"字，说明他们鬼鬼祟祟，不光明正大。暗示他们是在密谋害人的事，而且和林冲有关系。

师：找得很典型，这是动作的细节描写。还有吗？

生：林冲要去沽酒来吃，离开草料场时，"将火炭盖了……把两扇草场门反拽上锁了"。草厅被雪压倒后，林冲"恐怕火盆内有火炭延烧起来"，便"探半身入去摸时，火盆内火种都被雪水浸灭了"，这才"把门拽上，锁了"，到山神庙里去安身。这些细节描写，一方面表现了林冲安分守己、办事谨慎的性格，另一方面也告诉读者，草料场起火的原因并不是因为林冲疏忽，使情节发展合情合理。

师：很好。不仅找到了细节，还从人物性格和情节角度去赏析，分析得很到位。还有吗？

生：林冲进了山神庙，"入得庙门，再把门掩上。旁边止有一块大石头，拨将过来靠了门"。这个细节描写为下文"用手推门，却被石头靠住了"埋下伏笔，陆虞候等人只好站在庙外边看火边说话，林冲躲在庙内听得一清二楚，知道了事情的真相，完成了性格上的重大转变。

师：对。这是一个极其重要的细节。如果不用石头靠门，就不会有后面的情节发展了。继续说。

生：关于刀枪武器不离身的细节描写。林冲离开天王堂时、到市井买酒时、奔山神庙安身时，都有关于随身携带尖刀、花枪的细节描写，最后，才有"挺着花枪"冲出门去杀死仇人的情节。这个细节描写，既符合林冲禁军教头的身份，表现他细心、谨慎的性格特点，又使故事情节天衣无缝。

师：特别好。综观全文去寻找前后照应的细节，思路很开阔。而且对相关作用的分析也很准确。还有吗？

生：没有了。

师：还有一处也很巧妙典型。关于方向位置的细节描写。关于方向位置，文章交代得很清楚：沧州城东15里有草料场，草料场东三二里有市井，草料场和市井中间有一座山神庙。林冲买酒、到山神庙，都是往东走。发生在同一时间的陆虞候等到草料场来放火陷害林冲是由草料场西面而来，这样双方就不可能在路上相遇了。看似无关紧要的细节，却至关重要，使情节发展入情入理。总之，细节描写对表现人物性格，推动情节发展，起着重要作用。通过几节课的学习，我们更加深入地理解和掌握了小说鉴赏的技巧，希望大家学以致用，以后在分析鉴赏小说的时候能将这些技巧加以运用和思考，以求对小说有更深入的解读，也更能读出小说的妙处。下课。

琴音繁复赴高潮

——《林教头风雪山神庙》教学反思

这是一节小说鉴赏课，也是贯彻并体现我的"'学情核心'阅读教学课堂模式"的一节常态课。"学情核心"就是让学生充分预习，有所思考，带着问题来听课。这种教学模式讲究"以学定教""先学后教"，将学生学习的积极性和主动性提到了重要的位置，以解决学生的问题为主要目的，力争让每个学生都学有所得。以往大部分语文课的预习停留在读课文、疏通字词上，而我的预习作业的布置能引导学生怎样去预习，怎样做好"先学"。同时，对教师而言，预习作业的批改是重点，特别是"质疑问难"，是重中之重。

《林教头风雪山神庙》是《水浒传》中最精彩的回目之一。林冲这个典型形象具体地向我们展示了在封建统治者一逼、再逼、逼得无路可走的情况下，终于由逆来顺受、委曲求全到拔刀而起怒杀仇敌，走向反抗的道路。在主题表现上，林冲的遭遇极富典型性；而且在情节设置、人物形象塑造、景物描写等方面，本文也极具小说鉴赏价值，可谓"琴音繁复"。因此怎样让学生走进小说、体会小说各要素的妙处，并通过学习本文让学生产生阅读古典名著的欲望、培养其赏析古典名著的能力，是我教学时想达到的目标，即通过本课的学习奔赴小说鉴赏的"高潮"。

带领学生充分走进小说，上一节典型的小说示范课是最佳的途径。

这节小说鉴赏课我计划三课时完成，课堂预设包括把握预习情况、介绍作家作品、梳理情节结构、分析人物形象和赏析景物细节。每一个环节我都以学情为核心，以预习作业的质疑问难为中心，向课堂要质量，既让学生读出小说的"趣"，也尽量品味其"味"，从而基本掌握鉴赏中国古典小说的方法。从课堂生成看，基本达到了预期的要求和效果。

预习情况的总结与反馈是本课开展的前提。学情是推动教学的核心，所以我先收集并整理学生预习作业中的典型问题，把握学生对小说的文体、情节、人物、环境以及主题的疑问，这样才能在后面的教学中有的放矢地加以引导，才能让学生真正解决问题，学有所得。因此在授课伊始，我先展示学生预习作业中的问题，对其进行简单分析、点评、归类，之后带着学生的问题和他们一起走进小说，去感受小说的魅力。

学习小说，首先应厘清情节结构。一般来说，学生爱读小说，也是更多地被小说的情节吸引。但"看热闹"未必能"真懂行"。学生理解小说的情节不是难事，但分析概括小说的情节还是有一定难度的。所以我采取了"一一击破"的办法，让他们一段一段地去概括主要内容，当对每一部分内容都有所了解后，再按照小说的六个组成部分——序幕、开端、发展、高潮、结局和尾声去给各个情节做归纳总结。在这个过程中，我依然遵循学情核心，以学生的发现、概括为主，教师的启发引导为辅。在师生共同努力下，学生扎实地掌握了梳理情节的方法和技巧，更夯实了小说鉴赏的基础。

分析人物形象永远是小说的鉴赏重点。基于之前已经进行过小说的鉴赏，学生们对小说人物形象的分析具有了一定的经验，掌握了小说塑造人物形象的方法，能通过寻找直接描写和间接描写来分析人物形象，于是我采用了以学生讨论和发言为主，教师引导和帮助为辅的教学思路和方法。先由学生分组讨论，之后小组发言，教师点评。在此环节中，教师在学生发言后的点评显得尤为重要，既要肯定学生分析的亮点，也要及时指出不足及理解失之偏颇的地方，并加以纠正。这个环节与以往传统的教学模式相比，学生的自由度更大一些，学生表达自己的理解也更多一些，而且对教师的要求也更高了。教师只有充分备课、积极思考，方能及时了解学生对问题的看法正确与否，因此才能做出正确的即时点评。这节课使学生真正走近了林冲，了解了林冲的为人和性格特点。

赏析景物描写和细节描写也是小说的鉴赏重点，但从学情来看，鉴赏的难度相对较大，一是因为平时接触得少；二是缺少相关的技巧，鉴赏能力不足。但学生的问题究竟在哪里？哪些地方是他们平时积累过比较容易分析出来的，哪些地方是他们积累不够不擅长分析的，也只有通过学生的发言和反馈，教师才能更充分地了解和掌握，所以课堂教学依旧采用以学情为核心的教学模式，采用合作探究的形式，先让学生最大限度地讨论，之后发言，教师有效引导。学生讨论很热烈，发言时既谈出了讨论的成果，也呈现出了问题。我尊重学生发现的权利，也和他们积极探讨，将自己对教材的个性化解读展示给他们，从而引导他们深入思考。这个知识点学生掌握得有限，尤其对其作用的分析，只知其表不知其里，只知其一不知其二，所以我适时地引入其他小说，通过举例分析，让学生对此问题有更深入的思考，也增加了积累，而且对小说的理解更深入了，收到了良好的教学效果。

小说是中国古典文学的瑰宝。琴音繁复，高潮更妙。读懂小说，品出其味，方得其妙。这次小说鉴赏课对于学生来说，在小说赏析能力方面有了质的飞跃和提升。我想通过这堂课达到的教学目标已完成，学生对小说鉴赏也会产生更深切的体会。

实实在在教书，深深浅浅读文

——评尤立增老师《林教头风雪山神庙》小说阅读示范课

河北省平泉市第一中学　丁丽洁

特级教师肖培东老师曾说："我不是最优秀的，但我在激发最优秀的；我不是最出色的，但我在努力走向最出色的；浅浅的，拨开繁杂的草丛，找到最亮丽的一株种成语文的大树。"学习尤立增老师执教的《林教头风雪山神庙》，我的脑海中突然就想到了这一句。尤老师和肖老师何其相似，明明已经"华山论剑"，笑傲语文的江湖了，偏要把自己谦卑成学问的"低峰"。这些优秀语文人身上的"实实在在"，恰是我们要不断追求的"本本分分"。尤老师这节看似简单实则丰盈的小说阅读课，不仅有精妙的课堂构思，绵密的语文逻辑，而且有扎扎实实的阅读推进，老老实实的文本细读，真真实实的素养培养，让所有听课的教师都受益匪浅。

一、固本浚源泉，葳蕤嘉树繁

长期以来语文课堂教学的现状是关注知识灌输的课堂教学多，关注学生能力培养的自我发现、自我发展的课堂教学则比较稀缺，有些教师即使也在强调《课程标准》中的核心素养，也没有真正地把学生的"学之困惑"放在首位，相当一部分教师把学生变成了知识的"收纳器"，把课堂变成了自我认知的跑马场。而尤老师的课堂则恰恰相反，他实实在在地教小说，带着学生浅浅深深地读文本。助长但不拔苗，相信学生、倾听学生、尊重学生、引导学生，不吝时间，细细读、慢慢品，不是外在知识的灌输，而是以静水深流的方式让学生参透文本的困惑点，并形成一种真正的小说阅读能力，这就是"尤式"课堂最大的魅力！

二、不愤必不启，有悱励自发

对于语文教学来说，"我要知道"要远比"要我知道"更加重要，也更加有效。简言之，"学生希望我讲什么"直接决定了语文学科价值的高低，所以，教学发生之前学生通过自学的"始得"与"始惑"是阅读教学中最有教学价值的"生长点"。而尤老师正是利用好了这些生长点。

在上课之前，尤老师先采取了学生自学、完成预习作业的形式让学生充分预习课文，并对学生的"预习作业"中"质疑问难"的内容加以整合，记下学生提出的共性问题，在课堂上加以展示，以供学生思考、讨论。例如整合"质疑问难"的经典共性问题：

（1）怎样看待李小二这个人物？酒店起了什么作用？（情节、环境）（2）本文的伏笔、铺垫、悬念设置很有特点，有什么作用？（情节、结构）（3）"风雪"在文中多次出现，有什么作用？（环境描写）（4）文中有多处细节描写，"买酒""夜宿山神庙的动作"，陆谦等人的"闪"等，这些描写有什么作用？（细节）（5）结尾林冲杀人的场面是否过于血腥？怎样看待他的行为？（主旨、人物形象）（6）怎样看待叙事过程中插入的作者的评价……

这种"以学定教""先学后教"的教学方法，将学生学习的积极性和主动性提到了重要的位置，以解决学生的问题为主要目的，力争让每个学生都学有所得。新课标下的课堂，教师要智慧地做课堂的"引导者"，学生的素养才会喷薄而出。新课标关注学生的学习兴趣和实践，提倡课堂教学以学生为主体，教师设计的教学方案建立在对学情的准确把握上，然后思考如何激发兴趣、如何指导自学、如何组织探究、如何生成个性认知……最后形成教学方案，引导学生去语文课程的天地里快意驰骋。

三、简约即丰盈，绿竹亦降龙

"书要教得好，也要全力以赴，不能随便。"余光中先生如是说。而有人说：教学过程就是学生的一种特殊的生活过程，这个过程单一了，学生就单一了，这个过程丰富了，学生发展也就丰富了。很多教师把这种丰富理解为旁征博引，以文解文，结果造成了主次不分，用力过猛。尤老师的这堂课，为我们诠释这样朴素的教学真理：语文课，应该回归语文教学的本真，贴着文本行走。例如在分析《林教头风雪山神庙》的情节结构时，面对学生的困惑，尤老师有如下精彩的教学片段：

师：篇幅较长的文章有时可能不太容易一下厘清情节脉络，那我们就采用概括每一段内容的方法来一一理顺，然后再划分部分。我们先来看第1自然段。谁来说说写了什么？

生：林冲来到沧州，遇到了李小二，两个人诉说各自的遭遇。

师：很好。但可以概括得更简练些，比如：沧州遇旧。

……

师：大家看，课文节选部分相对完整，下面结合我们刚才的概括，按照情节构成的六部分（即序幕、开端、发展、高潮、结局和尾声）来厘清情节发展的脉络。提示一个方法：可以先从高潮入手。因为小说的高潮是矛盾冲突最集中、最激烈，也最能凸显主题的部分。所以这个部分比较好找。找到之后再去推知其他部分就比较容易了。

生：全文可分为四个部分。第1自然段，写林冲沧州遇旧知，这是故事的开端。第2、3、4自然段，写陆虞候密谋害林冲，故事情节在发展。第5、6自然段，过渡。林冲买刀寻仇人不得，心下渐渐怠慢了。林冲接受了看管草料场的任务，与李小二作别。第7～16自然段，写林冲风雪夜山神庙复仇。这是全文的高潮和结局。节选部分没有序幕和尾声。

读书只有给学生一把思维的钥匙，引领他们把自己带进文本，去亲历、去探寻，才能与文本亲密接触，血肉相融，才能使学生达到"曲径通幽""豁然开朗"的境界。在这个教学片段中，尤老师以他的智慧按照阅读的基本规律引领学生学会归纳，学会概括。在教师四两拨千斤的引领之下，学生通过文本细读，激活了自己的阅读灵感，形成了自己的阅读方法。

四、开合皆有度，筑牢语文根

观尤老师的课，一个最深的感触就是朴素、真实、简约。当下热热闹闹的语文生本课堂，要么漫无边际，要么眼花缭乱，要么深不可测，恰恰丢掉的就是语文的本色。小说是中国古典文学的瑰宝。琴音繁复，高潮更妙。读懂小说，品出其味，方得其妙。因此怎样让学生走进小说、体会小说各要素的妙处，并通过学习本文让学生产生阅读古典名著的欲望、培养其赏析古典名著的能力，是尤老师教学时想达到的目标，我们看到在尤老师化繁为简、化难为易、深入浅出的语文训练中，学生在小说赏析能力方面已经有了质的飞跃和提升，他们已经驶向了语文的瑰丽桃源。

我们来欣赏一下尤老师的另一个精彩的教学片段：

师： 我们再延伸拓展一下，结合你读过的其他作品去思考你见过的景物描写还有什么作用？比如《药》开头的景物描写。

生： 暗示社会背景。开头写了秋天后半夜的肃杀，其实也暗示了中国辛亥革命后的黑暗的社会现实。

师： 不错。

（师板书：暗示社会背景）

师： 再比如《药》最后部分对坟的描写，将其比作富人家祝寿的馒头，其实也暗示了贫富不均的现实。此外还有什么作用呢？大家可以结合《祝福》结尾部分的景物描写来思考。

生： 深化主题。

师： 很好。

（师板书：深化主题）

师： 由此可见，小说的景物描写，即自然环境描写，有以上这些作用。当我们去答题的时候，要紧扣小说的文本特征，从以上几个角度来思考。大家掌握之后就可以进行知识的迁移了。

最好的课，一定是以学生为中心的，对于学生的学习而言，由一篇到一类、由一点到一面的迁移尤为重要。重思维、重方法、重发展，尤老师牢牢守住语文的根基，不摇不晃、不偏不离，在语文课堂上做着最基本的语文训练，不矫揉造作，不作秀炫技，学情至上，他有了课堂上的挥洒自如；文本特质之上，他才可以游刃有余。

尤老师的课，亦如尤老师的人：尤其用力，立竿见影，日增月盛。由课窥人，人课合一。

雪韵刀光燃激情，琴音繁复赴高潮。尤老师用他的智慧与从容成就了

《林教头风雪山神庙》这样水乳交融、熨帖沉静的课堂，让我们沉醉，促我们反思。

（丁丽洁，河北省平泉市第一中学教师。河北省模范教师，承德市教学能手、学科带头人，承德市优秀教师、承德名师、承德市教书育人楷模，承德市市管优秀专家。多篇论文发表于《语文教学通讯》《中华少年》《散文百家》《中国教师报》。）

课例 12

抚今追昔在笔端

——《阿房宫赋》教学欣赏

（高中语文必修下册第 16 课）

教学设计

铺排扬厉的士子情怀

——《阿房宫赋》教学设计

一、教学理念

　　杜牧的《阿房宫赋》在艺术形象方面有很高的审美价值，与诗歌相比，实用性更强，有鲜明的意旨，叙述乃至议论的成分比较多，理性色彩较强。

同时作为一篇优秀的散文作品又能够避免枯燥的说理，而是以生动鲜明的形象吸引读者，把阿房宫描绘得出神入化、气势恢宏，而灰飞烟灭的遭遇又是如何"一炬"而已，整体上给了一代代读者挥之不去的感染力与审美余韵。

"以古为鉴，可以知兴替"，总结历史的兴亡教训可以补察为政的得失。针对唐敬宗继位后广造宫室，天怒人怨的现实，杜牧作《阿房宫赋》以讽时刺世，他在《上知己文章启》中说："宝历（唐敬宗年号）大起宫室，广声色，故作《阿房宫赋》。"（《樊川文集》卷十六）可见这是借秦警唐之作，目的在于通过写阿房宫事总结亡秦教训，使唐敬宗李湛引为鉴戒：统治者横征暴敛，荒淫无度，其结果只能是民怨沸腾，国亡族灭。

本单元第16课的两篇文章都是借古鉴今、针砭时弊的名篇。六国为秦所灭，秦历二世而亡，这段历史历来备受关注，无论是杜牧作于晚唐的《阿房宫赋》还是苏洵写于北宋的《六国论》，都应体会灌注其中的感情和气势，深味家国天下的士子情怀，反思历史的现实针对性，深刻领会活着的拥有蓬勃生命力的文言文名篇。

二、教学目标

1. 梳理文意，熟读成诵，解决文言知识点问题和体会赋的美感。

2. 鉴赏铺叙、夸张、渲染的赋体特征。

3. 体会文章借古讽今的深意所在，领会作者观点及其现实针对性。

三、教学过程

（一）导入——故人新见

我们应该非常熟悉杜牧这位出身名门、才华横溢的晚唐诗人，他的《泊秦淮》《过华清宫》脍炙人口，传唱千古。诗中明写商女与贵妃，暗写上层统治者、一众达官显贵的纸醉金迷、庸碌迟钝，他们在唐代走向衰败的路程上起着推波助澜的作用而不自知，这是一件多么让人憾恨的事情。而今天的这篇《阿房宫赋》是一篇散文，它又是怎样表达杜牧观点的呢？

这一部分以学生追忆、教师追问为主要方式，旨在唤醒学生固有的知识记忆，温故而知新，串联已学知识与未学知识，巩固联系思维，传递由点到面的学习方法。

（二）质疑问难，理解文意

1.学情总括。

（1）字词层面问题总结。

① "绿云"何意？

② "辘辘远听，杳不知其所之也"何意，其中"杳"具体怎么解释？

③ "有不见者，三十六年"，为什么？

④ "一旦不能有，输来其间"何意？

⑤ " 人之心，千万人之心也，秦爱纷奢，人亦念其家"如何理解？

（2）理解层面的问题。

① "蜀山兀，阿房出"，阿房宫建成了，为何蜀山光秃了？

② 第一段描写阿房宫 "覆压三百余里，隔离天日"是什么样子？

③ "歌台暖响，春光融融；舞殿冷袖，风雨凄凄"，为何阿房宫里面冷暖不同？

④ 第二段说到 "妃嫔媵嫱"，写这些女子有什么作用？

⑤ 为什么 "宫车过"的声音那么大，像 "雷霆乍惊"一般？

2.文意理解。

（1）杜牧主张： "凡为文以意为主，以气为辅，以辞彩章句为之兵卫"，他强调思想内容的重要性，认为形式要为内容服务。这篇课文写了哪些内容？作者的用意是什么？

教师备答：细读全文，不难看出作者旨在总结秦王朝灭亡的历史教训。第一段铺陈阿房宫的宏伟壮丽。第二段叙写宫中美女之众、珍宝之多。第三段夹叙夹议，点明：正是秦王朝的统治者骄奢淫逸，滥用民力，致使农民起义，一举亡秦。第四段转入议论，进一步指出：六国衰亡，秦朝覆灭，其根本原因都在于统治者不能爱民。篇末四句言简意赅，暗寓讽谏之意，含蓄地告诫后人，如不以历史为鉴，还会重蹈覆辙。

由此可见，总结秦王朝灭亡的历史教训，用以警诫 "后人"是全文主旨。联系杜牧自己在《上知己文章启》中所说的 "宝历（唐敬宗的年号）大起宫室，广声色，故作《阿房宫赋》"可以看出这 "后人"指的应是当时最高统治者。

（2）课文是从哪几个方面来极力描写阿房宫的？这样描写对表达中心思想有什么作用？

教师备答：课文从三个方面来描写阿房宫：一写阿房宫建筑之奇，二写阿房宫美女之众，三写阿房宫珍宝之多。写建筑，课文先展开广阔而高峻之全貌，进而细绘宫中楼、廊、檐、长桥复道、歌台舞殿之奇；写美女，述其来历，状其梳洗，言其美貌，诉其哀怨，绘声绘色，倍加渲染；写珍宝，既写六国剽掠，倚叠如山，又写秦人弃掷，视若瓦砾。这些描写用墨如泼，淋漓兴会，极尽铺陈夸张之能事，充分体现了赋体的特色。然而铺陈阿房宫规模大、宫室多、美女众、珍宝富并非作者作赋的目的。透过楼台殿阁、脂粉金玉这一画面，作者旨在说明秦统治者之奢侈腐化已到了无以复加的地步。而为维持这种奢侈生活所进行的横征暴敛，正是导致秦王朝覆亡的根本原因。《古文观止》的篇末总评说："前幅极写阿房之瑰丽，不是羡慕其奢华，正以见骄横敛怨之至，而民不堪命也，便伏有不爱六国之人意在。"可见，文章前面所进行的动人描绘乃是为后面的正义宏论张本，为篇末归结秦灭亡的历史教训、讽喻现实，提供了坚实的基础。

（3）作者描写阿房宫建筑的宏伟壮丽，仅用了一百多字，却给读者以鲜明的印象。作者是从哪几个角度来描写阿房宫的建筑的？为什么会有巨大的艺术感染力？

教师备答：这一部分作者用的是总写和细写相结合的写法。

总写部分，作者泼墨写意，粗笔勾勒。"覆压三百余里"，言其占地之广，"隔离天日"，状其楼阁之高；"骊山"两句，写其依山傍水，气势非凡。

细写部分，作者工笔重彩，精描细绘。先写重楼叠阁、长廊高檐，不计其数；再以长桥如龙、复道似虹映衬宫宇之宏伟、楼阁之高大。上面所述，写的还只是建筑之外观。接着，作者的笔触，又深入建筑内部。歌台舞殿是互文的写法，台既可舞，殿亦可歌，意谓宫内处处皆是轻歌曼舞。"一日之内，一宫之间，而气候不齐"，则承"暖响""冷袖"两句，进一步从人们的主观感受写宫内歌舞盛况。这几句，既是以歌舞之纷繁衬托宫殿之众多，又为下文美女充盈宫室预做铺垫。

这一节中，作者由远及近、由外及里逐一介绍了阿房宫之奇观。叙述中时有前后照应之妙笔。如写楼阁"各抱地势"就与前文"骊山北构而西折，直走咸阳"这一广阔背景相连。叙述中时有贴切生动之比喻，如"长桥卧波""复道行空"，用笔经济，形象生动。叙述中也间有动态描写，如写"二川"，写歌舞，状声摹形，引人入胜。再加上大量对偶排比句式的运用，致使文句音节铿锵，兼有音韵之美。因此，寥寥一百几十个字，阿房宫之丰姿盛态就显现于读者眼前。

（4）在第二段中"明星荧荧"等四句话用了哪些修辞手法？这样写的好处在哪里？

教师备答："明星荧荧，开妆镜也"，是倒置式的暗喻。"明星荧荧"是比喻句的喻体，"开妆镜也"是本体。以璀璨晶亮的明星来比喻纷纷打开的妆镜，既贴切又形象。将喻体置放在前，先予以人鲜明的画面，令人惊奇，再出现本体，解释原因，读者印象更为强烈。"绿云扰扰，梳晓鬟也"，与上一句的表达方式相仿。第三句说丢弃脂水竟使渭流涨腻，用的是夸张手法，极言梳洗美女之多。第四句写焚烧椒兰竟至烟斜雾横也是夸张，效用同第三句一样。四句字数相等，句句押韵，加之新鲜的比喻，巧妙的夸张，读来使人有眼花缭乱、目不暇接之感。作者正是借助于开镜、梳头、弃脂水、焚椒兰这些生活细节形象地写出了宫中美女之多、宫室之广。写宫室，是承接上文；写美女，则是开启下文。所以，作者紧接着便是写美女望幸。这一层都是写美人，但是从美人的生活遭际也可以看到秦始皇的荒淫无度。汉代大赋不少作品铺张扬厉，堆砌辞藻。杜牧则发挥了赋的长处，着意铺陈夸张，但所有的铺叙又都为后文的议论张本，为表现主题思想服务。从这一节对美人的描写可见一斑。

（5）作者写《阿房宫赋》，是为了总结秦王朝灭亡的历史教训，讽喻朝政，但为什么写阿房宫被焚，却说"楚人一炬，可怜焦土"？这里作者流露了怎样的思想感情？

教师备答：现代文中的"可怜"是"值得怜悯"的意思，但在文言中除解释"值得怜悯"外，还有可爱、可惜的意思。这里的"可怜"解释为"可惜"。作者用这二字，使无穷感慨充溢字里行间。一度威震四海的秦王朝在农民起义的冲击下土崩瓦解，迅速灭亡；覆压三百余里的阿房宫，也在一场烈火之中化为灰烬。秦朝速亡的史实说明，不能爱民，难图久安。但是，当时的唐朝统治者无视历史教训，沉湎声色，又大起宫室，身居积薪之上，仍以为安。历史兴亡，激荡胸中；目睹现实，感慨万端。神奇瑰丽之阿房宫付之一炬令人可惜，显赫一时的秦王朝毁于一旦令人可叹，前事不忘，后事之师，不意今人又在步秦人之后尘，唐王朝的命运不也令人忧虑吗？"楚人一炬，可怜焦土"，作者的不安与忧愤溢于言表。辞赋不同于论文，许多地方并不直说，读时需细加玩味，方能体会作者的用心。

（6）文章语言精练，而含意丰富。不妨带领学生鉴赏一二。

教师备答：本文起笔就不同凡响。《古文观止》编者的评语是："起四语，只十二字，便将始皇统一以后纵心溢志写尽，真突兀可喜。"开头两句，写六国覆灭，由秦一统天下。形似泛泛叙事，实则为下文伏脉："六王"为何会"毕"？"四海"为何能"一"？一亡一兴，关键何在？读完全篇，就知道作者正是由此开始总结历史教训的。后两句，说伐尽蜀山林木，才将阿房宫建造而成，言建造工程之规模浩大，蕴含着更为深广的社会内容。李白有诗云："蜀道之难，难于上青天。"砍伐蜀山之木，运往关中，要耗多少人力物力，需经多少艰难险阻，作者没有细说，但读者自可想见。而要建成如此奇伟之宫室，伐木运木只是一项工程。统一天下不久，即如此滥用民力，势必酿成严重后果，于此作者已有暗示。"纵心溢志""骄奢淫逸"，正是取祸之由。起首四句，不仅气魄宏大，且含意深广，耐人寻味。从语言上看，两两对偶，各个押韵（全押仄声韵），音调急促有力，确系"突兀可喜"。

文中言简意深之处并不少见。又如第二段写秦人挥金如土，用"鼎铛玉石，金块珠砾"八字，构成四个比喻。一面是挥霍无度，另一面必定是搜刮不已。此处铺叙也为下文生发议论奠定基础。作者锤字炼句皆有所指，这些地方宜深入体会，认真学习。

（7）杜牧写这篇赋，既然是为了总结秦王朝灭亡的历史教训，借以讽谏时弊，为何开头要从六国覆灭下笔？

教师备答：作者讽谏时弊，以秦王朝灭亡为借鉴；写秦朝覆灭，又以六国衰亡为铺垫。六国何以会灭？赋中说道："灭六国者，六国也，非秦也……使六国各爱其人，则足以拒秦。"可见，六国灭亡，是不能爱民的结果。从何看出六国之不爱民呢？"燕赵之收藏，韩魏之经营，齐楚之精英，几世几年，剽掠其人，倚叠如山。"秦之珍宝，来自六国；六国之珍宝取自百姓，统治者为满足奢华生活之需要，对百姓肆意搜刮，锱铢不留。"六王"因不爱民而"毕"其统治；秦如吸取教训，"复爱六国之人"，那就不致迅速灭亡。然而"蜀山兀，阿房出"，秦王朝由此又走上了六国灭亡的老路。开头十二个字，既在广阔的历史背景上引出阿房宫的修建，又起到了笼盖全篇、暗示主题的作用。

3.学生预习作业显示的个性化问题。

（1）"蜀山兀，阿房出"，阿房宫建成了，为何蜀山光秃了？

教师备答：参见前面（6）的解说，极言建造阿房宫巨大的人力、物力、财力的消耗，虽只六字，含意无穷，画面无穷。（结合四川与陕西的地理位置以及李白的《蜀道难》来分析）

（2）第一段描写阿房宫"覆压三百余里，隔离天日"是什么样子？

教师备答：这两句概括地写出阿房宫的规模之大、占地之广、楼阁之高。

（3）"歌台暖响，春光融融；舞殿冷袖，风雨凄凄"，为何阿房宫里面冷暖不同？

教师备答：对这几句话的理解历来众说纷纭。一般可以理解为氛围说，"临台而歌，则响为之暖，如春光之融合""舞罢闲散，则袖为之冷，如风雨之凄凉"，此处的"暖"即热闹，"冷"即凄凉，是氛围与人的感觉的综合。一则可以写出阿房宫到处都是轻歌曼舞，从而写明秦统治者生活的"纷奢"；

二则可以写出阿房宫占地之广，此处歌，彼处舞，歌台暖，舞殿冷，一个阿房宫，多处歌舞升平；三则可以写出阿房宫中美女之众。歌台暖，舞殿冷，都不是一人，几人可以为之，必定是歌女舞姬人数众多的结果。从而这句话承接第一段的写建筑之奇，自然转入第二段写美女之众，在结构上也起到了承上启下的作用。

（4）第二段说到"妃嫔媵嫱"，写这些女子有什么作用？

教师备答：由第一段写建筑之奇，转入第二段写美女之众，首先这是"六国之人"，秦灭六国之后，继续实行移民措施，将六国美女王族迁徙，并且带来了他们从六国民众那里搜刮的珍宝珠玉等大量财富。美女众多，而且每日里梳妆打扮、焚香而待，望眼欲穿"而望幸焉"，这从侧面透射出秦统治者生活的淫靡；他们携来的"倚叠如山"的财富最后也都"弃掷逦迤"，自己挥霍无度，"秦人视之，亦不甚惜"，可见统治者生活的纷奢。写这些女子的生活方式恰好间接揭示了六国灭亡的原因以及秦步六国后尘的态势，为后文深入分析挖掘秦灭亡的原因做了厚实的铺垫，使最后的劝诫呼告水到渠成。

（5）为什么"宫车过"的声音那么大，像"雷霆乍惊"一般？

教师备答：这个问题在学情准备阶段只考虑了比喻、夸张的修辞。如学生在课堂上问出来，可让学生即时进行探讨交流，课堂可能会呈现以下说法：一是宫车载重大，声音响；二是宫车数量多，连绵不断；三是宫人们等待宫车，心理期待值高，导致宫车路过时听起来声音很大，而且是突然的。从这个角度"雷霆乍惊"也写出了"妃嫔媵嫱"的翘首以待，也就间接写出了秦统治者的荒淫奢靡生活。

本阶段采用学生质疑问难、思考互答、合作讨论，教师点拨解疑的方式进行，课堂呈现预设应该是学生自主性强、互动性强，课堂思维动态持续，需要教师备用丰富全面，点拨到位。

（三）梳理结构，明晰思路

1.学生活动。

在梳理文意、质疑问难、释疑解难的基础上，引领学生归纳整理文章思路结构，体会杜牧行文的构思之美。

学生自主划分层次，结合预习作业的预习成果，渗透课堂互动的学习成果，两方面加以综合归纳，整理出本篇文章的思维图示。

2.教师备用。

分析：全文四段可分为两大部分。

第一部分（第一、二段）由外到内，由楼阁建筑到人物活动，铺叙阿房宫建筑宏伟、豪华，极写宫中生活荒淫、奢靡。

第一段：铺叙阿房宫建筑宏伟、豪华。

一层（段首前十二字）两句偶句，交代建宫背后的巨大耗资。

二层（"覆压三百余里"……"直走咸阳"）写阿房宫之宏伟规模。

三层（"二川溶溶"……"不知西东"）渲染阿房宫内的宏伟、豪华、奇丽、壮观。

四层（"歌台暖响"……"气候不齐"）写宫中人物的活动，从而凸显阿房宫中生活的享乐。

第二段：铺叙统治者生活的荒淫、奢靡。

一层（前六句）写出供玩乐的宫人的来源。

二层（"明星荧荧"……"三十六年"）由宫人生活状态极写统治者生活荒淫、奢靡。

三层（余下各句）从珠宝陈设写荒淫生活，揭示抢掠行径。

第二部分（第三、四段）议论分析，指出"秦爱纷奢"、不恤民力自然会导致灭亡的命运，规劝唐敬宗李湛勿蹈秦王朝之覆辙。

第三段：指出秦必亡之命运。

一层（"嗟乎"……"用之如泥沙"）指斥秦统治者只图私利不顾民情，横征暴敛、挥霍无度的罪行。

二层（"使负栋之柱"……"不敢言而敢怒"）痛斥秦始皇纵欲纷奢，以致众叛亲离。

三层（余下各句）简练概括地写出了秦始皇无道，导致农民起义、宫殿被焚，走上自取灭亡的道路的后果。

第四段：讽谏唐王李湛勿蹈秦始皇覆辙。

一层（从开头到"谁得而族灭也"）引历史教训，指出六国和秦灭亡的原因。

二层（余下各句）讽谏唐王朝勿悲剧重演。

（四）鉴赏探究

1.教师引导鉴赏。

《阿房宫赋》是一篇赋，铺排描写，夸张扬厉，气脉中贯，具有震撼人心的感染力。请学生以个体思考辅以小组讨论的形式交流鉴赏，体会本文铺叙、夸张、渲染的"赋"体特征。

2.学生交流。

个体思考辅以小组讨论。

3.鉴赏预设成果。

（1）鉴赏第一段对阿房宫建筑之奇的铺排描写。

从概述到细描，尤其是对楼阁密集、走廊、屋檐、长桥、复道等的描摹，对偶、夸张、比喻、反问等修辞手法的使用，活画出阿房宫的依山傍水、鳞次栉比，建筑设计精妙无比。

可以细致鉴赏某几句，例如"廊腰缦回，檐牙高啄"，比喻细腻地勾勒描绘出走廊的萦绕曲折，屋檐高高翘起的状貌，画面感十足。"长桥卧波，未云何龙？复道行空，不霁何虹"，比喻的修辞描摹出桥梁复道的设计精良，其"行空"的高度又扣合"隔离天日"；反问的修辞又写出意外惊叹的感觉，仿若一个步行于阿房宫中之人的突然发现，在这美轮美奂的建筑物面前，情不自禁怀疑何来天上的飞龙和彩虹，可以想见长桥复道的巧夺天工之美。

（2）鉴赏第二段对阿房宫美女财富的铺排描写。

从宫中美女众多的来处，写到她们繁华奢侈的生活，从梳妆打扮到焚香望幸，有等待三十六年之人，就有享乐三十六年之人，明写美女之众、之美、之等待，暗写秦统治者之奢靡、之挥霍、之享乐无度。

可以细致鉴赏几处，例如"明星荧荧……杳不知其所之也"，先使用倒置式暗喻，误以为明亮星星在闪烁其实是什么呢，却是美女们打开了各自的梳妆镜，可见镜子的明亮、美女之众多。这种喻体前置的句式，给人以貌似突兀的观感，在惊异之余恍然大悟，不禁喟叹不已。后面五句都是先把现象摆出来，然后再告诉你个中缘由，在宫车声音渐行渐远之中，宫中女子们的岁月容颜也渐行渐远，三十六年，就在等待被宠幸和挥霍钱财中老去了，不禁使人唏嘘慨叹不已，既慨叹女子们不由自主的命运，又愤恨统治者繁华奢靡的生活。此处句式一致，铺排开来，有一种一气呵成的气势，从满怀希望梳妆到无望的等待，转瞬即逝，形成了一个个人生的动态连载图，读来顿生感慨与反思。

（3）鉴赏第三段对秦统治者纷奢生活的控诉。

从"奈何取之尽锱铢，用之如泥沙"之后一连使用六句对比，形成不间断的控诉气势，势如破竹，一针见血。从内容上，作者用阿房宫的建筑材料、纵情享乐的生活对比耕田的农夫、织布的工女、粮仓的粮食、百姓的衣着、国土中的城镇、市场上的言语，凸显了阿房宫的建筑满足了统治者穷奢极欲的享乐愿望，却侵夺了人民的正常生活，直接影响了百姓的衣食住行，从而顺理成章地得出"使天下之人，不敢言而敢怒"的结果。

这一组对比排比不仅从形式上无与伦比地展现了作者灌注其中的感情与气势，而且从内容上体现了作者关注民生、家国、天下的士子情怀；不仅读起来气势非凡，而且引人深思、余味无穷。

（4）对全文详略安排的鉴赏。

文章起笔十二个字，用极致浓缩的笔墨写出六国覆灭、秦朝统一的过程和阿房宫的建成，言简义丰。秦朝统一非一朝一夕之功，阿房宫建成也不是一时一日之效。而作者用如此简省的笔墨，与后文写秦统一阿房宫建成以后六国之人与秦统治者的"纷奢"生活的用墨如泼形成鲜明对比：无论统一多么艰难，宫殿建成多大耗费，然而得来不容易的成果在人们手里就如此穷奢极欲，挥霍如草芥。文笔极简与极繁的对比，让人深思其中蕴含着巨大的危机。

文章中间部分写建筑之奇、美女之众都运用繁笔，而秦朝灭亡却用笔极简，"戍卒叫，函谷举，楚人一炬，可怜焦土"，十四个字不仅秦朝灭亡了，阿房宫也化为了灰烬。前后的详略安排，让人不由得思考秦朝速亡的原因，可以说前面有多么穷奢极欲，后面就有多么不堪一击，用一句流行的话说，就是"不作死就不会死"。

《阿房宫赋》的用笔详略构思精巧、含意深远，值得反复阅读与玩味。

4.教师引导探究。

中华典籍浩如烟海，在如此浩渺无边的文化典籍里面被选入教材的一定是凤毛麟角，那么，这些文章为什么胜出？所谓"胜出必有所长"，我想，最重要的在于文言文的活的蓬勃无穷的生命力，也就是说，虽然是文言文，却穿越千古，历久弥新。

《阿房宫赋》有哪些让你觉得可以连接今天的思考或启发，它的现实针对性在哪里呢？

5.学生交流。

6.探究预设成果。

① 克勤克俭，力戒奢华。由阿房宫的巨大耗费、宫中人纸醉金迷的生活可知。

② 爱国爱民，方可长久。六国不爱民，六国亡；秦朝不爱民，秦朝亡；假若唐朝不以史为鉴，难免不会重蹈覆辙。

③ 以史为鉴，可知兴替。秦朝就是因为不吸取六国破亡的教训，方在繁华盛世为自己掘了墓。杜牧写《阿房宫赋》的原因就是想让唐敬宗以史为鉴，从六国与秦朝灭亡的历史教训里看清方向，从实际行动出发为国家博得长治久安。

④ 用汗水浇灌的财富人们才会珍惜。"几世几年，剽掠其人，倚叠如山"的财富，六国之人来到秦朝，顷刻之间挥霍净尽，"秦人视之，亦不甚惜"。搜刮民脂民膏得来的财富太过容易，没有任何心血与努力在其中，即使多么宝贵的珠玉珍宝，在他们心里仍旧不值一钱。

抚今追昔在笔端

——《阿房宫赋》课堂实录

一、导入——故人新见

师：杜牧是老朋友了，同学们说说你们所知道的杜牧吧。

生：名门之后。

师：对，先祖是东晋大将杜预，祖父是宰相杜佑，也是《通典》的作者。

生：他和李商隐合称"小李杜"。

师：对。

生：学《扬州慢》的时候，"杜郎俊赏，算而今，重到须惊。纵豆蔻词工，青楼梦好，难赋深情"，姜夔好像化用了杜牧的诗句。

师：什么诗句啊？

生：想不起来了。

师：谁记得啊？

生：娉娉袅袅十三余，豆蔻梢头二月初。

师：还有一句吧？

生：十年一觉扬州梦，赢得青楼薄幸名。

师：非常棒。

生：老师，杜牧和杜甫是不是亲戚？

师：他们都是京兆杜氏，都是东晋大将杜预之后代，不过不同支。杜甫的祖父是初唐的杜审言，也有诗歌传世。

生：老师，我们学过他的《泊秦淮》。

师：好，大家一起来背一遍吧。

生（齐）：烟笼寒水月笼沙，夜泊秦淮近酒家。商女不知亡国恨，隔江犹唱后庭花。

生：还知道他的《过华清宫（其一）》。

师：好，来一遍。

生（齐）：长安回望绣成堆，山顶千门次第开。一骑红尘妃子笑，无人知是荔枝来。

生：初中还学过杜牧的《赤壁》。

师：好，温故而知新。

生（齐）：折戟沉沙铁未销，自将磨洗认前朝。东风不与周郎便，铜雀春深锁二乔。

师：看来杜牧很喜欢写怀古诗啊，能够从历史典籍的思考中传递自己的情怀。还能够想起什么来吗？

生：老师，我不知道了。

师：我知道杜牧还有一首很著名的《题乌江亭》——胜败兵家事不期，包羞忍耻是男儿。江东子弟多才俊，卷土重来未可知。

生：哦，确实听过，很熟悉呢。

师：是啊，关于项羽自刎乌江，历来论说不断，李清照就有"生当作人杰，死亦为鬼雄。至今思项羽，不肯过江东"的诗句。历史已成定局，但后人却未有定论，大家要不断思考，不断汲取智慧，不断在历史中提升自我。其实今天我们要学这一篇《阿房宫赋》又何尝不是如此呢？好，同学们看一下课下注释①，大体了解一下杜牧，也就知道了这篇《阿房宫赋》的写作缘由。

（生默读课下注释①的内容）

二、质疑问难，理解文意

师：文章是一篇赋，先理解后鉴赏，同学们在预习基础上朗诵课文，一边读，一边梳理文意。

（生朗读课文）

师：注意三读：读准字音，读清句读，初步读出情感。践行四动：动眼、动嘴、动脑、动手。

（生读课文中）

师：好了，梳理文意过程中出现的问题，大家反馈一下。

生：老师，第一段的"气候不齐"，我想知道这里的"气候"是什么意思，和在现代汉语中一样吗？

师：大家觉得呢？

生：老师，我觉得不一样，咱们现在的"气候"是好长一段时间天气变化的规律总结，而这里说的是"一日之内，一宫之间，而气候不齐"，我认为一天时间的冷暖在现代汉语中不能叫"气候"。

师：同学们，他说的有道理吗？

生：有。

师：大家注意一下，他怎么解决这个问题的呢？首先他了解现代汉语"气候"的含义，然后他把这个含义放在原文语境中去体会，发现并不符合是吧？

生：是的。

师：所以，字不离词，词不离句，句不离段，段不离篇，无论何时，意义解读都离不开它所在的语境。那么"气候"在这里到底怎么解释啊？

生：天气冷暖。

师：可以。还有其他问题吗？

生：老师，"绿云"是什么意思？课下没有注释。

师：比喻女子乌黑光亮的秀发。

生：老师，"绿云"怎么能是头发呢？想不明白。

师：在中国古诗词中，还出现过"绿鬓""绿娥"这样的字眼，"绿鬓"就是指乌黑的鬓发，"绿娥"是指女子的眉毛，以黛染画，眉呈微绿抹痕。黛是一种青黑色的颜料，青色也指黑色，例如"青丝"就指的是"黑发"。从科学上讲，绿色、青色有着某种关联，青色的颜色范围比较大，概念比较模糊，类似于黑色，例如"司马青衫"，唐代官吏衣服颜色鲜亮的例如紫、红、绿，品级比较高，当时白居易被贬江州司马，品级比较低，穿的衣服颜色较深，接近黑色，也用了"青"，而"绿"到极致有类青色。而用"云"形容头发的状态，凸显头发浓密柔软，有一种温软绵密的感觉。"绿云"就常用作形容女儿乌黑浓密的头发，除了杜牧《阿房宫赋》以外，还有韦庄的"绿云倾，金枕腻"，陆游的"梦破南楼，绿云堆一枕"，李之仪的"绿云低拢，红潮微上，画幕梅寒初透"等。

生：老师，"杳不知其所之也"中的"杳"是什么意思？

师：这个嘛，同学们能不能给它组个词？

生：杳无音信。

师：好，那可以通过词汇与语境揣测一下，也可以查一下字典，看看什么意思。（这时候有生查字典，师稍等片刻）查到了吗？

生：老师，我查到了。

师：何意，读来听听。

生：深远没有尽头的意思。

师：好，放到"杳不知其所之也""杳无音信"的语境里面OK吗？

生：OK。

师：好，这个问题就解决了。

生：老师，"锱铢"如何理解？

师：同学们有查到的吗？

生：老师，我查了，旧制"锱"为一两的四分之一，"铢"为一两的二十四分之一，比喻极其微小的数量。

师：为你点赞，自己动手，丰衣足食。能够靠自己解决的问题，自己动手、动嘴、动脑去解决，那么你一定也会记忆更深刻。咱们都要向他学习哦。

生：为什么是蜀山秃了，阿房宫盖好了，不是使用秦地山上的树木吗？

师：哦，就是为什么是四川的山秃了呢？有谁想过这个问题？

生：估计秦地山上的木材不够吧。

生：覆压三百余里，那么大的规模，需要多少木材啊？

师：也就是说，这句话极写出了阿房宫建筑耗费之巨，要不辞劳苦，从四川运送木材，最后才把阿房宫修建好。我们都学过李白的《蜀道难》，"蜀道之难，难于上青天"，从那么艰险的蜀道把木材运到骊山，这么一想，这耗费的不仅仅是木材，更有大量的人力、物力和财力啊。

生：明白了。

师：来，还有什么问题？

生：老师，我们想不出来这阿房宫是个什么样子的？什么是"覆压三百余里，隔离天日"？

师：好，我们首先来直译一下这句话。谁来翻译一下？

生：覆盖了三百多里的土地，遮蔽了天日。

师：好，这里面写出了阿房宫的什么样子呢？

生：占地广。

生：建筑高。

师：好，想象力是一种极有个性的能力，每个人都不同，但是这里写出了阿房宫的两个特征，一个是占地面积非常广，一个是宫殿楼阁非常高。依据这两个特征，就随你去想喽。

（生笑）

师：还有文意理解的问题吗？

生：老师，我不太明白"歌台暖响，春光融融；舞殿冷袖，风雨凄凄"什么意思。

师：好，先直译一下句子，课下有注解吧，来，大家都读一读。

生：（读注释）"歌台暖响，春光融融"意思是说，人们在台上唱歌，歌声响起，好像充满着暖意，如同春光那样和暖。

生：（读注释）"舞殿冷袖，风雨凄凄"意思是说，人们在殿中跳舞，舞袖飘拂，好像带来寒气，如同风雨交加那样凄冷。

师：好，读明白了吗？

生：唱歌为啥热？跳舞为啥冷？

生：我觉得这是一种氛围，一种感觉，不一定就真的是温度上的差异。

生：人多吧？

（生开始七嘴八舌说开来）

师（笑）：唱歌人多，一人一口气，也是暖气，跳舞人多，一人一阵风，也是冷风，对吗？

生：有道理。

生：我觉得还写出阿房宫的大，一堆人在唱歌，一堆人在跳舞，不知道隔得有多远，冷暖都不同。

生：我觉得还写出他们纵情享乐，又是唱歌又是跳舞的。

师：同学们都很有想法，那么，人多、地广、享乐这都写出了什么呢？

生：生活奢靡。

师：无论唱歌还是跳舞，都是享乐的生活，这么多人，甚至影响了气温和气候，极写出了阿房宫里面宫廷生活的奢靡。

生：老师，这一段不是在写阿房宫的建筑吗，这里怎么写上人多了？

师：是啊，我也正有此一问呢。大家是怎么考虑的呢？

生：最后秦朝灭亡主要还是因为人啊，建筑也是人盖的啊。

生：老师，我觉得是从第一段到第二段的过渡，从写建筑到写人了。

师：有道理，盛衰之事，虽曰天命，岂非人事哉？

（生点头）

师：还有其他问题吗？

生：老师，"辘辘远听，杳不知其所之也"整体是什么意思呢？

师："辘辘远听"课下有注释，"杳"上木下日，本指太阳落在树木下，天色已昏暗。这里指的是深远没有尽头，也就是远得听不到声音了，有成语"杳无音信"。这个刚才咱们已经查过字典了。"所之"所字结构，到达的地方。连起来就是，车声越来越远，远得不知道它到哪里去了。

生：老师，为什么"宫车过"的声音那么大，像"雷霆乍惊"一般？

师：是呢，怎么声音这么大，同学们有什么想法？

生：我觉得是夸张。

生：有道理。

生：是不是车太重，载重量大，声音就大，会不会车里都是金银珠宝？

（生大笑）

生：后面不是正好写的是金银珠宝的挥霍吗？

师：同学们活跃程度就是接受美学谈到的文本的第二次生命啊。还有其他想法吗？

生：会不会宫车多，一连串过去，所以声音大？

生：老师，我还是觉得跟人的心理有关。那些涂脂抹粉、焚香而待的女子望穿秋水，就等着被宠幸，发生一点动静都在她们内心掀起轩然大波，这宫车重也罢、轻也罢、多也罢、少也罢，只要经过，对于她们都是"雷霆"一般的大事。而这些无所事事、一生被养在阿房宫中的女人恰恰就是秦统治者"纷奢"生活的最好注解。

（众生为他鼓掌，经久不息）

师：老师在课堂上听闻这样的理解和表达，简直是为人师者最大的骄傲和自豪，而同学们的掌声就是最棒的鉴别力。同学们还有要问的问题吗？

生：老师，什么叫作"有不见者，三十六年"？

师：这里是夸张的写法，因为秦始皇执掌政权总共达36年，其中秦国政权25年，秦朝政权11年，但这里极写那些渴望得到君王宠爱的女子一生未得亲见君王容颜，但她们依然被养在阿房宫里面，也就写出了帝王宫廷生活的奢靡。

生：老师，什么叫作"一旦不能有，输来其间"？

师："一旦"就是一天早晨，这里是说六国为秦所灭，某一天早晨，六国的王族就不得已把自己几世几年积累的财富全部带到了秦王的宫殿。

生：老师，怎么理解"一人之心，千万人之心也"？

师：这是说人都有同理心，一个人的心，和千千万万人的心是一样的。人们都顾念自己的家，珍惜自己的财富，也都想要过更好的生活，所以说"秦爱纷奢，人亦念其家"。秦王朝喜爱奢侈的生活，人们也都顾念自己的家啊，即使不能像王族那样享受极其丰富的物质财富，也都想要过上好日子啊，从而引出后面的"奈何取之尽锱铢，用之如泥沙"这句议论。人同此心，心同此理，为什么对别人搜刮唯恐不尽，而自己就可以挥霍无度呢？在文意理解上，还有其他问题吗？

生：老师，第二段为什么用那么多笔墨写那些妃子啊？

师：啊，这是为什么呢？

生：还是写人多呗，第一段的"歌台暖响，春光融融；舞殿冷袖，风雨凄凄"也达到了这个效果。

生：秦后宫这么多女人，这不是奢侈淫靡是什么？

师：对，由第一段写建筑到第二段写人事，秦后宫无数青春韶华的女子是一个很有力的笔墨，从这些女子每天梳妆打扮、焚香期盼君王恩宠来写秦宫廷生活的奢侈淫靡，这种穷奢极欲不只表现在阿房宫的修建上，更表现在阿房宫建好了用来干什么上，而这些涂脂抹粉、翘首以盼的"妃嫔媵嫱"就是见证。这方面，刚才同学们在谈"雷霆乍惊，宫车过也"的句意时也涉及了。

师：文意上，还有问题吗？

生：好像没有了。

师：好。同学们再读课文，这次重点放在传情达意层面，力图读出自己的理解，也读出赋体文的文脉与气势来。

（生自由读课文）

三、交流讨论，鉴赏分析

师：好，在疏通文意、达成理解的基础上，才可以谈鉴赏。大家读《阿房宫赋》这千古名篇，有哪些感觉精妙之处，不妨拿出来一起聊一聊。"独学而无友，则孤陋而寡闻"，思想上的交流，人有己也有，是一个很好的学习机会，下面大家分小组讨论一下本文中你们认为值得赏鉴的地方。

（生讨论）

师：各个小组总结归纳一下你们的结论，选好发言人。下面我们开始由说到听，由小聊到大聊，集思广益，交流共赏。

生：（高高地举手）老师，我们组先说。

师：他们想占得先机啊。

生：（也举手致意）老师，我们组，我们组。

（其他组纷纷表态）

师：好吧，我们总得有先后，谁先谁后也总得有规矩，刚才大家举手的

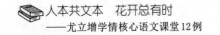

顺序我都记下了，咱们就按照大家举手的顺序来说吧，好吗？

生（齐）：好。

师：好的，那咱们就开始吧。

生：老师，我们组想谈的是这篇文章的"借古讽今"的手法。

师：很好。

生：如果忽略课文注释①，全文共四段，从秦王朝阿房宫的建筑到宫人到珠宝，最后到"楚人一炬，可怜焦土"，一直读到第三段结束，我们也并未了解作者的写作意图，直到读到最后一段，谈到了秦王朝灭亡的原因，指出并不是天下人亡了秦，而是秦自己亡了自己，这时候我们才模糊地明白了作者对于唐王朝统治者不要大兴土木、大肆挥霍、蓄养宫人等的劝诫之意。作者仍然不够放心，最后一句话"秦人不暇自哀，而后人哀之；后人哀之而不鉴之，亦使后人而复哀后人也"，唐人就是秦的后人，如果唐人连哀伤都没有，未免太愚钝了，更可怕的是如果唐人为秦王朝的灭亡而哀伤却没有付诸行动，那么就可能把自己的悲剧留给唐以后的人来哀伤了。我们组认为这句话说得意味深长，余韵无穷。这样"借古讽今"，就是以史为鉴，可以知兴替，用历史事实来教育当政者，确凿有力，发人深省。

（生鼓掌）

师：他们组的确准备充分，角度明确，分析恳切，扣合文本，不愧于大家的掌声啊！

（生再次鼓掌）

师：谢谢你们组的每一个人。好，我们继续。

生：老师，我们组想鉴赏一下这篇文章的排比修辞。

师：非常好，请说。

生：本文是一篇赋，具有铺陈、夸张、渲染的赋体特征。文章中比较集中的排比有两处，一处是第二段写宫中女子如何梳妆打扮等待恩宠，另一处是第三段控诉秦王朝统治者的生活多么奢靡挥霍无度。

师：非常好。

生：这两处排比都有夸张色彩，第一处极写宫人之多，用"明星"与

"绿云"来形容宫人梳妆镜的明亮和宫人头发的浓密、发髻的高耸。洗去脂粉的水和宫中的焚香使渭水涨了一层油腻，也使空气中烟雾横斜。宫人不仅多，而且都在期待着君王的宠爱，这样的侧面描写不需要秦始皇出场，已经完全勾勒出了骄纵奢华的君王生活，因为这就是他的后宫啊。（生笑）第二处排比写秦爱纷奢挥霍无度，在排比中融入了对比，每一句都是秦始皇在阿房宫中的拥有与普通老百姓形成对比，阿房宫中的柱子比农夫多，椽子比女工多，钉子比粮食多，瓦缝比老百姓的衣服多，栏杆比城郭多，甚至音乐嘈杂声比市场上人们的言语都多。一个是享受，一个是活着，这种鲜明的对比，而且形成了排比，一起读来，有一种让人心生悲愤不得不发的感觉，于是文本顺理成章就写到了百姓敢怒而不敢言，一朝反抗，王朝覆灭。这第二处排比我们组觉得写法特别有气势，彰显了赋的美。

师：小组的发言人都很厉害啊，不愧是集体智慧的结晶。（生鼓掌）

生：老师，我们组想说一说这篇文章的句式。

师：好的，请说。

生：这篇文章的句式呈现了整散结合、多样化的特点。按说，一般我们想到赋就是四六文，就是排比、对偶、铺陈，而这篇文章既有赋的铺陈效果，又有散文的灵活的效果。下面，我们组说几个例子，第一就是开篇三个字，四句话，"六王毕，四海一，蜀山兀，阿房出"这十二个字一读，就有非常的浓缩效果，把时代兴替和阿房宫的建造浓缩在十二个字之内，简洁蕴藉，让人顿生感慨。第二就是文章第四段的说理，完全采用散文的形式，在前面三段大量铺陈的前提下，这一段顺理成章地开始语重心长。议论不是抒情，那种谆谆话语其实不太适合用排比铺陈的方式喷薄而出了，而是用散文形式开始了娓娓道来。我们组认为最后一段的句式采用散句恰合文章在这里进行议论警醒世人的目的，用得恰到好处。

师：是啊，文章的形式是为内容和精神服务的，不能为形所役，为了作赋而去作赋，为了排比而去排比，这就好像朱光潜先生在《咬文嚼字》中所说的一样，追求的是语言表达与思想感情的契合。达到了这种契合就是好的表达，没有达到即使语言多么华美也是徒有其表的表达。

师：其他小组还有想要发言的吗？

生：老师，我们小组想要说说第一段关于阿房宫的描写。

师：好，请你们组的代表发言吧。

生：我们组认为第一段对于阿房宫的描写非常值得鉴赏。先总括性描写，突出其规模和气势，然后具体描摹，写了它建筑的密集、楼阁的蜿蜒、长桥复道的凌空而起，这就是建筑的巧夺天工。当我们读到这些的时候，是为阿房宫叹为观止的，但第一段描写得越是宏伟壮观、巧夺天工，后面的"楚人一炬，可怜焦土"就越让人扼腕叹息，心痛不已。就如同我们的圆明园，那留下的残骸越是彰显了原来的伟岸不凡，后人看起来越是不堪回首。这阿房宫的建筑如此神奇，却如此泯灭了，这个表达效果在感情上就是让读者深思和猛醒的，所以，我们组认为第一段对于阿房宫的描写非常成功，成功不仅在于他文字的构架、表达的流畅、句式的多样，更在于它为中心情感的表达蓄势。

师：太棒了，在理解和共同鉴赏的前提下，老师愿意成为你们的听众，这是一件超有成就感的事情。他们小组站在全篇赏鉴的基础上看局部，有全局意识，更有鉴赏精神，说得非常有道理。是啊，文字美固然惹人艳羡，文字背后承载的更让人深思。大家看看还有想要表达的吗？

生：老师，我们组想谈一谈文章结构的首尾圆合之美。

师：好，请开始你们组的陈述。

生：按道理讲，文章以阿房宫作为载体来反思秦王朝覆灭的教训，以警示唐王朝，文章写秦就好了，可是这篇文章却是从六国破灭开始写起的，首句就是"六王毕，四海一"，文章末段也是从六国开始议论起的，"呜呼！灭六国者六国也，非秦也"。我们组一开始只觉得从六国破灭开始写起，又从六国破亡的原因说起，体现了一种首尾呼应的圆合，但又有点想不通为啥从六国开始说到六国，不是《阿房宫赋》吗？后来在讨论中我们组发现不是这么简单，六国是因不爱其人灭亡的，而秦朝是步六国后尘灭亡的，如果唐朝不吸取教训，就是步他们的后尘，这才是后人哀后人的悲剧原因之所在。所以，从六国写到秦再到警示唐，这是一个历史的链条，如果用现在的一句话说就是不忘初心，方得始终。

（生鼓掌）

师： 你们组的总结语太厉害了啊，一句话跨越千年。还有发言的小组吗？

生： （相互看）暂时没有了。

师： 那好，如果同学们课后还有什么发现，我们就把想法作为课堂延伸写在练笔里。我们由诗入文，从形象性描写的角度去体会，本篇阿房宫的形象给了我们震撼，如此震撼的形象随后又给了我们深思，在如此深思里，我们的认识与思考渐行渐远，文章也意味悠长起来。

四、深入探究，连接古今

师： 中华典籍浩如烟海，编者在纷繁的文学长廊里选中了这一篇并且还要求全文背诵，同学们想没想过为什么呀？

生： 文学性强，词句优美。

生： 不只啊，文质兼美，文以载道啊。

生： 就是，不仅文辞优美、文脉贯通，而且情感真挚，渗透着浓郁的家国情怀，内蕴深厚。

师： 是呢，单单文辞美，不足以流传千古，更重要的是内在的思想和情怀。那么，这篇文章对我们今天都有哪些现实的启发呢？同学们不妨说说自己读到的那些连接古今的好东西。

生： 用《谏太宗十思疏》的话说就是居安思危，戒奢以俭。"六王毕，四海一"以后，秦统治者建造阿房宫耗费巨大，而且生活纸醉金迷、极度挥霍，"秦爱纷奢"导致了它的速亡。我们今天依然要谨记这一点，无论何时都要保持警惕性，无论个人还是国家，都不能因为奢侈糜烂而自我毁灭。

生： 我也同意这一点，我们国家现在国力有了质的飞跃，不是过去积贫积弱的时代了，中国成为世界第二大经济体，疫情更加彰显了我们国家的优越性和凝聚力。但是我们不能忘记"落后就要挨打"的历史教训，更不能开始铺张浪费。

生： 是的，我们国家现在也算有点钱了，但是主要还是要看国家把钱花在哪里。大家看，我们现在都是免费打疫苗，但疫苗并不是无成本的，只是国家没有向个人收费，而是国家财政担负了，这就是盛世的代表现象，而不是像《阿房宫赋》里写的那样国家搜刮百姓"尽锱铢"又"用之如泥沙"了。

师：同学们说得太好了，我都有点激动了，生逢其时啊！还有哪些有现实针对性的地方吗？

生：《阿房宫赋》最后一段谈到六国与秦灭亡的根本原因就是不爱人，"水能载舟，亦能覆舟"，爱国又爱民，方可长治久安。

师：是啊，这是千古颠扑不破的真理。所以，我们社会原来的主要矛盾是人民群众日益增长的物质文化需求与社会生产力相对落后的矛盾。国家实力有所提升以后，"十九大"又总结了新的主要矛盾，咱们政治课都讲过了吧？

生（齐）：人民日益增长的美好生活需要和不平衡不充分的发展之间的矛盾。

师：都会背呀。这就是今天的中国，我们生逢其时，同学们都要好好努力，为如此中国添砖加瓦啊。还有想说的吗？

生：老师，我觉得我们永远都要善于学习历史，不能忘记历史，历史是最好的教科书。杜牧的诗歌也好，《阿房宫赋》也好，就很善于思考历史，总结历史。读史明智，我们现在也是这样。

师：同意，历史，尤其盛衰兴亡的历史总能够引人深思、发人深省。

生：忘记历史就意味着背叛。老师，我忘了谁说的了。

师：一般认为，这是列宁说的一句话。

生：老师，我发现只有自己花了心血和努力得来的东西人们才懂得珍惜，六国与秦的财富都不是自己奋斗得来的，都是搜刮百姓得来的，然后他们就都"弃掷逦迤"。

师：是啊，所以学习也是如此，要自己投入心血才能经久不忘啊，得来太容易忘得也容易啊，汗水才是自我的印记。国家如此，个人如此，家庭朋友亦如此。我们珍惜的首先是那种美好，更是那种美好背后深藏着的努力和心血啊。

一篇文言文,作者已千古,斯人已逝,其文永存。因为它是"活"的文言文,是拥有蓬勃生命力的文言文,是穿越千古、连接古今的文言文,是永不会过时的文言文,只要有国家、有人民、有思想就可以一读再读的文言文。今天我们一起学习它,受到它的启发,"后人"仍旧会学习它,受到它的启发,后人的后人仍旧会如此,这就是我们民族奔流不息的文化之河。

那好,同学们陈述了思考启发,具体个别的感受可能也不是唯一性的,也不是统一性的,我们还可以放在课堂延伸里面继续来表达。好,今天的课堂就到这里了,我们练笔见。

搭梯架桥启思助学

——《阿房宫赋》教学反思

杜牧的《阿房宫赋》是千古名篇,在教学过程中,如何在常规阅读教学过程中保证阅读的有效性,焕发一篇经典文言文不朽的生命力,而不只是基于对全文背诵的重视,这是让我又激动又为难的事情。

以学情为核心的阅读教学,让我在阅读教学中找到方向,就是从学情出发,遵照阅读规律,从理解(梳理文意)到鉴赏(自主赏析)再到探究,没有充足的理解做根基,没有办法做好更高层级的赏析工作,所以我就这样制订了自己的教学计划。

整体课堂下来,学生质疑问难的积极性很高,所以,课堂有时候有点像答记者问。这种问答的方式,能够使课堂实实在在地为解决学生的问题而存在,避免了教师按照自己的预设来设计课堂,以致可能存在有的东西学生已经知道了,教师还讲了半天,有的东西学生不知道,教师却没有涉及的情况。

课后自我反思整体课堂的遗憾之处,最突出的一点就是如何在学情突出的情况下调动学生之间的互动,本次课堂我采用了一个讨论环节来贯彻赏析的部分，在理解（梳理文意）的部分，基本上就是以我为主在回答问题或者引导学生回答问题，怎么样在其中更自然地启发带动学生之间的思维互动，让教师主导更沉稳更透彻，让自己更纯粹地成为学生思维发展提升的阶梯，是我以后要继续在思考和实践中改进的问题。第二点反思就是课堂深度到哪里比较合适的问题，对于《阿房宫赋》，各种资料，各种解说，层出不穷，应有尽有，是不是要把这些东西以及由这些东西引发的思考的高度与深度都交给学生？我经过思索之后，决定以学情为核心，依据学生的认识进行总结归纳，不强加，不人为拔高，最后我感觉意犹未尽，就设置了课堂延伸（练笔）的环节。

我认为一节好课最重要的不是看教师设计多么精美、语言多么华彩，而是要看学生的思维认知有哪些提升。在学生的思维动态中，教师就是"长桥卧波""复道行空"，架构勾连甚至点拨超越，但都要基于学情、基于文本、基于语文教学的规律。

这次课堂自我最欣赏的一点就是在"现实针对性"层面有了新的突破，在尊重文本与学情的基础上，对经典文言文穿越古今的生命力进行了挖掘，学生在被启发中能够联系现实，感慨当今，体会我们当今时代的珍贵与伟大，尤其是有的学生还结合疫情背景谈感受、懂感恩，为师之心异常欣慰。

专家点评

根植真实学情，打造高效课堂

——评尤立增老师执教的《阿房宫赋》

河北省沧州市献县中学　郭常青

我们一直把"创建高效课堂"作为教学改革的目标与追求，其实"高效课堂"的标准并不复杂，高效不高效关键就看学生在课堂上的具体收获有多少。尤立增老师在三十年教学实践的基础上，在通向高效课堂的道路上，逐渐形成了自己的"学情核心"教学思想。让我们一同走近尤老师执教的《阿房宫赋》，共同探微"学情核心"教学之真谛，共研高效课堂之良方。

一、让学生成为课堂的主人，教师要学会偷懒

观摩课例，我们发现面对学生提问，尤老师总是"偷懒"，自己不直接回答，而是引导学生主动思考，积极作答，甚至引导他们激烈争论。比如，关于杜牧的基本知识，尤老师并没有直接讲给学生，而是引导学生回忆曾经所学，让学生自己说出杜牧的身世、诗作、评价等。当有学生提出"气候不齐"中"气候"的具体含义时，尤老师同样没有直接回答，而是顺势将这个问题抛给学生，引起学生之间的研讨争论，激发他们探究问题的热情，培养他们质疑思考的精神。面对这些问题，尤老师如果不是启发学生积极思考，而是自己包办代替，长期下去，"勤快"的行为很可能会养成学生等、靠、要的不良习惯，让学生沦为课堂的"多余人"，高效课堂最终沦为空谈。

二、让学生成为课堂的主人，教师要做好充分的准备

教师学会"偷懒"，并不是说让教师少做事，甚至不做事；恰恰相反，教师做的事会更多，准备也更充分。否则，一旦学生成为课堂的主人，活跃起来，教师反而会招架不住。为了做好充分的准备，尤老师设计了"预习作业"。

正因为有来自"预习作业"的真实学情反馈，课堂上尤老师才能有的放矢。例如，尤老师在批改《阿房宫赋》的"预习作业"时，发现学生对"绿云解释为头发"很不理解；于是，尤老师特意广泛查阅资料，从"绿鬓""绿娥"说起，讲到"青"与"绿"的联系，"云"的柔软浓密之状，最后指出"绿云"用来形容女子乌黑浓密的头发。一个关于"绿云"的解释，在教学设计中用字多达343字，足见备课之细之实。

三、让学生成为课堂的主人，教师要学会"激发学习兴趣"

《阿房宫赋》是一篇赋体散文，生疏的文言字词知识相对较多，学生初读课文不易产生兴趣。尤老师在执教过程中，根据这一具体学情，综合运用多种方法激发学生的学习兴趣。

1.用欣赏的眼光看待学生，借助表扬肯定的话术激发兴趣。

十六七岁，正值花季雨季的中学生，内心深处有着强烈的被认可的欲望，这是一个普遍存在的学情。一听到学生出色的发言，尤老师往往当场肯定，"老师在课堂上听闻这样的理解和表达，简直是为人师者最大的骄傲和自豪""为你点赞，咱们都要向他学习哦"。这些语言，立足学情，随机而发，毫无造作，简直成为一门独特的"尤氏话术"，听得学生们热血沸腾，兴趣倍增。

2. 使用成就激趣法，促使其思维向着更深处漫溯。

《左传》有言"勤而无所，必生悖心"，意思是"劳累而没有获得，一定会心生不满"。学生在课堂上没有收获，必然会对学习丧失兴趣，甚或心生不满。面对这一学情，尤老师通过提升学生的"成就感"，来激发学习兴趣。例如，当学生问到"辘辘远听，杳不知其所之也"的具体意思时，尤老师没有直接翻译，而是先按照"杳"字的造字法进行分析，然后启发学生联系"杳无音信"中"杳"字的解释，最后又引导学生从宫女内心情感角度进行拓展升华。短短一句话，学生从中学到了联想比较法、字形结构分析法、情感分析探究法，并且提升了语文素养。这些收获带来的成就感，直接激发了学生阅读学习的兴趣，增强了学习的主动性，使课堂效果越来越高。

3. 使用小组讨论的方式，激发学生探究思考的兴趣。

每个学生都有集体荣誉感，都有一颗不甘屈服的心，这是中学生的基本学情。为此，尤老师按照课程要求，将学生划分为不同的小组，让他们先在小组内讨论，然后选取一个发言人当众展示本组的讨论成果，并接受同学检验甚至批评。这种小组讨论的方式不仅能充分激发小组内部学习的主动性，而且还能让小组之间展开竞争，把研讨进一步推向深入。尤老师在"交流讨论，鉴赏分析"环节中，运用小组讨论的方式，激发学生对借古讽今、排比修辞、句式运用、阿房宫描写、首尾圆合之美等教学重点、难点逐一进行了分析探究，从而使《阿房宫赋》的课堂效果达到了最好。

通过《阿房宫赋》这一课，我们可以窥见"学情核心"教学思想的真谛。尤老师立足我国中小学语文课堂的真实学情，以学定教，彻底颠覆了"以课堂为中心""以书本为中心""以教师为中心"的传统教学理念，紧扣新时代教育教学的基本规律，为新课标下中小学高效课堂创建指明了探索前进的方向。

（郭常青，河北省沧州市语文学科带头人，河北省优质课一等奖获得者，河北省高考阅卷专家组成员。主编高中教辅20余部，代表作有《记叙文创作漫谈》《高中议论文序列化写作学案》等。）

人本共文本　花开总有时
——尤立增学情核心语文课堂 12 例
（扫码看视频）

登高

虞美人

联想想象
作文课

寻找中国好课堂

丛书书目

人本共文本　花开总有时
——尤立增学情核心语文课堂 12 例

文化自信　以诗为魂
——首届中国诗词教学大会实录

情趣·智慧·创新
——支玉恒经典语文课堂 180 例

向美而生　诗哲一体
——王崧舟诗意语文经典课堂 13 例

教师生命中最好的时光
——王君青春语文代表课 11 例

唤醒诗心　传承风雅
——王海兴中小学对联诗词创作 30 课

绿色语文　诗意课堂
——赵谦翔绿色语文 12 例

行走的课堂
——张玉新原生态语文经典课堂 10 例

情思激荡　高潮迭起
——孙双金情智教育语文课堂 12 例

改变思维习惯　唤醒学习潜能
——王红梅全脑语文课堂 15 例

如歌的行板
——彭才华古诗文课堂 15 例

情味习作　至味文言
——罗才军问道课堂 12 例

和而不同　雅学课堂
——盛新凤和美课堂 24 例

名篇教学　余味悠长
——余映潮经典课文审美教学 16 例

推开窗儿望月
——祝禧文化语文经典课堂 15 例

去其浮华　归其本真
——汪智星本真语文课堂 18 例

让学生雄踞课堂的中央
——龚雄飞学本教学小学语文 12 讲

慧读教学
——张学伟统编语文课堂教学 16 例

切问近思　向真而行
——邱晓云求真语文 16 例

言语的森林
——王良生长语文课堂 12 例

快乐的意义
——虞大明快乐教育经典课堂 18 例

云在青天水在瓶
——董一菲语文诗意课堂 15 例

无痕，教育的最高境界
——徐斌无痕教育数学课堂 18 例

玩出来的数学思维
——任勇品玩数学 108 例

让思维之花精彩绽放
——任勇名师指导初中数学 15 例

生成，让学生更精彩
——潘小明生成教学数学课堂 16 例

思维改变课堂
——唐彩斌小学几何图形金课 20 例

人人为师　个个向学
——贲友林学为中心数学课堂 15 例

当阳光亲吻乌云
——华应龙化错数学经典课堂 16 例

奠基学力　为学赋能
——张齐华为学习力而教数学课堂 10 例

让我先试一试
——邱学华尝试教学数学课堂 20 例

素养为根　为学而教
——赵艳辉践行学科素养创新课堂 15 例

度量天下
——俞正强小学数学计量单位教学 20 例

因材循导　自觉建构
——潘建明自觉教育初中数学课型 15 例

魅力教育　激活成长动力
——曾军良魅力初中物理教学 16 例